임동석중국사상100

신어

新語

陸賈 撰 / 林東錫 譯註

〈陸賈〉

象犀珠玉怪珍之物有悅於人之耳目而不適於用金石草木絲麻五穀六材有適於用而用之則弊取之則竭悅於人之耳目而適於用用之而不弊取之而不竭賢不肖之所得各因其才仁智之所見各隨其分才分不同而求無不獲者惟書乎

丁亥菊秋錄東坡李氏山房藏書記 丘堂 呂元九

"상아, 물소 뿔, 진주, 옥. 진괴한 이런 물건들은 사람의 이목은 즐겁게 하지만 쓰임에는 적절하지 않다. 그런가 하면 금석이나 초목, 실, 삼베, 오곡, 육재는 쓰임에는 적절하나 이를 사용하면 닳아지고 취하면 고갈된다. 그렇다면 사람의 이목을 즐겁게 하면서 이를 사용하기에도 적절하며, 써도 닳지 아니하고 취하여도 고갈되지 않고, 똑똑한 자나 불초한 자라도 그를 통해 얻는 바가 각기 그 자신의 재능에 따라주고, 어진 사람이나 지혜로운 사람이나 그를 통해 보는 바가 각기 그 자신의 분수에 따라주되 무엇이든지 구하여 얻지 못할 것이 없는 것은 오직 책뿐이로다!"

《소동파전집》(34) 〈이씨산방장서기〉에서 구당(丘堂) 여원구(呂元九) 선생의 글씨

책머리에

새로운 왕조의 건설, 혹 새로운 정권의 창출에는 그 창출 과정에 못지않게 성공을 거둔 즉시 정치 체제와 이념, 사상과 국시國是, 시정施政 강령綱領 등을 어떻게 설정하느냐는 더없이 중요하다. 이를테면 어수선하고 고정되지 않은 상태에서 뒤에 되돌릴 수 없는 결정을 잘못 내렸다가는 그 사직이 천년을 간다 해도 이상적인 국가가 될 수 없고, 나아가 잘못된 각도는 부챗살처럼 멀어지고 말기 때문이다. 특히 민심이란 쟁패의 순간에는 엄청난 지지를 보내다가도, 자신들을 통치의 대상으로 삼았을 때 만약 고통을 준다면 언제 그랬냐는 듯 돌아서고 말기 때문이기도 하다.

진시황秦始皇의 폭정에 시달리다 못한 진말秦末 민심은 새로운 반기를 들고 나온 영웅호걸들에게 전폭적인 지지를 보냈으며, 뒤에 다시 초한전楚漢戰의 온갖 고통과 지모, 책략, 지루한 투쟁을 거쳐 천하를 덜컥 거머쥐게 된 자가 바로 유방劉邦이었다.

그러나 이들 승리 집단 유방의 무리들은 천하 통치에는 경험이 없었고 준비도 되지 않았다. 그리하여 천민출신의 무례함을 버리지 못한 채 궁중에서 술에 취해 지난날 공을 다투며 칼을 휘두르기도 하고, 궁궐 기둥을 발로 차고 칼로 치는 등 예와 질서 따위는 안중에도 없었다. 더구나 유방을 황제로 옹립하고 나서도 자신들과 동등한 일개 인간으로 여겨 전혀 형식적 의전도 없이 대하기 일쑤였다. 게다가 유방 자신도 "천하를 휘어잡는 것은 칼과 말이지 시서詩書 따위를 읽을 겨를이 어디 있겠는가?"라고 할 정도였고, 무엇이 국가의 기틀을 잡는 데 급히 서둘러야 하는 것인지도 인식하지 못하고 있었다.

이를 보다못해 질서와 의전儀典부터 만들어야겠다고 나선 인물이 숙손통叔孫通이었다. 그는 제로齊魯 지역 유생들을 불러 야외에서 훈련시킨 다음 궁궐로 데리고 와서 유방 앞에 시범을 보였으며, 그제야 유방은 "황제가 이렇게 귀한 존재인 줄 처음 알았다" 할 정도였다. 그러나 그것만으로는 무식한 집단을 깨우칠 수 없었다. 그리하여 나선 자가 바로 육가陸賈였다. 그는 유방에게 "천하를 말 위에서 잡았다고 해서 말 위에서 다스릴 수는 없다"라고 강하게 진언하면서 '시서'와 '유가사상'을 주입시키려 애를 썼다.

이 경우 지도자는 훌륭한 사상가를 만나야 한다. 나아가 그들의 말을 귀담아 들을 수 있는 빈 가슴을 가지고 있어야 한다. 그런 면에서 유방은 과연 중국 역사상 위대한 왕조, 한나라를 세울 만한 천운과 그릇을 가지고 있었다. 이에 "나를 위해 진秦나라가 천하를 잃게 된 이유와, 내가 천하를 얻게 된 이유가 무엇인지, 그리고 고대 성패의 전고典故를 지어 보여달라"고 육가에게 부탁하였고, 육가는 우선 급한 대로 대강이라도 글을 지어 바쳤다. 매번 한 편씩 올릴 때마다 고조는 훌륭하다 칭찬하지 않은 적이 없었고, 이를 다 마치자 좌우 신하들은 만세를 불렀으며 그리하여 책이름을 《신어》라 하였다는 것이다.

한나라 초기에는 아직 유가가 제대로 흥기하지도 않았다. 어쩌면 유가는 태평한 시대에 기득권을 가진 안정된 학자와 귀족들의 전유물이었는지도 모른다. 혼란기에는 '세상 혼란의 해결'이 초미의 관심사일 테니 유방의 말대로 어찌 책상 앞에 앉아 '공자왈맹자왈'할 겨를이 있겠는가? 게다가 진시황의 분서갱유焚書坑儒로 인하여 교재도 없었다. 그 때문에 한초에 그나마 유학에 관심을 가진 자들은 자신들이 알고 있는 사상과 생각을 중심으로 저술활동에 임할 수밖에 없었다. 다시 말해 자료도 없이 개척해 나가는 길밖에 없었던 것이다. 그중 거의 효시를 이루다시피 한 것이 이 《신어》이며, 그 때문에 책이름도 이렇게 지어진 것이다. 그러자 이에 영향을 받아 양한兩漢시대에는 가의賈誼의 《신서新書》, 양웅揚雄의 《법언法言》, 유향劉向의 《신서新序》, 《설원說苑》, 왕부王符의 《잠부론潛夫論》, 중장통仲長統의 《창언昌言》, 최식崔寔의 《정론政論》, 두이杜夷의 《유구幽求》 등과 한말 순열荀悅의 《신감申鑑》 등이 쏟아져 나왔다. 책이름에서 보듯이 《신어新語》와 유사한 제목임을 한눈에 알 수 있다.

당唐나라가 들어섰을 때 태종太宗은 바로 탄생 초기 국가의 기틀을 어떻게 이끌었는가 하는 내용은 《정관정요貞觀政要》에 그대로 실려 있다. 그보다 앞선 대제국 한漢나라가 신왕조로 들어섰을 때 그의 사상적 기틀을 마련한 이 《신어》는, 그런 의미에서 다시 한번 음미해 볼 필요가 있다.

莎浦 임동석이 負郭齋에서 적다

일러두기

1. 이 책은 왕리기王利器의 《신어교주新語校注》(新編諸子集成. 中華書局 1996, 北京)를 저본으로 하여 전체를 완역한 것이다.
2. 총2권 12편을 145장으로 나누었다. 분장은 역자가 임의로 합리적이라 여겨지는 구절을 분리한 것이며, 원본에는 분장이 되어 있지 않음을 밝힌다.
3. 원래 주상문奏上文, 건의문建議文 형식이나 일반 서술 문장으로 바꾸었으며, 뜻은 가능한 한 직역을 위주로 하였으나 일부 의역으로 뜻을 명확히 한 부분도 있다.
4. 원문의 표점을 현대 중국식 표점 기준과 부호를 원용援用하였다.
5. 각주는 인명, 지명, 사건명, 전고典故 등을 위주로 가능한 한 자세히 정리하고자 하였다.
6. '참고 및 관련자료'난을 설정하여 본문 해석과 이해에 도움이 되는 내용을 경사자집經史子集 전적에서 찾아 실었다.
7. 매 단락마다 간단한 제목을 부여하여 주제를 알 수 있도록 하였다.
8. 책의 말미에 부록으로 《신어》 일문 및 저자 육가陸賈에 관련된 서록과 《史記》·《漢書》의 陸賈傳을 실어 연구에 도움이 되도록 하였다.
9. 현대 백화어 주석본 《新語讀本》(王毅. 三民書局, 1996. 臺北)도 자세히 참고하였으며, 많은 도움을 받았음을 밝힌다.
10. 이 책의 역주에 참고한 기본 문헌은 다음과 같다.

◈ 참고문헌

1. 《新語校注》(新編諸子集成) 王利器, 中華書局, 1996. 北京
2. 《新語》 漢 陸賈(撰) 四庫全書(文淵閣), 子部 儒家類, 商務印書館(印本), 臺北
3. 《新語》 漢 陸賈(撰) 四部備要本, 子部 臺灣中華書局(印本), 1970. 臺灣 臺北
4. 《新語》 漢 陸賈(撰) 新編諸子集成, 世界書局, 1978. 臺灣 臺北
5. 《新語》 陸賈(撰) 諸子百家叢書本, 上海古籍出版社, 1995. 上海
6. 《新語》 漢 陸賈(撰) 百子叢書本, 岳麓書社, 1994. 湖南 長沙
7. 《新語讀本》 王毅(譯註) 三民書局, 1995. 臺灣 臺北
8. 《史記》 陸賈傳
9. 《漢書》 陸賈傳
10. 기타 〈二十五史〉, 〈十三經〉 및 각종 類書類, 工具書 등은 기재를 생략함.

해제

I. 《신어新語》

《신어》는 유방劉邦이 한漢 제국을 건국한 직후 육가陸賈가 지은 정론서이며 철학서이다. 일명 《육자陸子》라고도 하며 상하 2권, 총 12편으로 되어 있다. 《사기史記》 육가 본전에 의하면, 육가는 한 고조 유방이 천하를 제패할 때 그를 따라 각지를 돌아다니며 유세를 펴 제국의 건국에 지대한 공헌을 한 사람이다. 뒤에 유방이 천하를 얻게 되자, 유방은 육가에게 "나를 위해 진秦나라가 천하를 잃게 된 이유와 내가 천하를 얻게 된 이유가 무엇인지, 그리고 고대 성패의 전고典故를 지어 보여달라"(試爲我著秦所以失天下, 吾所以得之者何, 及古成敗之故)라 부탁하였다. 이에 육가는 "대충 존망의 징조를 서술하여 12편을 지었고, 그 이름을 《신어》라 하였다"(粗述存亡之徵, 凡著十二篇, 號其書曰)《新語》라 하였다. 매번 한 편씩 올릴 때마다 유방은 칭찬을 아끼지 않았고, 좌우 신하들은 만세를 불렀다고 기록되어 있다.

따라서 이 책은 전체가 유방에게 정론을 올린 '건의문建議文', '주상문奏上文'의 형식을 띠고 있다. 그의 주장은 우선 진나라가 망한 이유를 교훈 삼아야 할 것이며, 이제부터의 정치는 '무위無爲'를 근간으로 하고 '형정刑政'을 배제할 것, 인의仁義를 근본으로 하고 지나친 '상무尙武'를 지양할 것, 그리하여 '문무겸용文武兼用'으로서 새롭게 건설된 나라의 천년대계의 기틀을 삼을 것 등이다. 이처럼 그는 새롭게 건설된 나라의 통치 방향을 어떤 이념과 어떤 철학을 초석으로 할 것인지에 대하여 유방에게 진술한 것이다. 흔히 새로운 국가를 건설한 다음 승리 집단으로서 어떤 사상, 제도, 이념, 통치구조를 갖추느냐의 문제는 천년 사직의 가장 기본이 되는 것이며, 그러한 상황 속에서 어떤 사상가를 만나느냐는 국가의 존망 기간과 깊은 관련이 있다.

《한서漢書》 고제기高帝紀에 "천하가 이윽고 안정되자 소하蕭何는 법률을 정리하고, 한신韓信은 군법을 다듬었으며, 장창張蒼은 국시를 제정하고, 숙손통叔孫通은 의전을 정하였다"(天下旣定, 蕭何次律令, 韓信申軍法, 張蒼定章程, 叔孫通制禮儀)라 하였다. 그리고 그 마지막 이를 학문으로 정리한 것이 바로 이 육가의 《신어》였던 것이다. 마침 육가는 진나라 때부터 이미 학문에 정진했던 인물로, 진시황의 분서갱유焚書坑儒로 사라진 책을 보아둔 상태였던 것으로 보고 있다. 그 때문에 서한시대 최초의 저술을 남길 수 있었고, 그것이 효시가 되어 동중서董仲舒, 유향劉向, 가의賈誼, 양웅揚雄 등을 거쳐 양한경학兩漢經學의 위대한 학문풍토에 불을 붙일 수 있었던 것이다.

그런 면에서 육가의 이 저술은 중국 역사를 두고 2개의 성공한 대제국, 즉 한당漢唐 중의 하나인 한나라를 바로 세운, 지대한 영향을 미친 저술로 평가를 받아왔다.

한편 《사기》 이후 모든 저록에 《신어》는 12편으로 되어 있으나 당唐 《群書治要》에는 8편으로, 송宋 황진黃震의 《황씨일초黃氏日鈔》에는 다시 12편으로, 같은 시기 왕응린王應麟의 《옥해玉海》 및 〈한서예문지고증漢書藝文志考證〉에는 '도기道基', '술사述事', '보정輔政', '무위無爲', '자질資質', '지덕至德', '회려懷慮' 등 7편만 실려 있는 등 역대 이래 출입이 심하였다. 그러나 도리어 원말元末 양유정楊維禎은 〈산거신어서山居新語序〉에서 "漢有陸生, 著書十二篇, 號新語. 至今傳之者, 亦善著古今存亡之徵"이라 하여 완정한 판본이 있음을 밝히고 있다.

명대 홍치(弘治: 1488~1505) 연간에 이르러 보양莆陽 이정오李廷梧는 12편의 완정본을 구해 동성桐城에서 이를 판각함으로써 드디어 근세에 이어지게 되었다. 엄가균嚴可均의 고증에 의하면 그 뒤로 〈강사복본姜思復本〉, 〈호유신본胡維新本〉, 〈자휘본字彙本〉, 정영程榮과 하당何鏜의 〈총서본叢書本〉 등이 있었으며, 이들 모두는 이정오의 판본에 근원을 두고 있다고 하였다. 그 외 범대충范大沖의 〈천일각天一閣〉 교각본이 있으며, 선각選刻한 것으로는 〈제자절충본諸子折衷本〉, 〈제자휘함본諸子彙函本〉, 〈제자발췌본諸子拔萃本〉, 〈제자금단본百子金丹本〉, 〈한위별해본漢魏別解本〉 등이 있는 것으로 알려져 있다.

그 외 〈사고전서제요四庫全書提要〉에는 송대 일부 학자의 주장을 근거로 이 책이 위서僞書가 아닌가 의혹을 제기하였다. 그러나 엄가균의 《철교만고鐵橋漫稿》의 〈신어서新語序〉와 대언승戴彦升의 〈육자신어서陸子新語序〉, 당안唐晏의 〈용계정사교간본龍溪精舍校刊本〉 〈신어교주발新語校注跋〉, 여가석余嘉錫의 〈사고전서변증四庫全書辯證〉 등에는 모두 이를 반박하여 지금 《신어》를 위서로 여기는 이는 없다.

이 《신어》는 〈사고전서〉 외에 왕모王謨의 〈한위총서漢魏叢書〉, 송상봉宋翔鳳의 〈부계정사총서浮溪精舍叢書〉본, 당안의 교간본 등이 있으며, 모두가 이정오의 판본에 근원을 두고 있다. 현대에 이르러 1956년 중화서국中華書局에서 배인본排印本으로 펴낸 〈제자평의보록諸子評議補錄〉본이 있으며, 근대 왕리기王利器의 《신어교주新語校注》는 지금까지의 '신어연구'의 총결산으로 여기고 있으며, 이는 중화서국에서 1996년 〈신편제자집성新編諸子集成〉으로 펴내어 아주 유용하게 활용되고 있다.

Ⅱ. 육가(陸賈: B.C.240?~B.C.170)

육가는 정치가이며 사상가로 초나라 출신이다. 젊은 시절 한 고조 유방을 따라 천하평정에 나서서 다른 제후들을 설득하는 임무를 맡았었다. 그리하여 한때 남월南越에 사신의 임무로 가서 그곳 수령 울타(尉佗, 趙佗)에게 조씨趙氏 성을 내려주고 이를 남월왕南越王으로 봉해 주는 대신 한나라에 복속할 것을 권유, 성공을 거두기도 하였다. 그리하여 돌아온 다음 태중대부太中大夫에 올랐다. 그는 유방을 도와 신제국 건설의 정신적 기틀을 마련하였으며, 유방이 죽은 뒤에는 혜제(惠帝: 劉盈, B.C.194~B.C.188 재위) 때 여후呂后의 정권 독단(B.C.187~B.C.180)을 반대, 진평陳平의 책략을 적극 지지하여, 여씨 일족을 제거하고 문제(文帝: 劉恒, B.C.179~B.C.157)를 옹립하는 공을 세우기도 하였다.

육가는 진秦나라가 그토록 쉽게 멸망한 역사적 교훈을 유방에게 적극 일러주려 하였고, 이에 따라 인의와 덕치德治를 주장하고, 지나친 형정刑政과 상무주의尙武主義를 반대하였으며, '무위이치無爲而治'를 통한 자연스러운 통치와 '문무겸비文武兼備'의 절충 이념을 제시하였다. 그리고 이를 책으로 지어 유방에게 바친 것이 바로 《신어》이다.

책의 내용은 역사의 흐름을 선성先聖, 중성中聖, 후성後聖의 단계로 보아 중고경금重古輕今의 사상을 펼쳤으며, 그의 천도관天道觀은 '천인감응설'天人感應說에 바탕을 두고 있다. 그리하여 오직 덕과 인의로 하늘의 뜻을 이어받아야 한다고 보았으며, 이에 따라 유가儒家, 도가道家, 법가法家의 장점을 추출, 새로운 제국 건설에 맞추려는 한초漢初 특유의 융합사상을 창출하고자 한 것이라 평가받기도 한다. 그 때문에 육가의 사상을 '신유가', '신도가', 혹 '잡가'로 분류하기도 하는 등 각도에 따라 다양하다.

육가의 생애에 대한 기록은 《사기史記》와 《한서漢書》에 모두 들어 있으며, 《한서》 예문지藝文志에 의하면 《초한춘추楚漢春秋》 9편, 《육가陸賈》 23편, 《부賦》 3편 등이 저록되어 있으나, 지금은 《신어》와 《초한춘추》輯佚本이 전할 뿐이며 나머지는 모두 사라지고 말았다. 자세한 것은 부록의 육가전陸賈傳과 서록書錄 등을 참고하기 바란다.

欽定四庫全書

新語卷上

道基第一

漢 陸賈 撰

傳曰天生萬物以地養之聖人成之功德參合而道術生焉故曰張日月列星辰序四時調陰陽布氣治性次置五行春生夏長秋收冬藏陽生雷電陰成雪霜養育羣生一茂一亡潤之以風雨曝之以日光溫之以節氣

降之以殞霜位之以衆星制之以斗衡苞之以六合羅之以紀綱改之以災變告之以禎祥動之以生殺悟之以文章故在天者可見在地者可量在物者可紀在人者可相故地封五嶽畫四瀆規洿澤通水泉樹物養類苞殖萬根暴形養精以立羣生不違天時不奪物性不藏其情不匿其詐故知天者仰觀天文知地者俯察地理跂行喘息蜎飛蠕動之類水生陸行根著葉長之屬為寧其心而安其性蓋天地相承氣感相應而成者也

於是先聖乃仰觀天文俯察地理圖畫乾坤以定人道民始開悟知有父子之親君臣之義夫婦之道長幼之序於是百官立王道乃生民人食肉飲血衣皮毛至於神農以為行蟲走獸難以養民乃求可食之物嘗百草之實察酸苦之味教民食五穀天下人民野居穴處未有室屋則與禽獸同域於是黃帝乃伐木構材築作宮室上棟下宇以避風雨民知室居食穀而未知功力於是后稷乃列封疆畫畔界以分土地之所宜闢土殖穀以用養民種桑麻致絲枲以蔽形體當斯之時四瀆未

通洪水為害禹乃決江疏河通之四瀆致之於海大小相引高下相受百川順流各歸其所然後人民得去高險處平土川谷交錯風化未通九州絕隔未有舟車之用以濟深致遠於是奚仲乃橈曲為輪因直為轅駕馬服牛浮舟杖楫以代人力鑠金鏤木分苞燒殖以備器械於是民知輕重好利惡難避勞就逸於是皋陶乃立獄制罪縣賞設罰異是非明好惡檢奸邪消佚亂民知

新語卷上

漢中大夫陸　賈　撰

道基第一　術事第二　輔政第三

無爲第四　辨惑第五　愼微第六

道基第一

傳曰。天生萬物。以地養之。聖人成之。功德參合。而道術生焉。故曰。張日月。列星辰。序四時。調陰陽。布氣治性。次置五行。春生夏長。秋收冬藏。陽生雷電。陰成雪霜。養育群生。一茂一亡。潤之以風雨。曝之以日光。溫之以節氣。降之以殞霜。位之以衆星。制之以斗衡。苞之以六合。羅之以紀綱。改之以災變。告之以禎祥。動之以生殺。悟之以文章。故在天者可見。在地者可量。在物者可紀。在人者可相。故地封五嶽。畫四瀆。規洿澤。通水泉。樹物養類。苞殖萬根。暴形養精。以立群生。不違天時。不奪物性。不藏其情。不匿其詐。故知天者仰觀天文。知地者俯察地理。跂行喘息。蜎飛蠕動之類。水生陸行。根著葉長之屬。爲寧其心。而安其性。蓋天地相承。氣感相應而成者也。於是先

聖乃仰觀天文。俯察地理。圖畫乾坤。以定人道。民始開悟。知有父子之親。君臣之義。夫婦之道。長幼之序。於是百官立。王道乃生。民人食肉飲血。衣皮毛。至於神農。以爲行蟲走獸。難以養民。乃求可食之物。嘗百草之實。察酸苦之味。教民食五穀。天下人民。野居穴處。未有室屋。則與禽獸同域。於是黃帝乃伐木構材。築作宮室。上棟下宇。以避風雨。民知室居食穀。而未知功力。於是后稷乃列封疆。畫畔界。以分土地之所宜。闢土殖穀。以用養民。種桑麻。致絲枲。以蔽形體。當斯之時。四瀆未通。洪水爲害。禹乃決江疏河。通之四瀆。致之於海。大小相引。高下相受。百川順流。各歸其所。然後人民得去高險。處平土。川谷交錯。風化未通。九州絕隔。未有舟車之用。以濟深致遠。於是奚仲乃撓曲爲輪。因直爲轅。駕馬服牛。浮舟杖楫。以代人力。鑠金鏤木。分苞燒殖。以備器械。於是民知輕重。好利惡難。避勞就逸。於是皋陶乃立獄制罪。縣賞設罰。異是非。明好惡。檢奸邪。消佚亂。民知畏法。而無禮義。於

《新語》諸子百家叢書本 1995 上海古籍出版社 印本

新語卷上

漢中大夫陸　賈　撰

道基第一　術事第二　輔政第三
無爲第四　辨惑第五　愼微第六

道基第一

傳曰天生萬物以地養之聖人成之功德參合而道術生焉故曰張日月列星辰序四時調陰陽布氣治性次置五行春生夏長秋收冬藏陽生雷電陰成雪霜養育群生一茂一亡潤之以風雨曝之以日光溫之以節氣降之以殞霜位之以衆星制之以斗衡苞之以六合羅之以紀綱改之以災變告之以禎祥動之以生殺悟之以文章故在天者可見在地者可量在物者可紀在人者可相故地封五嶽畫四瀆規洿澤通水泉樹物養類苞殖萬根暴形養精以立群生不違天時不奪物性不藏其情不匿其詐故知天者仰觀天文知地者俯察地理跂行喘息蜎飛蠕動之類水生陸行根著葉長之屬爲寧其心而安其性蓋天地相承氣感相應而成者也於是先

《新語》四部叢刊本 子部

차례

◈ 책머리에
◈ 일러두기
◈ 해제
Ⅰ.《신어新語》
Ⅱ. 육가(陸賈: B.C.240?~B.C.170)

新語

Ⅰ. 上卷

1. 도기道基

001(1-1) 하늘이 만물을 낳고 …… 28
002(1-2) 만물을 길러내는 것 …… 30
003(1-3) 삼강과 육기 …… 32
004(1-4) 하늘에 펼쳐진 것 …… 34
005(1-5) 오악과 사독 …… 36
006(1-6) 본성대로 살 수 있도록 …… 38
007(1-7) 성인이 정한 윤리 …… 40
008(1-8) 농사법을 밝혀낸 신농씨 …… 42
009(1-9) 집을 지어 살도록 한 황제 …… 44
010(1-10) 후직으로 인한 농업의 발전 …… 46

011(1-11) 우의 치수 ······ 49
012(1-12) 해중의 발명품 ······ 51
013(1-13) 법을 제정한 고요 ······ 54
014(1-14) 교육 기관을 설치한 문왕과 주공 ······ 56
015(1-15) 공자와 오경 ······ 59
016(1-16) 사치와 기교 ······ 62
017(1-17) 사라져 가는 인의 ······ 64
018(1-18) 성인이 제정한 인과 의 ······ 67
019(1-19) 위대한 인물들 ······ 69
020(1-20) 규구規矩 ······ 72
021(1-21) 이윤과 강태공 ······ 74
022(1-22) 제환공과 진 이세 ······ 77
023(1-23) 증삼과 민자건 ······ 80
024(1-24) 육경의 본의 ······ 84
025(1-25) 인과 의 ······ 87
026(1-26) 의와 이익 ······ 90

2. 술사術事

027(2-1) 오제와 걸주 ······ 94
028(2-2) 옛날과 지금 ······ 97
029(2-3) 참된 보물 ······ 98

030(2-4) 예나 지금이나 똑같은 것 …… 100
031(2-5) 태어난 곳은 달라도 …… 103
032(2-6) 고금을 두고 변할 수 없는 것 …… 105
033(2-7) 왕량과 같은 마부 …… 106
034(2-8) 지혜로운 자를 만나야 …… 109
035(2-9) 편작의 처방 …… 110
036(2-10) 닮은 것끼리 …… 114
037(2-11) 계손씨는 전유의 땅을 탐내다가 …… 116
038(2-12) 한마음으로 교화하면 …… 119

3. 보정 輔政

039(3-1) 인의를 둥지로 삼고 …… 124
040(3-2) 둥지와 지팡이 …… 126
041(3-3) 조고와 이사 …… 128
042(3-4) 작은 지혜로 날뛰는 자 …… 131
043(3-5) 양은 타고 다닐 수 없다 …… 133
044(3-6) 달콤한 말이 미더워 보인다 …… 135
045(3-7) 소진과 상앙 …… 138
046(3-8) 정담이 제나라를 버리고 …… 141
047(3-9) 참녕한 자 …… 144

4. 무위無爲

048(4-1) 오현금과 남풍의 시 ······ 148
049(4-2) 주공의 정치 ······ 150
050(4-3) 진시황과 거열형 ······ 153
051(4-4) 몽념과 이사 ······ 155
052(4-5) 중화로써 통치 ······ 157
053(4-6) 요순 시대의 백성 ······ 159
054(4-7) 물 가까이의 땅 ······ 161
055(4-8) 왕의 행동 하나하나는 ······ 162
056(4-9) 주양왕 ······ 163
057(4-10) 제환공과 초평왕 ······ 165
058(4-11) 이풍역속 ······ 167

5. 변혹辨惑

059(5-1) 세상에 영합하는 자 ······ 172
060(5-2) 노애공과 유약 ······ 174
061(5-3) 굴욕을 예견하더라도 ······ 176
062(5-4) 정직하기 때문에 ······ 178
063(5-5) 서로를 비호하는 못된 자들 ······ 179
064(5-6) 돌을 물에 뜨게 하는 말들 ······ 180
065(5-7) 흰 것과 검은 것 ······ 181
066(5-8) 지록위마 ······ 182

067(5-9) 속을 수밖에 없는 말들 185
068(5-10) 증삼살인 187
069(5-11) 협곡의 회담 190
070(5-12) 뜬구름이 해를 가리듯 196
071(5-13) 간신적자 198
072(5-14) 어찌하면 좋을까 200
073(5-15) 도끼자루 있어야 202

6. 신미愼微

074(6-1) 고생을 견뎌내야 206
075(6-2) 증자의 효성 209
076(6-3) 안회 211
077(6-4) 조보와 후예 213
078(6-5) 흑백을 구별하지 못한다면 216
079(6-6) 도가 행해지지 않으니 218
080(6-7) 양친을 버린 자 220
081(6-8) 탕과 무왕 222
082(6-9) 당세와 피세 225
083(6-10) 혼탁한 세상에 살더라도 227
084(6-11) 때는 기다리는 것 229
085(6-12) 순리대로 231

Ⅱ. 下卷

7. 자질資質

086(7-1) 훌륭한 재목들 …… 238
087(7-2) 제왕의 물건 …… 240
088(7-3) 쓰이지 않는 재목 …… 241
089(7-4) 버드나무 …… 243
090(7-5) 녹나무와 가래나무 …… 245
091(7-6) 버려진 인재 …… 247
092(7-7) 공경귀척의 자제들 …… 249
093(7-8) 편작과 무당 …… 250
094(7-9) 넓은 곳에 두어야 할 물건 …… 252
095(7-10) 궁지기와 진헌공 …… 253
096(7-11) 포구의 덕행 …… 258
097(7-12) 욕구를 이겨내지 못하고 …… 260
098(7-13) 임금의 보좌 …… 261

8. 지덕至德

099(8-1) 부국강병 …… 266
100(8-2) 만승지국 …… 267
101(8-3) 형벌만 믿고 …… 268
102(8-4) 형벌을 중시하다가는 …… 270
103(8-5) 아무 일도 없는 듯이 …… 271
104(8-6) 벽옹과 상서 …… 273

105(8-7) 나라를 망친 임금들 ········ 275
106(8-8) 송양공 ········ 277
107(8-9) 노장공 ········ 280
108(8-10) 공자아와 경보 ········ 283

9. 회려懷慮

109(9-1) 망설이는 자 ········ 288
110(9-2) 소진과 장의 ········ 290
111(9-3) 관중과 환공 ········ 293
112(9-4) 초영왕 ········ 296
113(9-5) 노장공과 자규 ········ 299
114(9-6) 시서를 익혀야 ········ 301
115(9-7) 하나를 잡고 ········ 304
116(9-8) 감각과 부합되는 기 ········ 306

10. 본행本行

117(10-1) 도덕과 인의 ········ 310
118(10-2) 진채에서의 곤액 ········ 313

119(10-3) 공자의 주유천하 ········· 318
120(10-4) 주지육림 ········· 321
121(10-5) 의롭지 못한 부귀 ········· 324
122(10-6) 사치의 폐해 ········· 326
123(10-7) 이익을 뒤로하고 ········· 328

11. 명계明誡

124(11-1) 칠십 리 땅으로 일어선 탕임금 ········· 332
125(11-2) 요순과 걸주 ········· 334
126(11-3) 사해의 기강 ········· 336
127(11-4) 정치와 변고 ········· 338
128(11-5) 만물을 살핀 성인 ········· 340
129(11-6) 변고에 대한 기록 ········· 342
130(11-7) 하늘을 법으로 삼은 성인들 ········· 344
131(11-8) 땅의 이익을 근거로 삼아 ········· 346
132(11-9) 월상씨의 공물 ········· 348
133(11-10) 위후의 아우 ········· 351

12. 사무思務

134(12-1) 아무리 궁해도 ······ 356
135(12-2) 귀로는 아첨의 말을 듣지 아니하고 ······ 357
136(12-3) 부차와 구천 ······ 360
137(12-4) 수족을 노고롭게 하지 아니하고도 ······ 362
138(12-5) 가는 길은 달라도 ······ 364
139(12-6) 하늘의 변고 ······ 366
140(12-7) 치우 ······ 368
141(12-8) 요순같은 임금이 아니더라도 ······ 374
142(12-9) 알면서 하지 않는 세태 ······ 377
143(12-10) 사람이 없구나 ······ 380
144(12-11) 묵자 문하에는 용사가 많고 ······ 382
145(12-12) 마음이 향하는 바 ······ 384

◎ 부록

Ⅰ.《新語》佚文 ······ 388
Ⅱ.《新語》書錄 ······ 390
Ⅲ.《新語》序跋類 ······ 393
Ⅳ. 史書〈陸賈傳〉 ······ 426

I. 上卷

1. 도기 道基 (001-026)

2. 술사 術事 (027-038)

3. 보정 輔政 (039-047)

4. 무위 無爲 (048-058)

5. 변혹 辨惑 (059-073)

6. 신미 愼微 (074-085)

〈嵌貝鹿形銅鎭〉(서한) 1957 河南 陝縣 출토

1. 도기道基

'도기道基'란 도의 기초를 뜻한다. 책 전체의 서문에 해당하며 도술의 유래를 설명하는 것으로써 도입부분을 삼고 있다. 중국 고대 특유의 사상인 우주의 근원과 성인의 역할을 설명함으로써 이를 정치에 활용하고자 한 의도를 표현한 것이다.

○ 黃震은 "道基言天地旣位, 而列聖制作之功"이라 하였고 戴彦升은 "道旣篇原本天地, 歷敍先聖, 終論仁義. 知伯杖威任力而亡, 秦二世尙刑而亡, 語在其中, 蓋卽面折高帝語, 退而奏之, 故爲第一篇也"라 하였으며, 唐晏은 "此篇歷敍前古帝王, 而總之以仁義"라 함.

〈潑墨仙人圖〉 宋, 梁楷(그림) 臺北故宮博物院 소장

001(1-1)
하늘이 만물을 낳고

전傳에 말하였다.
"하늘은 만물을 낳고 땅이 이를 길러주며 성인은 이를 성취시킨다."
성인의 공업功業과 덕화德化는 천지와 배합하며 도술은 여기에서 생겨나는 것이다.

傳曰:「天生萬物, 以地養之, 聖人成之.」
功德參合, 而道術生焉.

【傳】 흔히 고대 典籍이나 傳聞, 고인의 語錄 등을 인용할 때 내세우는 말. 이 구절의 구체적인 출전은《荀子》富國篇임.
【功德】 功業과 德化. 결과를 도출하며 그 과정을 덕으로써 함.
【參合】 배합됨. 聖人의 공덕은 천지의 이치와 서로 배합됨.
【道術】 사물의 근본. 규율.

참고 및 관련 자료

1. 《荀子》 富國篇

故曰: 「天地生之, 聖人成之.」 此之謂也.

2. 《中庸章句》

道者, 日用事物當行之理.

3. 《論衡》 本性篇

天地生人也, 以禮義之性; 人能察其所以受命則順, 順之謂道.

〈荀子〉(荀況, 孫卿) "人之性惡, 其善者僞也." 夢谷 姚谷良(그림)

002(1-2)
만물을 길러내는 것

그러므로 이렇게 말하는 것이다.

"해와 달을 펼쳐놓고 별들을 늘어놓았으며, 사시를 순서대로 운행하게 하고, 음양이 조화를 이루게 하며, 생명의 기운을 널리 퍼뜨려 각기 자신 고유의 물성을 다스리게 하며, 그 다음으로 오행五行이라는 것을 배치한 것이다. 그리하여 봄에는 싹을 틔우고, 여름에는 자라게 하며, 가을이면 거두어들이고, 겨울이면 이를 갈무리한다. 양기는 우레와 번개를 일으키도록 하고, 음기는 눈과 서리를 만들어 내어 온갖 생명체를 길러내니, 이리하여 한 번은 무성하고 한 번씩은 죽어 사라지는 것이다."

故曰:「張日月, 列星辰, 序四時, 調陰陽, 布氣治性, 次置五行.

春生夏長, 秋收冬藏, 陽生雷電, 陰成雪霜, 養育群生, 一茂一亡.」

【張】 펼쳐서 설치함. 진열함. 羅列하여 펼쳐 놓음.
【四時】 춘하추동 네 계절이 차례로 순서를 지켜 운행함. 《論語》 陽貨篇에 "子曰: 「予欲無言.」 子貢曰: 「子如不言, 則小子何述焉?」 子曰: 「天何言哉? 四時行焉, 百物生焉, 天何言哉?」"라 함.
【陰陽】《易》에서는 우주 만물을 太極(無極)에서 음양 兩儀로 나뉘며, 다시 四象과 五行, 8卦, 64괘를 거쳐 구성되었다고 여겼음.
【布氣】 자연계에 氣를 널리 펼쳐 덮음.
【治性】 만물 자연의 본성을 있는 그대로 다스림.
【五行】 金, 木, 水, 火, 土의 자연계 구성 물질 元素. 고대 陰陽家의 이론에 의하면 이들은 서로 相生과 相剋으로 이루어지며, 우주 만물을 생성 변화시킴. 참고란을 볼 것.
【陽生雷電】《意林》(2)에는 '陽出雷電'으로 되어 있음.
【群生】 모든 생물. 생명을 가진 모든 것.
【一茂一亡】 봄·여름에는 자라서 무성하게 하고, 가을·겨울에는 쇠하여 죽게 함. 생명체를 가진 것은 모두 순환 고리에 묶여 있음을 말함.

참고 및 관련 자료

1. 《淮南子》 泰族訓

天設日月, 列星辰, 調陰陽, 張四時.

2. 《史記》 太史公自序

夫春生, 夏長, 秋收, 冬藏, 此天道之大經也.

3. 〈五行表〉

五行	五方	五色	五音	五常	五臟	五季	五事	五聲	五味	五義	五嶽
木	東	青	角	仁	肝	春	貌	牙	甘	謙	泰
火	南	赤	徵	禮	心	夏	聽	舌	鹹	敢	衡
土	中	黃	羽	信	脾	季夏	思	脣	酸	和	嵩
金	西	白	商	義	肺	秋	言	齒	苦	容	華
水	北	黑	宮	智	腎	冬	視	喉	辛	廉	恒

五行의 相生 관계 : 水生木. 木生火, 火生土, 土生金, 金生水.
五行의 相剋 관계 : 水剋火, 火剋金, 金剋木, 木剋土, 土剋水

003(1-3)
삼강과 육기

그리하여 바람과 비로써 이를 윤택하게 하고, 햇볕으로써 이를 말려 주며, 계절의 기운으로 이를 따뜻하게 해 주며, 서리를 내려준다. 그리고 뭇별들을 하늘에 자리잡게 하며, 두형斗衡으로써 이를 통제하게 한다.

이 모든 것을 상하 사방의 육합으로 감싸고 있으며, 삼강三綱 육기六紀로써 이를 나열해 놓고 있으며, 재앙과 변고로써 이를 바꾸기도 하고, 정상禎祥으로써 이러한 변화를 예고하기도 한다. 살리기도 하고 죽이기도 하는 것으로써 이를 운행시키며, 문장文章으로써 이를 깨닫도록 한다.

潤之以風雨, 曝之以日光, 溫之以節氣, 降之以殞霜; 位之以衆星, 制之以斗衡; 苞之以六合, 羅之以紀綱; 改之以災變, 告之以禎祥; 動之以生殺, 悟之以文章.

【曝】 햇볕을 쬐어 말림.

【殞霜】 '殞'은 '隕'과 같음. 서리를 내림.

【斗衡】 북두칠성을 가리킴. 형은 원래 북두칠성의 다섯 번째 별. 이름은 玉衡.
【六合】 상하와 동서남북. 온 우주, 천지 사방을 가리킴.
【紀綱】 사물의 벼리. 여기서는 구체적으로 三綱六紀를 가리킴. 참고란을 볼 것.
【災變】 天災地變을 내려 임금으로 하여금 허물을 고치고 덕을 쌓도록 함.
【禎祥】 상서로움. 길조.
【文章】 하늘의 온갖 변화와 형상. 천문을 가리킴.

참고 및 관련 자료

1. 《白虎通》 三綱六紀

三綱者, 何謂也? 謂君臣·父子·夫婦也. 六紀者, 謂諸父·兄弟·族人·諸舅·師長·朋友也.

004(1-4)
하늘에 펼쳐진 것

그러므로 하늘에 펼쳐진 것은 가히 볼 수가 있으며, 땅에 실려 있는 것은 가히 헤아릴 수가 있으며, 만물에 들어 있는 원리는 가히 벼리를 삼을 수 있고, 사람에게 있는 것은 가히 관찰하며 알아낼 수 있는 것이다.

故在天者可見, 在地者可量, 在物者可紀, 在人者可相.

【見】 바라보고 판단할 수 있음.
【量】 직접 헤아리고 요량해 볼 수 있음.
【紀】 기틀이나 기강을 세움.
【相】 관찰함. 살펴봄.

참고 및 관련 자료

1. 《周易》 繫辭(上)

在天成象, 在地成形, 變化見矣.

2. 《周易》 韓康伯 注

象, 況日月星辰; 形, 況山川草木也.

005(1-5)
오악과 사독

그러므로 땅에 있는 것으로써 오악五嶽을 봉하며, 사독四瀆을 구획하고, 오택洿澤을 규정하며, 물과 샘을 소통시킨다. 만물을 심고 가꾸어 같은 무리끼리 길러내는 것이니, 그 온갖 만물은 근본이 각기 다르기 때문에 그 형태를 드러내도록 본래의 사정대로 가꾸어 무리지어 살 수 있도록 해 주어야 한다. 따라서 하늘의 때를 거스르지 말아야 하며, 만물이 각기 가지고 있는 물성을 빼앗아서도 안 되며, 그 속성을 감추도록 해서도 안 되고, 만물이 거짓된 삶을 살 수밖에 없도록 엄폐해서도 안 된다.

故地封五嶽, 畫四瀆, 規洿澤, 通水泉; 樹物養類, 苞殖萬根, 暴形養精, 以立群生; 不違天時, 不奪物性, 不藏其情, 不匿其詐.

【五嶽】 고대 제왕이 숭배하여 제사를 지내던 산으로, 五行의 위치에 맞추어 동서남북 중앙의 다섯 곳을 지정함. 漢宣帝 때에는 泰山을 東嶽, 華山(陝西省)을

西嶽, 天柱山(霍山, 安徽省)을 南嶽, 恒山(河北省)을 北嶽, 嵩山(河南省)을 中嶽으로 삼았음. 그러나 隋代에는 衡山(湖南省)을 南嶽으로 고쳤으며, 明代에는 恒山(山西省)을 北嶽으로 하였음.

【四瀆】 중국 경내의 중요한 네 강. 長江, 黃河, 淮河, 濟水. 제후의 등급으로 간주하여 제사를 지내는 대상임.

【洿澤】 沼澤池. 웅덩이. 물이 고인 지형.

【苞殖萬根】 苞는 本과 같음. 만물이 각기 다른 뿌리를 가지고 생장하고 있음.

【暴形養精】 만물은 각기 특유한 형태를 드러내어 자신들의 정기를 기르고 있음. '暴'는 '드러내다'의 뜻.

【物性】 만물이 각기 가지고 있는 特長의 성질이나 본성.

참고 및 관련 자료

1. 《幼學瓊林》

東嶽泰山, 西嶽華山, 南嶽衡山, 北嶽恒山, 中嶽嵩山, 此爲天下之五嶽.

2. 《書經》 舜典 "望於山川"의 注

九州名山大川五嶽四瀆之屬, 皆一時望祭之.

3. 《說苑》 辨物篇

四瀆者, 何謂也? 江河淮濟也. 四瀆何以視諸侯? 能蕩滌垢濁焉, 能通百川於海焉, 能出雲雨千里焉, 爲施甚大, 故視諸侯也.

006(1-6)

본성대로 살 수 있도록

따라서 하늘의 뜻을 알고자 하는 자는 천문天文을 우러러 관찰하며, 땅의 속성을 알고자 하는 자는 지리地理를 굽어 살펴보아야 한다.

발로 뛰고 숨을 쉬는 동물이나, 날개로 날아다니고 몸으로 꿈틀거려 움직이는 벌레들, 나아가 물에 사는 동물과 뭍에 사는 동물, 뿌리를 박고 잎을 키우는 식물들 모두는 그것들이 안심하고 자신들의 본성을 편안히 할 수 있도록 해 주어야 한다. 이것이 바로 하늘과 땅이 서로 임무를 이어받고, 기氣와 감感이 서로 응하여 만물을 이루게 하는 기본인 것이다.

故知天者仰觀天文, 知地者俯察地理.

跂行喘息, 蜎飛蠕動之類, 水生陸行, 根著葉長之屬, 爲寧其心而安其性, 蓋天地相承, 氣感相應而成者也.

【仰觀天文】 하늘의 日月星辰 배열과 문채를 보고 천도를 인식함.

【地理】 산천의 생김과 배치.

【跂行】 발로 걷는 짐승들. 有足動物을 가리킴.
【喘息】 호흡. 동물은 모두 호흡함을 말함.
【蜎飛】 기어다니거나 날아다니는 곤충류.
【蠕動】 꿈틀거리며 기어가는 벌레.
【水生陸行】 물속에 사는 동물과 육지에 사는 동물들.
【根著葉長】 초목을 가리킴. 뿌리를 땅에 부착하고, 잎을 지상에 자라게 하는 나무와 풀의 총체.
【天地相承】 천지가 상호 배합하여 만물을 포용하고 생육함.
【氣感相應】 생물의 정기가 서로 감응함.

참고 및 관련 자료

1. 《周易》 繫辭(上)

仰以觀於天文, 俯以察於地理, 是故知幽明之故; 原始反終, 故知死生之說; 精氣爲物, 遊魂爲變, 是故知鬼神之情狀. 與天地相以, 故不違; 知周乎萬物而道濟天下, 故不過; 旁行而不流, 樂天知命, 故不憂; 安土敦乎仁, 故能愛. 範圍天地之化而不過, 曲成萬物而不遺, 通乎晝夜之道而知, 故神无方而易无體.

007(1-7)
성인이 정한 윤리

이에 먼저 깨달은 성인들이 하늘의 천문을 우러러보고, 땅의 지리를 굽어보아, 우선 그림으로 건곤乾坤을 그려 사람으로서의 도리를 정한 것이니, 이로써 백성들이 비로소 깨닫게 되어 부자지친父子之親, 군신지의君臣之義, 부부지별夫婦之別, 장유지서長幼之序라는 것이 있음을 알게 된 것이다. 이에 나아가 백관百官의 제도가 성립되었고, 왕도王道가 비로소 생겨나게 된 것이다.

於是先聖乃仰觀天文, 俯察地理, 圖畫乾坤, 以定人道, 民始開悟, 知有父子之親, 君臣之義, 夫婦之別, 長幼之序. 於是百官立, 王道乃生.

【先聖】 먼저 깨달은 자. 先醒과 같음. 상고시대 伏羲氏와 文王, 孔子 등 문명과 문화를 일으킨 사람들.

【圖畫乾坤】 伏羲氏가 八卦를 지을 때 乾坤을 기초로 하였음을 말함.

【人道】 인류 사회의 조직 원칙. 윤리, 도덕, 정교 등 제도를 갖추었음을 말함.
【夫婦之別】 원래는 '夫婦之道'로 되어 있으나 〈子彙〉본에 의해 고침.
【父子之親】 父子 사이의 기본 倫常. 여기서는 母系社會를 벗어나 父系社會로 옮겨갔음을 말함. 이에 따라 三綱·五輪 등 도덕 규범이 필요함을 깨닫게 되었음.
【百官】 사회와 국가를 이루어 다스릴 때 소요되는 모든 관직의 관리들.
【王道】 상고시대 천하를 다스리던 정치의 도. 흔히 仁義道德으로 治道를 삼음을 말하여 이에 상대하여 힘으로 통치하는 것을 霸道라 함.

참고 및 관련 자료

1. 《漢書》 藝文志 六藝略「人更三聖, 世歷三古」注

韋昭曰:「伏羲, 文王, 孔子.」孟康曰:「易繫辭曰: 易之興, 其於中古乎? 然則伏羲爲上古, 文王爲中古, 孔子爲下古.

2. 《周易》 繫辭(下)

古者, 包犧氏之王天下也, 仰則觀象於天, 俯則觀法於地, 觀鳥獸之文, 與地之宜, 近取諸身, 遠取諸物, 於是始作八卦, 以通神明之德, 以類萬物之情. 作結繩而爲罔罟, 以佃以漁, 蓋取諸離. 包犧氏沒, 神農氏作, 斲木爲耜, 揉木爲耒, 耒耨之利, 以教天下, 蓋取諸益. 日中爲市, 致天下之民, 聚天下之貨, 交易而退, 各得其所, 蓋取諸噬嗑.

3. 《白虎通》 號

古之時未有三綱六紀, 民人但知其母, 不知其父, 能覆前而不能覆後, 臥之詓, 行之吁吁, 饑卽求食, 飽卽棄餘, 茹毛飮血, 而衣皮葦. 於是伏羲仰觀象於天, 俯察法於地, 因夫婦, 正五行, 始定人道, 畫八卦以治天下, 天下伏而化之, 故謂伏羲也

4. 《孟子》 滕文公(上)

人之有道也, 飽食煖衣, 逸居而無敎, 則近於禽獸. 聖人有憂之; 使契爲司徒, 敎以人倫: 父子有親, 君臣有義, 夫婦有別, 長幼有序, 朋友有信.

008(1-8)
농사법을 밝혀낸 신농씨

백성들이 처음에는 털가죽을 그대로 옷으로 삼아 입고 살았다.

신농神農 때에 이르러, 벌레나 짐승을 그대로 잡아먹고 사는 생활로는 백성을 양육하기 어렵다고 여겨, 이에 가히 먹을 수 있는 물건을 구하면서 온갖 풀들의 열매를 맛을 보아 신맛과 쓴맛을 관찰한 다음, 백성들로 하여금 오곡五穀을 주식으로 삼도록 가르쳤던 것이다.

民人食肉飮血, 衣皮毛.

至於神農, 以爲行蟲走獸, 難以養民, 乃求可食之物, 嘗百草之實, 察酸苦之味, 敎民食五穀.

【神農】 상고시대 제왕의 이름. 산천을 태워 맹수를 쫓은 다음 농사와 약초를 처음 인류에게 전한 것으로 알려짐. 그 때문에 炎帝라 불리며 烈山氏라 함.

【行蟲】 움직이는 모든 벌레들. 걸어다니는 모든 走獸에 대칭하여 쓴 것이며, 세분하여 흔히 裸蟲, 羽蟲, 鱗蟲, 介蟲 등으로 구분하기도 함.

【可食之物】 사람이 가히 먹을거리로 사용할 수 있는 것들.
【嘗】 '嚐'과 같음. 맛으로 보아 독성의 유무와 맛, 먹을 수 있는지의 여부 등을 변별함.
【五穀】 흔히 稻·黍·稷·麥·菽을 가리키며 사람이 기본적 음식물로 섭취할 수 있는 곡류.

참고 및 관련 자료

1.《**淮南子**》 脩務訓

古者, 民茹草飮水, 采樹木之實, 食蠃蛖之肉, 時多疾病毒傷之害. 於是神農乃始敎民播種五穀, 相土地宜, 燥濕肥墝高下, 嘗百草之滋味, 水泉之甘苦, 令民知所辟就. 當此之時, 一日而遇七十毒.

2.《**尸子**》 君治篇

神農理天下, 欲雨則雨: 五日爲行雨, 旬日爲穀雨, 旬五日爲時雨, 正四時之制, 萬物咸利, 故謂之神.

3.《**孟子**》 告子(上)

孟子曰:「五穀者, 種之美者也; 苟爲不熟, 不如荑稗. 夫仁亦在乎熟之而已矣.」

〈神農採藥圖〉

009(1-9)

집을 지어 살도록 한 황제

천하의 백성들은 원래 들에 그대로 살거나 굴을 파고 살아, 집이라는 것이 없어 금수와 같은 구역에서 생활하였다.

이에 황제黃帝가 비로소 나무를 베어 재료를 얽어 집이라는 것을 짓게 되었다. 위에는 대들보를 얹고 아래에는 가지나 잎으로 가려 바람과 비를 피할 수 있도록 한 것이다.

天下人民, 野居穴處, 未有室屋, 則與禽獸同域.

於是黃帝乃伐木搆材, 築作宮室, 上棟下宇, 以避風雨.

【同域】 사람과 금수가 함께 뒤섞여 살아감.

【黃帝】 고대 전설 속의 帝王. 軒轅 땅에 살아 軒轅氏(地緣의 씨)라 하였으며, 姬水가에 살아 姓을 姬(母系 사회의 성)라 함. 나라 이름은 有熊이라 하여 有熊氏로도 불림. 炎帝 神農氏 부락을 阪泉에서 물리치고 蚩尤 부락과 涿鹿에서

싸워 이김. 그리하여 諸侯의 首長이 되었으며, 흔히 土德으로 왕이 되었다 하여 五行의 노란색(黃)을 넣어 제호를 黃帝로 삼았음. 蠶桑, 醫藥, 舟車, 宮室, 文字 등 문명을 일으킨 시대로 보아 중국 민족의 시조로 추앙받고 있음.

【搆材】 '搆'는 '構'와 같음. 건축 재료. 이를 얽어 가옥을 만들어 추위와 짐승을 막고 보호를 받게 됨.

【棟宇】 가옥의 위는 대들보를 얹고 아래에는 나뭇잎, 풀, 가죽 따위를 늘어뜨려 비바람을 막음.

참고 및 관련 자료

1. **《淮南子》** 氾論訓

古者, 民澤處復穴, 冬日則不勝霜雪雨露, 夏日則不勝暑熱蚊虻, 聖人乃作, 爲之築土構木, 以爲宮室. 上棟下宇, 以蔽風雨, 以避寒暑, 而百姓安之.

2. **《周易》** 繫辭傳(下)

上古穴居而野處, 後世聖人易之以宮室, 上棟下宇, 以待風雨, 蓋取諸大壯.

3. 흔히 역사적으로 원시적인 집을 짓기 시작한 것은 有巢氏 집단으로 보고 있음. **《十八史略》**(1)에 "人皇以後, 有曰有巢氏, 構木爲巢, 食木實. 至燧人氏, 始鑽燧, 教人火食, 在書契以前, 年代國都不可攷"라 함.

〈黃帝像〉 明, 《歷代帝王名臣冊》

010(1-10)
후직으로 인한 농업의 발전

이윽고 백성들은 집과 먹을 곡식이 있음은 알게 되었으나, 자신들의 힘을 어디에 써야 하는지에 대해서는 모르고 있었다.

이에 후직后稷이 비로소 땅을 나누어 봉하고, 농토의 경계선을 구분하여 이로써 그 토지에 마땅한 곡물을 심는 법을 구분하였으며, 땅을 개간하여 곡식을 심어 증식시키도록 하여 백성을 길러내었다. 나아가 뽕나무와 삼을 심어 여기에서 실과 삼실을 얻어 이로써 몸을 덮고 가리는 옷을 삼도록 한 것이다.

民知室居食穀, 而未知功力.

於是后稷乃列封疆, 畫畔界, 以分土地之所宜, 闢土殖穀, 以用養民, 種桑麻, 致絲枲以蔽形體.

【功力】 사람의 노력. 인력. 人工. 사람의 힘으로 물건을 만들거나 곡식을 심어 이용하는 방법. 여기서는 구체적으로 농사짓는 법을 말함.

〈后稷〉(姬棄)《三才圖會》

【后稷】 주나라의 시조 姬棄. 그의 어머니가 거인의 발자국을 따라갔다가 임신한 뒤, 상서롭지 못하다 여겨 버리려 했다가 거두어 길러 이름을 '棄'라 하였음. 이 고사는 모계사회에서 부계사회로 옮겨감을 의미하며 농업정착 사회로 진입함을 상징함. 舜임금 때 農稷之官이 되어 邰 땅에 봉해져 有邰氏라고도 하며 호를 后稷이라 함.《史記》周本紀 참조.

【封疆】 境界와 疆域을 정함.

【畔界】 농토의 구획. 농업사회가 됨을 말함.

【土地所宜】 각 토지의 성격에 맞는 작물을 심도록 함.

【殖】 植과 같음. 그러나 작물을 심어 그 수확량을 증식시킴을 뜻하는 것으로도 볼 수 있음.

【枲】 삼의 일종. 씨를 맺지 않는 대마. 옷감(삼베)을 만들 수 있는 삼의 총칭.

【蔽形】 몸을 가려 추위와 더위를 이겨냄.

참고 및 관련 자료

1.《史記》周本紀

周后稷, 名棄. 其母有邰氏女, 曰姜原. 姜原爲帝嚳元妃. 姜原出野, 見巨人迹, 心忻然說, 欲踐之, 踐之而身動如孕者. 居期而生子, 以爲不祥, 棄之隘巷, 馬牛過者皆辟不踐; 徙置之林中, 適會山林多人, 遷之; 而棄渠中冰上, 飛鳥以其翼覆薦之. 姜原以爲神, 遂收養長之. 初欲棄之, 因名曰棄. 棄爲兒時, 屹如巨人之志. 其游戲, 好種樹麻·菽, 麻·菽美. 及爲成人, 遂好耕農, 相地之宜, 宜穀者稼穡焉, 民皆法則之. 帝堯聞之, 擧棄爲農師, 天下得其利, 有功. 帝舜曰:「棄, 黎民始飢, 爾后稷播時百穀.」封棄於邰, 號曰后稷, 別姓姬氏. 后稷之興, 在陶唐·虞·夏之際, 皆有令德.

2.《孟子》滕文公(上)

后稷教民稼穡, 樹藝五穀, 五穀熟而民人育.

3.《禮記》禮運篇

昔者先王, 未有宮室, 冬則居營窟, 夏則居橧巢. 未有火化, 食草木之實, 鳥獸之肉,飮其血, 茹其毛. 未有麻絲, 衣其羽皮. 後聖有作, 然後脩火之利, 范金合土, 以爲臺榭宮室牖戶, 以炮以燔, 以亨以炙, 以爲醴酪, 治其麻絲, 以爲布帛, 以養生送死, 以事鬼神上帝, 皆從其朔.

4.《抱朴子》外篇

古之爲屋, 足以蔽風雨; 爲衣, 足以掩身形.

011(1-11)
우의 치수

그 당시에는 사독四瀆이 아직 소통되지 않아 홍수가 늘 재해를 일으켰다. 우禹가 이에 강수江水를 트고 하수河水를 소통시켜 사독의 물이 막힘없이 흘러 바다로 들어가게 하였다. 큰물 작은물이 서로 끌어들이도록 하고 높고 낮은 지형에 따라 서로 받아 주도록 하였다. 그리하여 모든 냇물이 순조롭게 흘러 각기 그 흘러갈 곳으로 돌아가게 물을 다스린 것이다. 그렇게 한 연후에야 백성들은 높고 험한 곳을 버리고 평지로 내려와 살 수 있게 된 것이다.

當斯之時, 四瀆未通, 洪水爲害.

禹乃決江疏河, 通之四瀆, 致之於海, 大小相引, 高下相受, 百川順流, 各歸其所, 然後人民得去高險, 處平土.

【四瀆】 중국 경내의 중요한 네 강. 長江, 黃河, 淮河, 濟水. 제후의 등급으로 간주하여 제사를 지내는 대상임. 당시 아직 치수사업이 성취되지 못하여 늘 홍수를 일으켜 물이 범람하였음을 말함.

【洪水】 큰물이 일어나 농토를 휩쓸어 감. 토지의 관리에 대한 사안이 발생함을 의미함.

【禹】 고대 중국 최초의 왕조인 夏나라의 시조. 大禹, 戎禹라고도 부르며 아버지 鯀(鮌)을 이어 치수를 담당하여 성공을 거둠. 중국 역사는 夏나라로부터 비로소 정식 世襲王朝가 되었으며, 그 이전은 禪讓의 시대였음.

〈禹王治水圖〉

【致之於海】 당시 홍수가 범람하자, 그의 아버지 鯀은 堵截法(물을 막아 흐르지 못하게 하는 방법)으로 治水에 실패하였지만 舜임금 때 禹를 시켜 임무를 맡기자, 그는 疎導法(물을 소통시켜 흐르게 함)으로 물을 바다로 흘러 빠져 나가도록 하는 방법을 써서 천하의 수재를 해결했다 함.

【大小相引】 작은물은 강으로, 강물은 바다로 흘러 홍수가 빠져 나가도록 함.

【百川順流】 모든 물들이 흐를 곳이 있어 재해를 일으키지 않음.

【高險】 높고 험한 지형. 물을 피하여 높고 험한 곳에 살았으나 뒤에 평지에서 살 수 있게 되었음을 말함.

참고 및 관련 자료

1. 《孟子》 滕文公(上)

當堯之時, 天下猶未平, 洪水橫流, 氾濫於天下; 草木暢茂, 禽獸繁殖; 五穀不登, 禽獸偪人; 獸蹄鳥跡之道, 交於中國. 堯獨憂之, 擧舜而敷治焉. 舜使益掌火, 益烈山澤而焚之, 禽獸逃匿. 禹疏九河, 瀹濟漯, 而注諸海; 決汝漢, 排淮泗, 而注之江. 然後中國可得而食也. 當是時也, 禹八年於外, 三過其門而不入, 雖欲耕, 得乎?

2. 《孟子》 滕文公(上)

禹疏九河, 瀹濟漯, 而注諸海; 決汝漢, 排淮泗, 而注之江. 然後中國可得而食也. 當是時也, 禹八年於外, 三過其門而不入, 雖欲耕, 得乎?

012(1-12)
해중의 발명품

냇물과 골짜기가 서로 엇갈려 펼쳐져 있어 통행이 원만하지 못하였다. 이 때문에 풍속과 교화가 제대로 소통되지 못하였고, 구주九州가 서로 끊기고 막혀 있었으며, 깊은 물을 건너는 배나 먼 곳에 이를 수 있는 수레라는 것도 없었다.

이에 해중奚仲이 처음으로 나무를 굽혀 바퀴를 만들고, 곧은 나무는 그대로 끌채를 만들어 이를 말이나 소에게 얹어 사람을 태우기도 하고 짐을 끌게도 하였다. 그리고 배를 띄우되 삿대와 노를 이용하여 사람의 힘을 대신하게 하였다.

川谷交錯, 風化未通, 九州絶隔, 未有舟車之用, 以濟深致遠.

於是奚仲乃橈曲爲輪, 因直爲輳, 駕馬服牛, 浮舟杖檝, 以代人力.

【交錯】 서로 엇갈려 분포함. 뒤얽혀 있음. 《詩經》 小雅 楚茨의 毛傳에 "東西爲交, 邪行爲錯"이라 함.

【風化】 풍속과 교화. 나라의 교화가 널리 보급됨. 《詩經》 豳風 七月 序에 "陳后稷先公風化之所由"라 함.

【九州】 고대 夏禹시대 중국을 아홉 개의 주로 나누어 구분하고 다스렸음. 당시 九州는 冀州, 豫州, 雍州, 揚州, 兗州, 徐州, 梁州, 青州, 荊州였음.

【濟深致遠】 배나 수레를 만듦으로 해서 깊은 물을 건너고 멀리까지 갈 수 있음을 말함.

【奚仲】 夏나라 때의 車正(수레공). 최초로 수레를 만든 사람이라 함. 뒤에 封을 받아 춘추시대 薛나라의 시조가 됨.

【橈曲爲輪】 나무를 굽혀 이를 수레바퀴로 만듦.

【因直爲轅】 곧은 나무는 그 곧음을 이용하여 끌채로 사용함. '轅'은 수레의 끌채.

【駕馬】 말로 하여금 수레를 끌게 하는 방법을 창안함.

【服牛】 소로 하여금 수레를 끌고 짐 나르는 방법을 창안함. 이 구절은 《周易》 繫辭(下)에 실려 있음.

【浮舟杖檝】 배를 띄워 노를 젓거나, 삿대로 배를 밀어 水運을 시작함. 檝은 楫과 같으며 짧은 노. 긴 장대의 노는 도(櫂)라 함.

참고 및 관련 자료

1. 본 장은 奚仲이 처음으로 수레와 배를 만들어, 인력을 대신하여 交通과 運輸의 발달을 도모하였음을 말함.

2. 《呂氏春秋》 君守篇

奚仲作車: 高誘 注: 奚仲, 黃帝之後, 任姓也. 傳曰: 爲夏車正, 封於薛.

3. 《左傳》 定公 元年

薛之皇祖奚仲居薛, 以爲夏車正.

4. 《山海經》 海內經

番禺生奚仲, 奚仲生吉光, 吉光始以木爲車.

5. 《荀子》 解蔽篇

解仲作車, 乘杜作乘馬.

6.《周易》繫辭(下)

刳木爲舟, 剡木爲楫, 舟楫之利以濟不通, 致遠以利天下, 蓋取諸渙. 服牛乘馬, 引重致遠, 以利天下, 蓋取諸隨.

013(1-13)
법을 제정한 고요

쇠붙이는 녹이고 나무는 깎고 다듬으며, 박은 쪼개고 흙은 빚어 구운 다음 여러 가지 그릇이나 기구를 갖추었다.

이에 사람들은 가벼움과 무거움이라는 것을 알게 되어 이익은 좋아하되 어려움은 싫어하며, 힘든 것은 피하고 편안함만을 즐기는 쪽으로 기울게 되었다. 이에 고요皐陶가 비로소 감옥과 형벌에 대한 제도를 만들고, 상 줄 일은 현창하고 벌 받을 조목을 제정하였다. 이로써 시비是非를 구분하고 호오好惡를 명확히 하였으며, 간사하고 사악한 일을 검색하고 일란佚亂함을 없애도록 하였다.

鑠金鏤木, 分苞燒殖, 以備器械.

於是民知輕重, 好利惡難, 避勞就逸. 於是皐陶乃立獄制罪, 縣賞設罰, 異是非, 明好惡, 檢奸邪, 消佚亂.

【鑠金】 삭(鑠)은 銷와 같음. 쇠를 녹임(熔). 철기 문명을 일으켰음을 말함. 《國語》周語(下)에 "諺曰: 衆心成城, 衆口鑠金"이라 함.

【鏤木】 나무를 깎거나 다듬고, 파고 잘라 여러 기구나 도구를 만듦.
【分苞】 分匏. '苞'는 '匏'의 假借字. 박을 갈라 바가지 등 그릇으로 활용함.
【燒殖】 燒埴. 흙을 구워 그릇을 만듦. 陶器가 생겨남을 말함. '殖'은 '埴'의 가차로 봄.
【器械】 사람의 단순 인력을 대신할 수 있는 기구들. 병기, 기계 등. 《禮記》 大傳 鄭注에 "器械, 禮樂之器及兵甲也"라 함.
【皐陶】 사람 이름. 성은 偃. '咎繇'로도 표기하며 '고요'로 읽음. 舜임금의 신하로 刑獄의 일을 담당하였음. 《尙書》 皐陶謨 참조.
【立獄制罪】 고요가 상벌제도를 만들어 사회 기강을 바로잡았음을 말함.
【縣賞設罰】 '縣'은 '懸'과 같음. 상 받을 일을 높이 선양하고 벌 받을 조목을 제정함.
【異是非】 是非를 분명하게 달리 구분하고 대우함.
【明好惡】 호오(好惡)를 명확히 함.
【檢奸邪】 간악하고 사악한 자를 검색하여 다스림.
【佚亂】 방탕하고 음란한 행동들.

〈고요(皐陶)〉《三才圖會》

참고 및 관련 자료

1. 고요(皐陶)가 사회 기강을 바로잡기 위해 처음으로 형벌제도를 제정하였음을 말함.

2. 《尙書》 大禹謨

帝曰: 「皐陶, 惟茲臣庶, 罔或干予正, 汝作士, 明于五刑, 以弼五敎, 期于予治, 刑期于無刑, 民協于中, 時乃功, 懋哉!」 皐陶曰: 「帝德罔愆, 臨下以簡, 御衆以寬, 罰弗及嗣, 賞延于世, 宥過無大, 刑故無小, 罪疑惟輕, 功疑惟重, 與其殺不辜, 寧失不經, 好生之德, 洽于民心, 茲用不犯于有司.」 帝曰: 「俾予從欲以治, 四方風動. 惟乃之休.」

014(1-14)
교육기관을 설치한 문왕과 주공

이리하여 백성들이 법에 대해 두려움을 갖기는 하였으나, 그래도 예의禮義에 대해서는 무지하였다.

이에 중간에 성인인 문왕文王과 주공周公 등이 나타나 벽옹辟雍과 상서庠序 등의 교육제도를 마련하였다. 그리하여 상하의 의표儀表를 바르게 하고, 부자 사이의 예禮와 임금과 신하 사이의 의義를 명확히 하여 강한 자가 약한 자를 능멸하는 일이나, 무리가 많다고 하여 수가 적은 자에게 포악하게 구는 짓이 없도록 하였다. 이에 탐욕과 비루한 마음을 버리게 되었으며, 맑고 깨끗한 행동을 일으키게 된 것이다.

民知畏法, 而無禮義.

於是中聖乃設辟雍庠序之敎, 以正上下之儀, 明父子之禮·君臣之義, 使强不凌弱, 衆不暴寡. 棄貪鄙之心, 興淸潔之行.

〈文王〉(姬昌)

周公像

三才圖會 人物四卷 十一

周公名旦武王弟也成王幼周公爲冢宰攝政管蔡流言作亂公東征誅管蔡初武王有疾公作策請以身代策藏金縢疾果瘳後成王得策執以泣請公東還公乃作無逸之書以訓焉

〈周公〉(姬旦)《三才圖會》

【中聖】中古시대의 성인. 중고시대는 흔히 周나라 건립으로 文物, 典章의 제도가 확립되어 문명과 문화가 제자리를 잡기 시작한 시기를 말함. 이 시대의 지도자는 文王(姬昌)과 周公(姬旦)이었으므로, 흔히 이들을 대신 일컫는 말로 쓰임. 흔히 上古시대 성인은 堯舜禹湯을 거론하고, 下古시대의 성인으로는 孔子를 들고 있음.

【辟雍】고대 천자의 도읍에 세웠던 대학으로 귀족 자제들의 교육기관. 건물 주위에 물이 흐르게 하여 마치 璧環의 옥과 같은 형태라 하여 辟雝, 璧廱이라 칭하였음.

【庠序】고대 지방별로 세웠던 교육기관. 殷나라 때는 序, 周나라 때는 庠이라 불렀음. 참고란을 볼 것.

【上下之儀】長幼와 벼슬의 상하 秩序, 그에 따른 儀表를 바르게 함.

【淩弱】약한 자를 능멸함. '淩'은 '陵'과 같음.

【暴寡】수가 적은 집단에게 포악한 짓을 함.

【貪鄙】탐욕과 비루한 행동.

참고 및 관련 자료

1. 본 장에서는 주나라 건립과 함께 문물제도가 확립되었으며, 교육기관이 설치되어 백성의 교화가 정식으로 실시되었음을 말한 것임.

2. 《孟子》 滕文公(上)

設爲庠序學校以教之: 庠者, 養也; 校者, 教也; 序者, 射也. 夏曰校; 殷曰序; 周曰庠; 學則三代共之, 皆所以明人倫也. 人倫明於上, 小民親於下.(集註: "庠以養老爲義, 校以教民爲義, 序以習射爲義, 皆鄉學也. 學, 國學也. 共之, 無異名也. 倫, 序也. 父子有親, 君臣有義, 夫婦有別, 長幼有序, 朋友有信, 此人之大倫也. 庠序學校, 皆以明此而已.)

3. 《白虎通》 辟雍篇

天子立辟雍何? 辟雍所以行禮樂, 宣德化也. 辟者, 璧也, 象璧圓以法天也. 雍者, 壅之以水, 象教化流行也. 辟之言積也, 積天下之道德; 雍之爲言壅也, 天下之儀則; 故謂之辟雍也. 鄉曰庠, 里曰序. 庠者, 庠禮義; 序者, 序長幼也. 禮五帝紀曰: 帝庠序之學, 則父子有親, 長幼有序.

015(1-15)
공자와 오경

그럼에도 예의가 행해지지 아니하고 기강이 제대로 세워지지 않아, 뒷세상에 이르러 점차 쇠퇴의 길로 들어서게 되었다.

이에 그 뒤를 이은 성인, 즉 공자孔子가 나타나 오경五經을 정하고, 육예六藝를 명확히 하였으며, 천지의 법통을 이어받아 사물의 미세한 것까지 모두 살폈다. 그리하여 사물의 본성에 원칙을 정하고 근본을 세워 인륜의 실마리를 폈으며, 천지에 그 종지를 밝혀 보였다. 공자는 각 전적의 편장篇章을 찬집하고 수정하여, 다음 세대에 이를 내려주어 조수鳥獸와 같은 미물에게도 그 원칙이 적용되게 되었다. 이에 쇠란한 시대를 바로잡아 하늘과 인간의 모책이 합치되도록 제도를 만들어 원도原道가 모두 갖추어지게 된 것이며, 이로써 지혜로운 자는 그 마음을 통달하게 되었고, 백공百工들도 자신들의 가진 공교한 기능을 마음껏 발휘할 수 있게 된 것이다.

이에 음악을 조절하여 관현管絃과 사죽絲竹으로 하고, 종고鐘鼓와 가무歌舞를 설치하여 음악에 얹어, 이로써 사치를 절제하고 풍속을 바로잡으며 문아文雅를 갖추게 된 것이다.

禮義不行, 綱紀不立, 後世衰廢.

於是後聖乃定五經, 明六藝, 承天統地, 窮事察微, 原情立本, 以緒人倫. 宗諸天地, 纂脩篇章, 垂諸來世, 被諸鳥獸, 以匡衰亂. 天人合策, 原道悉備, 智者達其心, 百工窮其巧.

乃調之以管弦絲竹之音, 設鐘鼓歌舞之樂, 以節奢侈, 正風俗, 通文雅.

【禮義不行】 원문은 '禮義獨行'으로 되어 있으나 〈子彙本〉과 〈唐晏本〉에 의해 고침.

【後聖】 後古時代의 聖人, 즉 孔子를 가리킴. 앞 장 주를 참조할 것.

【五經】 儒家의 경전. 흔히 공자의 손을 거친 六經이 있었으나, 그중 《樂經》은 실제 문서로 남아 있지 않아 漢나라 때에는 《易》·《書》·《詩》·《禮》·《春秋》를 들고 있음.

【六藝】 六經. 漢나라 때는 '經'을 '藝'라고도 불렀음. 五經에 《樂》을 더하여 편목을 삼은 것.

【承天統地】 天道와 地道를 이어받고 統攝함.

【原情立本】 사물의 실정에 근거하여 근본을 세움. 여기서는 五經과 六藝의 근본을 설명한 것임.

【緒人倫】 인륜의 도가 그 실마리를 찾게 되었음을 말함. 《詩》 周南 關雎 序에 "先王以是經夫婦, 成孝敬, 厚人倫, 美敎化, 移風俗"이라 함.

【被諸鳥獸】 禮樂이 鳥獸에게까지 감화를 줌. 참고란을 볼 것.

【天人合策】 인사가 천의에 합당하도록 하고자 점을 침. '策'의 본뜻은 점을 치는 데 사용하던 蓍草를 뜻하는 말이었음.

【原道】 도를 근본으로 삼음. 韓愈의 〈原道〉에 "博愛之謂仁, 行而宜之之謂義, 由是而之焉之謂道, 足乎己無待於外之謂德, 仁與義, 爲定名, 道與德, 爲虛位.

故道有君子有小人, 而德有凶有吉. 老子之小仁義, 非毁之也, 其見者小也, 坐井而觀天曰天小者, 非天小也"라 함.

【智者】 명석하고 지혜로운 사람.

【百工】 온갖 물건을 만들어 내는 匠人. 工匠.

【管絃絲竹】 관은 관악기, 현은 현악기, 사는 역시 현악기, 죽은 관악기. 여기서는 음악 및 악기류를 통칭하여 부른 것.

【鐘鼓歌舞】 儀式이나 宴會에 정중하게 이용되는 악기의 가무를 뜻함.

【奢侈】 여기서는 浪費를 의미하는 부정적인 의미로 쓰였음.

【文雅】 文彩가 나고 문명적이며 아름다움.

참고 및 관련 자료

1. 본 장에서는 下古시대 孔子가 나타나, 풍속을 바르게 하고 五經을 정하였으며 六藝를 밝혔음을 말한 것임.

2. 《白虎通》 五經

五經何謂? 謂《易》, 《尚書》, 《詩》, 《禮》, 《春秋》也.

3. 《漢書》 藝文志 六藝略

六藝之文, 《樂》以和神, 仁之表也; 《詩》以正言, 義之用也; 《禮》以明體, 明者著見, 故無訓也; 《書》以廣聽, 知之術也; 《春秋》以斷事, 信之符也. ……而《易》爲之原, 故曰《易》不可見, 則乾坤或幾乎息矣.

〈孔子〉

4. 《尚書》 益稷

夔曰: 「笙鏞以間, 鳥獸蹌蹌. 簫韶九成, 鳳皇來儀.」 夔曰: 「於, 予擊石拊石, 百獸率舞, 庶尹允諧.」

016(1-16)
사치와 기교

후세에 점점 음란함과 사벽함이 풍조를 이루어, 정위鄭衛의 음악이 증가하여 나타났다. 백성들은 근본을 버리고 말을 좇아갔고, 기교만을 중시하는 세태가 되었다. 각기 의도를 쓰는 길이 달라 결국 무늬를 조각하고 파고 새기며, 아교로 붙이고 옻칠하고 단청을 하는 등 검은색 노란색과 기이한 물건의 색깔을 사용하여 귀와 눈이 즐길 수 있는 한 끝까지 해 보게 되었고, 공인과 장인의 기교는 끝간 데를 모를 정도로 사치를 부리게 되었다.

後世淫邪, 增之以鄭·衛之音, 民棄本趨末, 技巧横出, 用意各殊, 則加雕文刻鏤, 傅致膠漆丹青, 玄黄琦瑋之色, 以窮耳目之好, 極工匠之巧.

【後世】 주나라 말기 예악이 무너지기 시작하여, 이를 바로잡고자 공자가 나섰음을 말함.

【鄭衛之音】 靡靡之樂이라고도 하며, 鄭과 衛는 中原의 두 나라 이름이며, 東周 시대 그곳의 음악이 남녀의 애정을 너무 음란하게 표현하여 儒家에서는 亡國之音이라 여겼음. 이에 상대되는 좋은 음악은 雅樂이라 불렀음.

【棄本趨末】 근본을 저버리고 末流를 좇아감. 여기서는 농사를 버리고 商工에 힘씀을 말함. 고대 농사를 本業으로 여겼으며, 상공은 末業으로 보았음. 참고란을 볼 것. 《史記》 孝文本紀에 "農, 天下之本, 務莫大焉"이라 함.

【技巧橫出】 온갖 기교가 마구 출현함. 기교를 부정적으로 본 것임.

【雕文刻鏤】 질박한 그릇을 그대로 사용해도 되나, 여기에 무늬를 조각하고 파고 넣어 아름답게 꾸밈. 그러한 일을 비생산적이며 부정적으로 본 것.

【傅致膠漆】 아교와 옻칠을 더하여 아름답게 꾸밈. 역시 부정적으로 본 것임.

【丹靑】 아름다운 물감으로 색깔을 칠함.

【玄黃】 옥으로 장식함을 말함. '玄黃'은 옥의 온갖 아름다운 색깔을 말함.

【琦瑋】 진기하고 아름다움.

참고 및 관련 자료

1. 《論語》 衛靈公篇

顔淵問爲邦. 子曰: 「行夏之時, 乘殷之輅, 服周之冕, 樂則韶舞. 放鄭聲, 遠佞人. 鄭聲淫, 佞人殆.」

2. 《論語》 陽貨篇

子曰: 「惡紫之奪朱也, 惡鄭聲之亂雅樂也, 惡利口之覆邦家者.」

3. 《漢書》 食貨志(上)

今背本而趨末, 食者甚衆, 是天下之大殘也.(顔師古 注: "本, 農業也; 末, 工商也. 言人已棄農而務工商矣.")

017(1-17)
사라져 가는 인의

무릇 나귀, 노새, 낙타와 물소뿔, 상아, 대모玳瑁, 호박琥珀, 산호珊瑚, 파랑새 깃털, 주옥 등 산에서 나는 것, 물에 잠긴 것 할 것 없이 찾아내었고, 땅도 택하여 거주하여 청결하고 밝았으며, 윤택을 내어 물에 적시기도 하고 갈아도 더 얇아지지 않을 정도요, 물들여도 검어지지 않는 공교한 기술을 고안해 내었으니, 이는 천연의 기운으로나 가능한 것이며, 신령이나 해낼 수 있는 것이었다. 이리하여 사람들의 삶은 그윽하고 한가로워 창조자와 더불어 부침浮沈할 정도로서 자신이 가진 힘을 그에 맞추어 내지 못할 것이 없고, 뜻대로 만들어내지 못할 기구가 없을 정도가 되었다.

그 때문에 "성인이 만물의 이치를 밝혀 성취시키니 만물의 통변을 능히 다스릴 수 있는 것이요, 사물의 상태와 성능을 다스리니 이로써 인의仁義를 체현하여 드러내게 된 것이다"라고 말하는 것이다.

夫驢騾駱駝, 犀象瑇瑁, 琥珀珊瑚, 翠羽珠玉, 山生水藏, 擇地而居, 潔清明朗, 潤澤而濡, 磨而不磷, 涅而不淄, 天氣所生, 神靈所治, 幽閒清淨, 與神浮沈, 莫不效力

爲用, 盡情爲器.

故曰:「聖人成之, 所以能統物通變, 治情性, 顯仁義也.」

【瑇瑁】'玳瑁'로도 표기하며 남방 열대 海中의 바다거북과 비슷하고 그 껍질을 장식용으로 사용함.

【琥珀】소나무나 잣나무의 진이 땅 속에서 돌로 변한 것으로 황갈색을 띠며 투명하여 향내를 내기 위해 태우기도 하며 약용으로도 사용하고 장식물, 혹은 단추 등으로도 사용하는 귀중한 물건.

【翠羽】파랑새의 깃털. 역시 장식용으로 사용함.

【濡】물기 등에 젖어 광택을 냄.

【磨而不磷, 涅而不淄】아무리 갈아도 얇아지지 아니하며, 물감을 들여도 검어지지 않음. '磷'은 '薄'과 같으며 '涅'은 '染'과 같음. '淄'는 '緇'와 같으며 옷감이나 천, 실 등이 검은색 물이 듦을 말함. 《論語》 陽貨篇의 구절이며 그 〈集解〉에 "孔曰:「磷, 薄也. 涅可以染皂. 言至堅者磨之不薄, 至白者染之于涅而不黑.」"이라 함. 이상 모두는 사람들의 공교한 기술이 아주 발달하게 되었음을 긍정적으로 말한 것이며, 이 모두는 공자와 같은 성인이 출현함으로써 가능하게 된 것이라 본 것임.

【神靈】조화옹. 자연의 창조자.

【沈浮】가라앉고 뜸. 昇降과 같음.

【莫不】원문은 '莫之'로 되어 있으나, 兪樾의 《新語平議》에 "謹按:「莫之」當作「莫不」, 蓋言驢騾駱駝, 犀象瑇瑁, 琥珀珊瑚, 翠羽珠玉之類, 莫不爲我用也. 下文「故曰, 聖人成之. 所以能統物通變, 治情性, 顯仁義也」, 則承此而言. 今作「莫之」, 則與下意不貫也"라 함.

【統物】만물을 종합하여 체계적으로 통솔함. 성인의 가르침으로 그러한 세상이 되었음을 말함.

【通變】모든 변화에 통달함.

【仁義】성인의 출현으로 물질문명의 발달을 이루었으며, 그 마지막 목적은 인의를 체현하기 위한 것이었음을 말한 것.

참고 및 관련 자료

1. 성인이 만물의 성품을 알아 이를 통섭하며, 사람으로 하여금 이를 사용할 수 있도록 함을 설명한 것.

2. 《論語》 陽貨篇

佛肸召, 子欲往. 子路曰: 「昔者由也聞諸夫子曰: 『親於其身爲不善者, 君子不入也.』 佛肸以中牟畔, 子之往也, 如之何?」 子曰: 「然, 有是言也. 不曰『堅乎! 磨而不磷』; 不曰『白乎! 涅而不緇.』 吾豈匏瓜也哉? 焉能繫而不食?」

018(1-18)
성인이 제정한 인과 의

무릇 사람이란 관대하고 넓고 크고 원대해야 하며, 동시에 아주 큰 생각을 가지되 세밀하고 자상하여야 먼 곳 사람은 다가오고 가까운 사람을 편안히 여기며, 온갖 나라들이 그를 품으로 여겨 오게 되는 것이다.

그러므로 성인은 인仁을 품고 의義를 바탕으로 삼되 아주 미세한 일에도 분명하며 천지를 헤아려 짚어 본다. 그리하여 위험한 경지에서도 넘어지지 아니하고, 풀어 놓아도 혼란스럽지 않게 되는 것이니, 이는 바로 인과 의로 다스리기 때문이다.

가까운 친척에게 이를 실행해도 멀고 소원한 이들도 즐거워하며, 집 안에서 이를 수양해도 그 명예는 밖으로 내닫게 되는 것이니, 그러므로 숨어 있어도 드러나지 않음이 없고, 그윽이 있어도 드날리지 않음이 없는 것이다.

夫人者, 寬博浩大, 恢廓密微, 附遠寧近, 懷來萬邦.

故聖人懷仁仗義, 分明纖微, 忖度天地, 危而不傾, 佚而不亂者, 仁義之所治也.

行之於親近而疏遠悅, 脩之於閨門之內而名譽馳於外, 故人無隱而不著, 無幽而不彰者.

【恢廓】 아득히 넓힘. 한없이 넓게 펼쳐냄.
【懷來萬邦】 모든 나라가 덕을 숭모하여 찾아들도록 함. 그러나 이는 '懷來萬國' 이어야 한다고 보기도 함. 즉 漢 高祖 劉邦 때에 나온 책이므로, 유방의 이름 '邦'자를 피휘해야 한다고 여긴 것. 文廷式의 《純常子枝語》에 "按: 漢高祖諱'邦', 陸生奏書, 必不公犯其諱, '邦'字當爲'國'字也"라 함.
【杖義】 杖은 동사. 仁義를 짚고 이를 근거로 해야 함.
【忖度】 '촌탁'으로 읽으며 헤아리고 따져 봄. 《詩經》 小雅 節南山에 "他人有心, 予忖度之"라 함.
【佚而不亂】 방일하고 안락하게 하지만 혼란스럽지는 않음.
【仁義之所治】 唐晏의 《陸子新語校注》에 "陸生之學出孔門, 故語必首仁義"라 함.
【閨門】 집 안의 일. 여인들의 일.
【仁無隱而不著】 어진 사람은 비록 숨겨져 있어도 그 훌륭함이 드러나지 않는 경우가 없음.

참고 및 관련 자료

1. 《禮記》 樂記

在閨門之內, 父子兄弟同聽之則莫不和親. 故樂者, 審一以定和, 比物以飾節; 節奏合以成文. 所以合和父子君臣, 附親萬民也, 是先王立樂之方也. 故聽其雅頌之聲, 志意得廣焉; 執其干戚, 習其俯仰詘伸, 容貌得莊焉; 行其綴兆, 要其節奏, 行列得正焉, 進退得齊焉. 故樂者, 天地之命, 中和之紀, 人情之所不能免也.

019(1-19)
위대한 인물들

우순虞舜은 부모에게 온갖 정성을 다하였기에 그 빛이 천지에 드러났고, 백이伯夷와 숙제叔齊는 수양산首陽山에서 굶어 죽었어도 그 공은 만대에 드리워져 있으며, 태공太公은 포의布衣의 하찮은 평민에서 삼공三公의 높은 지위에 올라 대대로 천승千乘의 작위를 누리게 되었다. 그러나 지백知伯은 위의에 기대고 무력에만 전력하여, 이로써 삼진三晉을 겸병했지만 끝내 망하고 만 것이다.

虞舜蒸蒸於父母, 光耀於天地; 伯夷·叔齊餓於首陽, 功美垂於萬代; 太公自布衣昇三公之位, 累世享千乘之爵; 知伯仗威任力, 兼三晉而亡.

【虞舜】 고대 제왕 이름. 有虞氏.《尙書》舜典과《史記》五帝本紀 등에 의하면 성은 姚이며 이름은 重華. 완고한 부모와 거친 아우 象을 두었으나 효성과 우애를 다하여, 四嶽의 추천으로 堯임금으로부터 천하를 물려받음. 蒲阪을 도읍으로 하여 48년간 재위하였으며 蒼梧의 들에서 죽음.

【蒸蒸於父母】舜의 아버지 瞽叟와 계모, 그리고 계모 소생의 아우 象 등이 순에게 모질게 굴었으나, 순은 효성을 다해 섬기고 우애를 다짐. 《孟子》, 《新序》, 《韓詩外傳》 등에 그의 효성에 대한 일화가 자세히 실려 있음.

【光耀於天地】唐晏의 《陸子新語校注》에 "按: 此檃括〈堯典〉'以孝蒸蒸乂母不格姦'之文. '光耀天地'者, 當是古訓"이라 함.

【伯夷叔齊】고대 孤竹國의 두 왕자. 서로 왕위를 사양하다가 함께 고국을 떠나 西伯 姬昌(周文王)의 덕을 듣고 찾아 나섰으나, 창이 죽고 그 아들 發(周武王)이 殷의 紂를 정벌하러 나서는 것을 보고 忠이 아니라 여겨 간언하였으나, 실패하자 결국 수양산에 들어가 고사리로 연명하다가 죽었다 함. 《史記》 伯夷列傳 참조. 한편 唐晏의 《陸子新語校注》에는 "此檃括《論語》文"이라 함. 참고란을 볼 것.

〈伯夷叔齊採薇圖〉

【太公】姜太公. 姜子牙. 呂尙. 渭水 가에서 낚시질로 세월을 보내며 자신을 알아줄 자를 기다렸음. 文王이 사냥을 나서서 이를 만나 太公(太王, 古公亶父)께서 그토록 기다리던 분이 곧 이 사람이라 여겨 함께 수레에 태워 궁중으로 돌아온 뒤 師로 삼았음. 뒤에 武王을 도와 殷의 紂를 벌하고 齊나라에 봉해짐. 《六韜》 및 《史記》 齊太公世家 등 참조.

〈姜太公〉

【布衣】벼슬이 없는 일반 백성을 말함. 《鹽鐵論》 散不足篇에 "古者, 庶人耋老而後衣絲, 其餘則麻枲而已, 故命曰布衣"라 함.

【千乘之爵】千乘은 대국의 제후임을 말함. 구체적으로 姜太公 呂尙이 제나라에 봉을 받았음을 말함. 고대 兵車를 끄는 말의 숫자로 나라 크기를 지칭하였으며, 千乘은 4천 필의 말을 말함. 衛宏의 《漢書儀》에 "九夫爲井, 四井爲邑, 四邑爲丘, 四丘爲乘. 乘則具車一乘四馬, 步卒三十六人. 千乘之國, 馬四千匹, 步卒三萬六千人爲三軍, 大國也"라 함.

【知伯】知瑤(智瑤). 荀瑤. 智襄子. 춘추 말기 晉나라 六卿의 하나. 六卿은 智氏, 范氏, 중항씨(中行氏), 韓氏, 魏氏, 趙氏였으며 이들이 晉나라를 좌지우지하다가 결국 가장 강성했던 지씨가 범씨와 중항씨를 멸한 다음, 한씨와 위씨를 억지로 끌어들여 조씨(襄子)를 晉陽에서 포위하여 멸하려 하자 한·위가 곧바로 조씨와 결합, 지씨를 멸하고 셋이 정립하여 전국시대를 맞았음. 이들을 흔히 '三晉'이라 함.

《戰國策》趙策, 魏策, 韓策, 및《史記》각 世家를 참조할 것.

【三晉】晉나라 六卿 중에 智氏를 멸하고 남은 세 나라 즉 韓·魏·趙. 이들은 모두 전국시대에 이르러 七雄의 반열에 올랐으며, 이 세 나라를 함께 지칭할 때 흔히 '삼진'이라 함. 여기서 '兼三晉'이란 晉나라 六卿 중에 가장 세력이 강하여 전체를 겸병할 태세였으나 결국 망하고 말았음을 뜻함.

참고 및 관련 자료

1.《史記》伯夷列傳

伯夷·叔齊, 孤竹君之二子也. 父欲立叔齊, 及父卒, 叔齊讓伯夷. 伯夷曰:「父命也.」遂逃去. 叔齊亦不肯立而逃之. 國人立其中子. 於是伯夷·叔齊聞西伯昌善養老, 盍往歸焉. 及至, 西伯卒, 武王載木主, 號爲文王, 東伐紂. 伯夷·叔齊叩馬而諫曰:「父死不葬, 爰及干戈, 可謂孝乎? 以臣弑君, 可謂仁乎?」左右欲兵之. 太公曰:「此義人也.」扶而去之. 武王已平殷亂, 天下宗周, 而伯夷·叔齊恥之, 義不食周粟, 隱於首陽山, 采薇而食之. 及餓且死, 作歌. 其辭曰:「登彼西山兮, 采其薇矣. 以暴易暴兮, 不知其非矣. 神農·虞·夏忽焉沒兮, 我安適歸矣? 于嗟徂兮, 命之衰矣!」遂餓死於首陽山. 由此觀之, 怨邪非邪?

2.《戰國策》秦策(下)

昔者, 六晉之時, 智氏最强, 破滅范·中行, 又帥韓·魏以圖趙襄子於晉陽.

020(1-20)
규구規矩

이 까닭으로 군자라면 도를 손에 잡고 다스리며, 덕을 거머쥐고 실행하며, 인을 자리에 깔고 앉으며, 의를 지팡이삼아 강하게 버티는 것이니, 그렇게 하면 비록 텅 빈 것처럼 적막하나 그 어떤 행동에도 통하여 그 끝이 없는 것이다.

그러므로 일을 제압할 때는 가장 짧은 부분부터 시작하며, 행동할 때는 더욱 길게 뻗어나갈 것을 계산하며, 둥근 것을 그리기 위해 그림쇠를 만들고, 네모진 것을 그리기 위해 곱자를 만들었던 것이다.

是以君子握道而治, 據德而行, 席仁而坐, 杖義而彊, 虛無寂寞, 通動無量.

故制事因短, 而動益長, 以圓制規, 以矩立方.

【席仁而坐】 仁을 자리로 하여 앉음. 모든 행동과 정치에 인을 준칙의 근본으로 함.

【通動】'通洞'과 같음. 훤히 들여다보여 막힘이 없음.

【以圓制規, 以矩立方】'規'는 둥글게 재는 그림쇠 자. '矩'는 곱자. 따라서 그림쇠나 곱자는 圓과 方이 있은 다음 나타난 자의 명칭임을 말함. 唐晏의《陸子新語校注》에 "按: 於文當作'以規制圓', 然考規矩之初, 方生於圓, 有圓旣立而始有規之名, 故曰'以圓制規'也"라 함.

참고 및 관련 자료

1.《禮記》曲禮(上)

博聞强識而讓, 敦善行而不怠, 謂之君子.

2. 王安石〈君子齋記〉

天子諸侯謂之君, 卿大夫謂之子, 古之爲此名也, 所以命天下之有德, 故天下有德通謂之君子.

3.《墨子》法儀篇

百工之爲方以矩, 爲圓以規, 直以繩, 正以懸.

021(1-21)

이윤과 강태공

성인이 왕도정치의 세상을 만들자, 현자는 그에 따라 공을 세울 수 있었다. 즉 탕湯임금이 이윤伊尹을 들어 썼고, 주周나라가 여망呂望을 임용하자 그 행동이 천지에 합당하였고, 그 덕은 음양과 짝을 이루었으며, 하늘의 뜻을 이어받아 악한 자를 주벌하고 포악한 자를 물리치고 재앙을 제거하였던 것이다. 이에 천지의 기운을 끌어들여 만물을 길러내고 □을 밝게 여겨 빛을 설치하였으며, 귀로는 팔극八極의 소리를 듣고 눈으로는 사방을 모두 볼 수 있었으니, 그에 따라 충성된 자는 앞으로 나설 수 있었고, 참녕한 자는 물러섰으며, 곧은 자는 바로 설 수 있었고, 사악한 자는 사라져 바른 도가 실행되고, 간악함은 바로 잡혔던 것이다. 두 가지를 모두 펼칠 수 없을 때라면, 본바탕이 되는 이치를 □□하여 조금씩 다가오는 화는 막아 버리고 싹으로 자라는 악은 소멸시킬 수 있었던 것이다.

聖人王世, 賢者建功, 湯擧伊尹, 周任呂望, 行合天地, 德配陰陽, 承天誅惡, 克暴除殃, 將氣養物, 明□設光, 耳聽八極, 目覩四方, 忠進讒退, 直立邪亡, 道行姦正, 不得兩張, □□本理, 杜漸消萌.

〈伊尹〉《三才圖會》

太公 姜子牙(呂尙)《三才圖會》

【王世】 세상에 왕업을 성취함. 세상에 왕도를 실행하여 펼침.

【建功】 功을 세움. 功業을 세움. 功을 '강(釭)'으로 읽어야 한다고 보기도 함. 文廷式의 《純常子枝語》에 "此以'功'字與行, 彊, 量, 長, 方, 望, 陽, 殃, 光爲韻, 已讀'功'如釭矣"라 함.

【伊尹】 殷나라 商湯의 신하. 이름은 摯. 원래 媵臣의 노예로 殷나라에 이르러 湯을 도와 夏桀을 토벌하는 데 공을 세워 阿衡에 오름. 阿衡은 재상의 다른 칭호.

【呂望】 姜太公 呂尙. 자는 子牙. 渭水 가에서 낚시질로 세월을 보내며 자신을 알아줄 자를 기다렸음. 文王이 사냥을 나서서 이를 만나 太公(太王, 古公亶父)께서 그토록 기다리던 분이 곧 이 사람이라 여겨 함께 수레에 태워 궁중으로 돌아온 뒤 師로 삼았음. 뒤에 武王을 도와 殷의 紂를 벌하고 齊나라에 봉해짐. 《六韜》 및 《史記》 齊太公世家 등 참조.

【行合天地】 언행이 모두 천지 자연의 규율에 합당하며 만물 변화의 준칙이 됨.

【將氣養物】 원기를 길러 주고 만물을 길러 줌. '將'은 '養'과 같음. 兪樾의 《新語平議》에 "謹案: 將亦養也. 《詩》桑柔: 『天不我將.』 箋云: 「將, 猶養也.」 氣言將, 物言養, 文異而義同"이라 함.

【明□】 □는 缺落된 글자임. 구체적으로 알 수 없음.

【八極】 팔방의 玄極. 아주 먼 八方位의 끝.

【道行姦正】 정도가 실행되고 간악함을 停止됨. '正'은 '止'자의 오자가 아닌가 함. 兪樾 《新語平議》에 "謹案: '正'乃'止'字之誤, '道行', '姦止', 相對成文"이라 함.

【兩張】 상대되는 두 가지 상황이 동시에 전개됨. 즉 忠讒, 直邪, 道姦 등이 함께 펴져 나감.

【杜漸消萌】 재앙이 점점 심화되는 것은 미리 막고, 악이 싹으로 자랄 것은 미리 소멸시켜 없애 버림. 未然에 방지함을 말함.

참고 및 관련 자료

1. 《論語》 顔淵篇

子夏曰: 「富哉言乎! 舜有天下, 選於衆, 擧皐陶, 不仁者遠矣. 湯有天下, 選於衆, 擧伊尹, 不仁者遠矣.」

2. 《史記》 齊太公世家

太公望呂尙者, 東海上人. 其先祖嘗爲四嶽, 佐禹平水土甚有功. 虞夏之際封於呂, 或封於申, 姓姜氏. 夏商之時, 申·呂或封枝庶子孫, 或爲庶人, 尙其後苗裔也. 本姓姜氏, 從其封姓, 故曰呂尙. 呂尙蓋嘗窮困, 年老矣, 以漁釣奸周西伯. 西伯將出獵, 卜之, 曰「所獲非龍非彲, 非虎非羆; 所獲霸王之輔」. 於是周西伯獵, 果遇太公於渭之陽, 與語大說, 曰: 「自吾先君太公曰'當有聖人適周, 周以興'. 子眞是邪? 吾太公望子久矣.」 故號之曰「太公望」, 載與俱歸, 立爲師.

3. 《白虎通》 聖人篇

聖人者何? 與天地合德, 日月合明, 四時合序, 鬼神合吉凶.

022(1-22)

제환공과 진 이세

무릇 일을 도모함에는 인과 의를 함께 기준으로 삼지 않으며, 뒤에 틀림없이 실패를 불러오게 마련이며, 그 근본을 견고하게 다져놓지 아니하고 그러한 토대에 높게만 지은 집은 뒤에 반드시 무너지게 마련이다.

그러므로 성인은 경학經學으로써 혼란을 방지하고자 하였으며, 준승準繩으로써 굽은 것을 바로잡는 도구로 삼았던 것이다. 덕이 풍성한 자는 그 위의威儀가 넓게 퍼지게 마련이며, 힘만 풍성한 자는 무리에게 교만하게 구는 법이다. 제환공齊桓公은 덕을 숭상하여 패자가 되었으나, 진秦나라 이세二世는 형벌만 숭상하다가 나라를 잃고 만 것이다.

夫謀事不竝仁義者, 後必敗; 殖不固本而立高基者, 後必崩.

故聖人防亂以經藝, 工正曲以準繩. 德盛者威廣, 力盛者驕衆. 齊桓公尙德以霸, 秦二世尙刑而亡.

【不竝仁義者, 後必敗】 "인과 의를 함께 아울러 기준삼지 않으면 뒤에 반드시 패하고 말 것임"의 뜻. 그러나 竝은 傍으로 보아 "仁과 義를 늘 곁에 두고 일을 처리하여야 한다"는 뜻으로 봄. 兪樾《新語平議》에 "謹案: '竝'當讀爲'傍', 《列子》黃帝篇: 「竝流而承之.」 釋文曰: 「《史記》·《漢書》傍河傍海皆作竝.」 是故'竝'·'傍'字通用. '不竝仁義者', '不傍仁義'也. 謀事不依傍仁義, 故後必敗"라 함.

【殖不固本】 '殖'은 '植'과 같으며 '立, 樹'의 뜻. '심다, 세우다'의 의미임.

【經藝】 즉 五經이나 六經 따위. 漢代에는 六經을 六藝라 하여 '經'을 '藝'로 불렀음. 《史記》 儒林傳에 "故漢興然後諸儒始得脩其經藝"라 함.

【準繩】 '準'은 平準(水準)을 재는 기구이며 '繩'은 먹줄로 직선을 만드는 繩墨. 《孟子》 朱熹 集註에 "準所以爲平, 繩所以爲直"이라 함.

【齊桓公】 춘추시대 제나라 군주. B.C.685~B.C.643년까지 43년간 재위함. 春秋五霸의 首長. 이름은 小白. 周 莊王 11년(B.C.686) 형 襄公이 포학하게 굴자 鮑叔牙가 소백을 모시고 莒나라로 망명하였다가 양공이 피살되자, 돌아오는 길에 公子 糾를 모시고 魯나라에 가 있던 管仲 무리와 길에서 만나, 관중이 쏜 화살이 소백의 허리띠고리에 맞아 소백은 죽은 체하고 지름길로 돌아와 왕위에 오름. 뒤에 포숙아의 추천으로 관중을 재상으로 삼아 패업을 이루어 尊王攘夷의 기치를 내걸고 九合諸侯 一匡天下를 이룩함. 그러나 관중이 죽은 뒤 豎刁, 易牙, 開方 등을 등용하여 정치가 문란해졌으며, 환공이 죽은 뒤 公子의 난이 발생, 패업이 쇠퇴하고 말았음. 《史記》 齊太公世家 참조.

【秦二世】 통일 秦帝國의 2번째 황제. B.C.209~B.C.207년까지 3년간 재위함. 秦始皇의 막내아들이며 이름은 胡亥. 진시황이 죽은 뒤 中車府令 趙高와 丞相 李斯가 모의하여 거짓 조서를 꾸며, 첫째 아들 扶蘇를 자결하도록 하고, 이를 세워 二世皇帝로 옹립함. 趙高의 횡포로 천하가 혼란에 빠졌으며, 천하 대란이 일어나 3년 만에 망하고 말았음. 《史記》 秦始皇本紀 참조.

【尙刑而亡】 형벌을 숭상하다가 나라가 망함. 儒家는 덕을 숭상하고 法家는 형벌을 숭상하여 그 대립 개념으로 설명한 것임.

참고 및 관련 자료

1. 《孟子》 離婁(上)

聖人旣竭目力焉, 繼之以規矩準繩, 以爲方員平直, 不可勝用也.

2.《史記》陸賈傳

陸生時時前說稱《詩書》. 高帝罵之曰:「迺公居馬上而得之, 安事《詩書》!」陸生曰:「居馬上得之, 寧可以馬上治之乎? 且湯武逆取而以順守之, 文武並用, 長久之術也. 昔者吳王夫差·智伯極武而亡; 秦任刑法不變, 卒滅趙氏. 鄉使秦已幷天下, 行仁義, 法先聖, 陛下安得而有之?」高帝不懌而有慙色, 迺謂陸生曰:「試爲我著秦所以失天下, 吾所以得之者何, 及古成敗之國.」陸生迺粗述存亡之徵, 凡著十二篇. 每奏一篇, 高帝未嘗不稱善, 左右呼萬歲, 號其書曰《新語》.

〈齊桓公〉

023(1-23)

증삼과 민자건

그러므로 잔학한 행동을 하면 원망이 누적되고, 덕을 널리 펴면 공적이 흥하게 마련이니, 백성이란 덕으로 인해 다가오는 것이요, 골육이란 인仁으로 인해 친해지게 되는 것이다. 그리고 부부란 의義로써 화합을 이루는 것이며, 친구란 의로써 믿음을 이루는 것이며, 임금과 신하는 의로써 질서를 삼는 것이며, 백관百官은 의로써 업무를 이어받는 것이다.

증삼曾參과 민자건閔子騫은 인仁으로써 대효大孝를 이루었고, 백희伯姬는 의로써 지극한 정절을 세웠다. 나라를 지키는 자는 인으로써 견고함을 이루고, 임금을 보좌하는 자는 의로써 나라를 기울지 않게 해야 하는 것이며, 임금은 인으로써 통치하고, 신하는 의로써 평화를 이루고, 향당鄕黨은 인으로써 순순恂恂함을 이루고, 조정은 의로써 편편便便함을 이루고, 미녀美女는 정절로써 그 행동을 드러내고, 열사烈士는 의로써 그 이름을 드날리며, 양기陽氣는 인으로써 생육을 돕고, 음절陰節은 의로써 그 기운을 내려주게 되는 것이다.

故虐行則怨積, 德布則功興, 百姓以德附, 骨肉以仁親, 夫婦以義合, 朋友以義信, 君臣以義序, 百官以義承.

曾·閔以仁成大孝, 伯姬以義建至貞, 守國者以仁堅固, 佐君者以義不傾, 君以仁治, 臣以義平, 鄕黨以仁恂恂, 朝廷以義便便, 美女以貞顯其行, 烈士以義彰其名, 陽氣以仁生, 陰節以義降.

【虐行】 잔학하고 포악한 행동이나 정치.

【骨肉】 지친 관계를 말함. 父子 兄弟 姉妹의 아주 가까운 핏줄.

【序】 차례. 질서. 순서.

【承】 순종함. 뜻을 이어받아 실천함.

【曾·閔】 曾參과 閔損. 둘 모두 공자의 제자. 曾參은 曾子로 칭하며 曾點의 아들이며 曾晳의 아버지. 閔損은 閔子騫, 모두 孝行으로 이름이 높았음. 《論語》와 《孝經》, 《史記》 仲尼弟子列傳, 《孔子家語》 弟子解 등을 참조할 것.

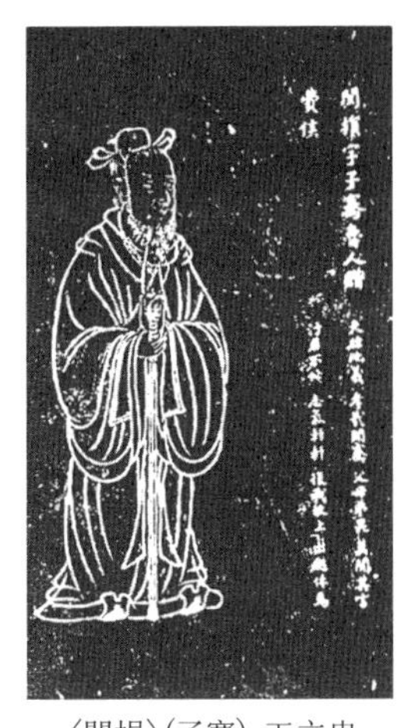

〈閔損〉(子騫) 王立忠
《精選中華文物石索》

【伯姬】 춘추시대 魯나라 宣公의 딸. 宋 共公(恭公)에게 출가하여 10년 만에 과부가 되어 수절함. 魯 襄公 30년 자신의 집에 불이 나자 좌우가 피할 것을 종용하였지만, 그 안에 시어머니가 있음을 알고 구하러 달려들어 갔다가 죽음을 당함. 《列女傳》 및 《左傳》 참조.

【鄕黨】 고대 행정단위 명칭. 《論語集解》에 "鄭曰: 五家爲鄰, 五鄰爲里, 萬二千五百家爲鄕, 五百家爲黨"이라 함.

【恂恂】 공경하고 삼가는 모습. 《論語》 鄕黨篇에 "孔子於鄕黨, 恂恂如也, 似不能言者. 其在宗廟朝廷, 便便言, 唯謹爾"라 함.

【便便】 시비가 분명한 모습.

【烈士】 不義에 굴하지 아니하고 堅貞하고 彊健한 선비.

【陽氣以仁生, 陰節以義降】 唐晏의 《陸子新語校注》에 "案: 此以仁義分陰陽, 與《周禮》大宗伯以「天産作陰德, 以中禮防之, 以地産作陽德, 以樂和防之」之說合.

蓋中禮屬仁, 樂和屬義, 防者猶調劑之義也, 陰德之過, 以陽劑之; 陽德之過, 以陰劑之. 陸生之說, 必有所受之"라 함.

【陰節】 陰의 계절. 즉 가을·겨울은 陰의 절기로서 肅殺과 貯藏의 기운을 내려 움츠려들거나 不動의 상황을 마련함.

참고 및 관련 자료

1. 《呂氏春秋》 精通篇

故父母之於子也, 子之於父母也, 一體而兩分, 同氣而異意. 若草莽之有華實也, 若樹木之有根心也. 雖異處而相通, 隱志相及, 痛疾相救, 憂思相感, 生則相歡, 死則相哀, 此之謂骨肉之親.

2. 《列女傳》(4) 貞順篇 宋恭伯姬

伯姬者, 魯宣公之女, 成公之妹也. 其母曰繆姜. 嫁伯姬於宋恭公, 恭公不親迎, 伯姬迫於父母之命而行. 旣入宋, 三月廟見, 當行夫婦之道. 伯姬以恭公不親迎, 故不肯聽命. 宋人告魯, 魯使大夫季文子於宋, 致命於伯姬, 還復命, 公享之. 繆姜出於房再拜曰: 「大夫勤勞於遠道, 辱送小子, 不忘先君以及後嗣, 使下而有知, 先君猶有望也. 敢再拜大夫之辱.」 伯姬旣嫁於恭公十年, 恭公卒, 伯姬寡. 至景公時, 伯姬嘗遇夜失火, 左右曰: 「夫人少避火!」 伯姬曰: 「婦人之義, 保傅不俱, 夜不下堂, 待保傅來也.」 保母至矣, 傅母未至也, 左右又曰: 「夫人少避火!」 伯姬曰: 「婦人之義, 傅母不至, 夜不可下堂. 越義求生, 不如守義而死.」 遂逮於火而死. 《春秋》詳錄其事爲賢, 伯姬以爲婦人以貞爲行者也, 伯姬之婦道盡矣. 當此之時, 諸侯聞之, 莫不悼痛. 以爲死者不可以生, 財物猶可復. 故相與聚於澶淵, 償宋之所喪, 春秋善之. 君子曰: 「禮: 婦人不得傅母, 夜不下堂, 行必以燭. 伯姬之謂也.」 詩云: 『淑愼爾止, 不愆于儀.』 伯姬可謂不失儀矣. 頌曰: 『伯姬心專, 守禮一義. 宮夜失火, 保傅不備. 逮火而死, 厥心靡悔. 春秋賢之, 詳錄其事.』

3. 《穀梁傳》 襄公 30년

五月, 甲午, 宋災. 伯姬卒, 取卒之日加之災上者, 見以災卒也. 其見以災卒奈何, 伯姬之舍失火, 左右曰: 「夫人少辟火乎!」 伯姬曰: 「婦人之義, 傅母不在, 宵不下堂.」 左右又曰: 「夫人少辟火乎!」 伯姬曰: 「婦人之義, 保母不在, 宵不下堂.」

遂逮乎火而死, 婦人以貞爲行者也. 伯姬之婦道盡矣, 詳其事賢伯姬也.

4. 《列女傳》(2) 賢明篇「周宣姜后」

周宣姜后者, 齊侯之女也. 賢而有德. 事非禮不言, 行非禮不動. 宣王嘗早臥晏起, 后夫人不出房, 姜后脫簪珥, 待罪於永巷, 使其傅母通言於王曰:「妾不才, 妾之淫心見矣, 至使君王失禮而晏朝, 以見君王樂色而忘德也. 夫苟樂色, 必好奢窮欲, 亂之所興也. 原亂之興, 從婢子起, 敢請婢子之罪.」王曰:「寡人不德, 實自生過, 非夫人之罪也.」遂復姜后. 而勤於政事: 早朝晏退, 卒成中興之名. 君子謂:「姜后善於威儀而有德行.」夫禮, 后夫人御於君, 以燭進, 至於君所. 滅燭適房中, 脫朝服, 衣褻服, 然後進御於君. 雞鳴, 樂師擊鼓以告旦, 后夫人鳴佩而去.《詩》曰:『威儀抑抑, 德音秩秩.』又曰:『隰桑有阿, 其葉有幽, 旣見君子, 德音孔膠.』夫婦人以色親, 以德固, 姜氏之德行, 可謂孔膠也. 頌曰:『嘉茲姜后, 厥德孔賢. 由禮動作, 匡配周宣. 引過推讓, 宣王悟焉, 夙夜崇道, 爲中興君.』

曾子像

三才圖會 人物四卷 二十

曾子名參字子輿聖門一貫之傳參獨以魯得而其學問本源則孝爲之地也嘗自言曰吾事齊爲吏祿不過鍾釜猶欣然喜者樂逮親也南遊於楚轉轂百乘猶北向而泣者悲不逮親也唐元宗贈郕伯宋度宗封郕國公文宗加贈宗聖公

〈曾子〉(曾參)《三才圖會》

024(1-24)
육경의 본의

《시詩》의 〈녹명鹿鳴〉은 인으로써 그 무리를 찾고, 〈관저關雎〉는 의로써 그 수컷을 부르는 울음을 운다. 《춘추春秋》는 인의仁義로써 폄절貶絶을 삼고, 《시》는 인의로써 존망을 삼으며, 《역易》의 건괘乾卦와 곤괘坤卦는 인으로써 화합을 이루며, 팔괘八卦는 의로써 서로 이어받으며, 《서書》는 인으로써 구족九族을 펼쳐 보이고, 임금과 신하는 의로써 충성을 통제하는 것이며, 《예禮》는 인으로써 절도를 다 하는 것이며, 《악樂》은 《예》로써 오르내림을 결정하는 것이다.

〈鹿鳴〉以仁求其群, 〈關雎〉以義鳴其雄, 《春秋》以仁義貶絶, 《詩》以仁義存亡, 「乾」·「坤」以仁和合, 「八卦」以義相承, 《書》以仁敍九族, 君臣以義制忠, 《禮》以仁盡節, 《樂》以《禮》升降.

【鹿鳴】《詩》 小兒 鹿鳴에 "呦呦鹿鳴, 食野之苹."이라 하였고, 毛傳에 "興也. 苹, 蓱也. 鹿得蓱, 呦呦然鳴而相呼, 懇誠發乎中, 以興嘉樂賓客, 當有懇誠相招呼以

成禮也."라 함.

【關雎】《詩》 國風 周南 첫 편의 편명. 易順鼎의 《經義莛撞》(3)에 "陸賈《新語》道基云: 「關雎以義鳴其雄.」 按此〈魯詩〉說也. ……〈魯詩〉以關雎爲刺周康王后作. 蓋后婦人佩玉晏, 鷄鳴不能爲脫簪待罪之擧, 故此關雎能以義鳴其雄, 喩康王后不能以義警其君. 〈魯詩〉蓋解關雎爲鳴聲相警之意, 故《新語》謂以義鳴, 與《毛詩》以關關爲和聲者不同"이라 함. 즉 강왕(《列女傳》에는 宣王으로 되어 있음)이 자신과의 색에 빠져 아침 늦게 일어나는 것을 죄로 여긴 강후가 비녀와 옥을 빼어 놓고 待罪한 고사를 원용한 것으로 보았음. 이 고사는 참고란을 볼 것.

【貶絶】 유가에서 계속 《春秋》를 이어오면서 문자로 그 功過를 褒貶함을 말함. 《公羊傳》 桓公 6년에 "蔡人殺陳佗. 陳佗者何? 陳君也. 陳君, 則曷爲謂之陳佗? 絶也. 曷爲絶之? 賤也. 其賤奈何? 外淫也"라 한 것이 그 예임.

【八卦】《周易》의 여덟 가지 부호. 그 내용은 다음과 같음.

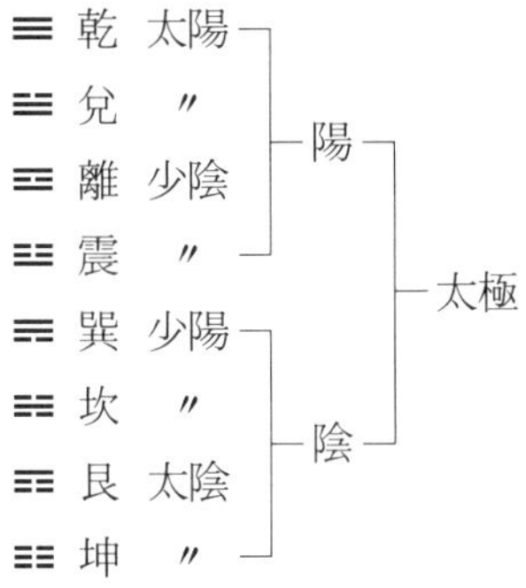

이처럼 陰陽이 분화되어 근본을 이룸을 상징함. 伏羲氏가 처음 제작하였다 함. 한편 唐晏의 《陸子新語校注》에는 "案以乾坤爲仁, 八卦爲義, 又九族爲仁, 疑皆古經義"라 함.

【九族】 高祖로부터 玄孫에 이르기까지의 九代 血族.

【樂以禮升降】 음악은 예로써 오르내림을 결정함. 참고란을 볼 것.

참고 및 관련 자료

1. 《詩經》 小雅 鹿鳴

呦呦鹿鳴, 食野之苹. 我有嘉賓, 鼓瑟吹笙. 吹笙鼓簧, 承筐是將. 人之好我, 示我周行. 呦呦鹿鳴, 食野之蒿. 我有嘉賓, 德音孔昭. 視民不恌, 君子是則是傚. 我有旨酒, 嘉賓式燕以敖. 呦呦鹿鳴, 食野之芩. 我有嘉賓, 鼓瑟鼓琴. 鼓瑟鼓琴, 和樂且湛. 我有旨酒, 以燕樂嘉賓之心.

2.《孔子家語》好生篇

鹿鳴興於獸, 而君子大之, 取其得食而相呼.

3.《詩經》國風 關雎

關關雎鳩, 在河之洲. 窈窕淑女, 君子好逑. 參差荇菜, 左右流之. 窈窕淑女, 寤寐求之. 求之不得, 寤寐思服. 悠哉悠哉, 輾轉反側. 參差荇菜, 左右采之. 窈窕淑女, 琴瑟友之. 參差荇菜, 左右芼之. 窈窕淑女, 鍾鼓樂之.

4.《孔子家語》好生篇

關雎興於鳥, 而君子美之, 取其雌雄之有別.

5.《禮記》樂記

仁近於樂, 義近於禮. 樂者敦和, 率神而從天, 禮者別宜, 居鬼而從地. 故聖人作樂以應天, 制禮以配地. 禮樂明備, 天地官矣.

025(1-25)
인과 의

인仁이란 도道의 벼리이며, 의義란 성聖의 학문이다. 이를 배우는 자는 명석하게 되며, 이를 잃는 자는 어리석게 되고, 이를 등지는 자는 망하게 된다.

힘을 펼쳐 대열을 이루되 의로써 공을 세우는 것이며, 사단師團과 여단旅團의 행군 진열은 인을 얻음으로써 견고할 수 있으며, 의를 의지함으로써 강하게 될 수 있는 것이다.

기운을 조절하고 성품을 수양하니, 어진 자는 장수하며 길게 이어갈 수 있다. 이처럼 사람의 재능과 덕의 차례를 살펴보건대, 의義라는 것이야말로 곧 방정한 것이다.

仁者道之紀, 義者聖之學. 學之者明, 失之者昏, 背之者亡.

陳力就列, 以義建功. 師旅行陣, 德仁爲固, 仗義而彊.

調氣養性, 仁者壽長. 美才次德, 義者行方.

【道之紀】 道의 벼리(紀綱)가 됨. 道의 準則이 됨.
【陳力】 자신의 재능과 힘을 펴서 국가에 服務함.
【就列】 직위에 나아감. 벼슬을 해야 할 경우 그 班列에 나아가 봉사함.
【師旅行陣】 軍隊의 組織과 行列. 古代 軍制에서 2천 5백 인을 '師'라 하고 5백 인을 '旅'라 함.
【德仁爲固】 '得仁而固'여야 한다고 보았음. 즉 '仁을 얻어 이를 견고히 함'의 뜻. 兪樾의 《新語平議》에 "'德', 當讀爲'得', 古字通用. '爲固'當作'而固'"라 함.
【調氣養性】 '治氣養心'과 같음. 기를 잘 다스려 마음을 수양함. 《荀子》와 《韓詩外傳》에 실려 있음.
【仁者壽長】 《論語》 雍也篇에 "仁者壽"라 하였고 〈集解〉에 "性靜者多壽考"라 하였으며, 邢昺의 〈疏〉에는 "言仁者少思寡欲, 性常安靜, 故多壽考也"라 함.
【美才次德】 '差才次德'의 오기가 아닌가 함. 才德의 多少를 논하여 그 직위와 次序를 정함. 孫詒讓의 《札迻》에 "案: '美'疑'差'之誤, 差與次義同, 謂差次才之高下也"라 함.
【行方】 행동이 방정함. 《淮南子》를 볼 것.

참고 및 관련 자료

1. 《論語》 雍也篇

子曰: 「知者樂水, 仁者樂山. 知者動, 仁者靜. 知者樂, 仁者壽.」

2. 《荀子》 修身篇

治氣·養心之術: 血氣剛强, 則柔之以調和; 知慮漸深, 則一之以易良; 勇膽猛戾, 則輔之以道順, 齊給便利, 則節之以動止; 狹隘褊小; 則廓之以廣大; 卑濕重遲貪利, 則抗之以高志; 庸衆駑散, 則劫之以師友; 怠慢僄棄, 則昭之以禍災; 愚款端慤, 則合之以禮樂, 通之以思索. 凡治氣·養心之術, 莫徑由禮, 莫要得師, 莫神一好. 夫是之謂治氣·養心之術也.

3. 《韓詩外傳》(2)

夫治氣養心之術: 血氣剛强, 則務之以調和; 智慮潛深, 則一之以易諒; 勇毅强果, 則輔之以道術; 齊給便捷, 則安之以靜退; 卑攝貪利, 則抗之以高志; 容衆好散, 則劫之以師友; 怠慢摽棄, 則慰之以禍災; 愿婉端慤, 則合之以禮樂. 凡治氣養心之術, 莫徑由禮, 莫優得師, 莫愼一好. 好一則博, 博則精, 精則神, 神則化, 是以君子務結心乎一也. 詩曰:「淑人君子, 其儀一兮; 其儀一兮, 心如結兮.」

4.《淮南子》主術訓

凡人之論, 心欲小而志欲大, 智欲員而行欲方, 能欲多而事欲鮮. 所以心欲小者, 慮患未生, 備禍未發, 戒過愼微, 不敢縱其欲也. 志欲大者, 兼包萬國, 一齊殊俗, 幷覆百姓, 若合一族, 是非輻湊而爲之轂. 智欲員者, 環復轉運, 終始無端, 旁流四達, 淵泉而不竭, 萬物並興, 莫不嚮應也. 行欲方者, 直立而不橈, 素白而不汚, 窮不易操, 通不肆志. 能欲多者, 文武具備, 動靜中儀, 擧動廢置, 曲得其宜, 無所擊戾, 無不畢宜也. 事欲鮮者, 執柄持術, 得要以應衆, 執約以治廣, 處靜以持躁, 運於琁樞, 以一合萬, 若合符者也. 故心小者禁於微也, 志大者無不懷也, 智員者無不知也, 行方者有不爲也, 能多者無不治也, 事鮮者約所持也.

026(1-26)
의와 이익

군자는 의로써 서로 칭송하지만, 소인은 이익으로써 서로를 속인다. 어리석은 자는 힘으로 서로 혼란을 조성하지만, 어진 이는 의로써 서로를 다듬어 준다.

《곡량전穀梁傳》에는 이렇게 말하였다.

"어진 자는 서로 다듬어 줌으로써 친하게 되고, 의로운 자는 이익으로써 서로를 존경한다. 만세토록 혼란이 없는 것은 인의로써 서로를 다듬어 주기 때문이다."

君子以義相褒, 小人以利相欺, 愚者以力相亂, 賢者以義相治.

《穀梁傳》曰:「仁者以治親, 義者以利尊. 萬世不亂, 仁義之所治也.」

【穀梁傳】十三經의 하나.《公羊傳》,《左傳》과 함께 春秋三傳의 하나.《春秋穀梁傳》의 약칭. 戰國시대 穀梁赤이 孔子의《春秋》經文의 내용을 문답식으로 풀이한 책. 위의 구절은 지금의《穀梁傳》에는 보이지 않음.
【治】서로를 다스려 줌. 다듬어 주어 바른 길로 나가도록 治道를 마련함.

참고 및 관련 자료

1.《論語》里仁篇

君子喩於義, 小人喩於利.

2. 본문에 인용된《穀梁傳》구절은 지금은 전하지 않음. 이에 대해 唐晏은 "今《穀梁傳》不見此文,《漢志》別有《穀梁大義》, 或出其中. 陸生治《穀梁》, 故首篇卽引之, 正所謂『言必稱先師』也"라 함.

2. 술사術事

'술사術事'란 '술사述事'와 같다. 이편에서는 고대 제왕들은 모든 일을 자신의 일처럼 여겨 처리하였으며, 지금도 역시 이와 같이 하여야 함을 설명한 것이다. 즉 고대의 아름다운 사례를 지금에도 적용하여 높이 오를수록 더욱 낮은 자세로 하는 것이 바로 인의의 기본이 됨을 서술한 것이다.

○ 黃震은 "述事言帝王之功, 當思之於身, 舜棄黃金, 禹捐珠玉, 道取其至要"라 하였고, 錢鶴灘은 "陸賈所論, 多崇儉尚靜, 似有啓文景蕭曹之治者"라 함. 그리고 戴彦升은 "述事篇謂'言古者必合之今, 述遠者必考之近', 故云: '書不必起仲尼之門, 藥不必出扁鵲之方', 以'因世而權行'故也"라 하였고, 唐晏은 "此篇主於行遠自邇, 登高自卑, 乃仁義之基也"라 함.

〈外賓圖〉 1971 陝西 乾縣 唐 章懷太子(李賢) 묘 출토 벽화

027(2-1)
오제와 걸주

옛일을 말로 잘 설명하는 자는 고대 일이 지금에도 맞도록 하며, 먼 곳의 일을 능히 잘 설명하는 자는 가까운 일도 이에 맞도록 한다. 그러므로 사례를 설명하는 자는 위로 오제五帝의 공덕을 진술하되 이것이 바로 자신의 일인 것으로 생각하도록 하며, 아래로는 걸桀·주紂 같은 폭군의 실패를 열거하되 이것으로 자신의 경계를 삼도록 한다. 그렇게 되면 그 덕이 가히 해와 달에 짝이 되며, 이를 행하면 가히 신령과 합치될 수 있음을 알도록 하는 것이다. 높이 올라보면 먼 곳까지 볼 수 있으며, 깊은 골짜기 어두운 곳까지 들어가 보면 어두움도 훤히 볼 수 있는 시력을 갖게 된다. 이는 들어도 소리가 없으며, 보아도 형체가 없으니, 세상 사람들은 그 징조조차 보지 못하며, 그 사정조차 알지 못한다.

오경五經의 본말本末과 도덕의 진위眞僞를 비교하고 학습해 보면, 이윽고 그 뜻은 □할 수 있으나 그처럼 잘 설명하는 자는 찾아볼 수 없다.

善言古者合之於今, 能術遠者考之於近. 故說事者上陳五帝之功, 而思之於身, 下列桀·紂之敗, 而戒之於己,則德可以配日月, 行可以合神靈, 登高及遠, 達幽洞冥, 聽之無聲, 視之無形, 世人莫覩其兆, 莫知其情.

校修五經之本末, 道德之眞僞, 旣□其意, 而不見其人.

【術】'述'과 같음. 기술함, 설명함.

【五帝】 고대 전설시대의 제왕들. 각기 설이 일치하지 않으나《史記》五帝本紀에 의해 伏羲氏, 神農氏, 黃帝 軒轅氏, 唐堯, 虞舜을 들고 있음.

【桀紂】 桀은 夏나라 마지막 임금. 紂(帝辛)는 商(殷)나라 末王. 桀은 商湯에게 망하였고, 紂는 周 武王에게 망함. 모두 시대를 마감하는 포악한 군주로 널리 지칭됨.

【無聲·無形】 原道를 뜻함.《淮南子》 참조.

【兆】 징조, 조짐, 예조.

【校修】 잘 헤아려 수양하고 연습함.

【道德】 여기서의 道는 才藝를, 德은 善行을 뜻하는 것으로 보고 있음.

【不見其人】 고대 일을 잘 설명하는 자는 찾아볼 수 없음.

참고 및 관련 자료

1.《淮南子》原道訓

淸淨者, 德之至也; 而柔弱子, 道之要也. 虛無恬愉者, 萬物之用也; 肅然應感, 殷然反本, 則淪於無形矣. 所謂無形者, 一之謂也 所謂一者, 無匹合於天下者也. 卓然獨立, 塊然獨處, 上通九天, 下貫九野, 員不中規, 方不中矩, 大渾而爲一, 葉累而無根, 懷囊天地, 爲道關門, 穆忞隱閔, 純德獨存, 布施而不旣, 用之而不勤. 是故視之不見其形, 聽之不聞其聲, 徇之不得其身. 無形而有形生焉, 無聲而五音鳴焉. 無味而五味形焉. 無色而五色成焉. 是故有生於無, 實出於虛, 天下爲之圈, 則名實同居. 音之數不過五, 而五音之變不可勝聽也. 味之和不過五,而五味之和不可勝嘗也. 色之數不過五, 而五色之變不可勝觀也. 故音者, 宮立而五音形矣；味者, 甘立而五味亭矣；色者, 白立而五色成矣；道者, 一立而萬物生矣.

2.《荀子》勸學篇

禮者, 法之大分, 群類之綱紀也. 故學至乎禮而止矣. 夫是之謂道德之極.

028(2-2)
옛날과 지금

세속의 견해로는 고대로부터 전해 내려오는 것은 중히 여기면서 지금 창작해 낸 것에 대해서는 경시하는 풍조가 있다.

이렇게 되면 자신이 직접 보고 있는 것에 대해서는 별것 아닌 것으로 여기면서 남에게 들은 것은 달게 여기며, 겉으로 드러난 모습에 대해서는 감격하면서 그 가슴속 깊이 든 것은 놓치게 된다.

世俗以爲自古而傳之者爲重, 以今之作者爲輕.
淡於所見, 甘於所聞; 感於外貌, 失於中情.

【世俗】 보통 사람의 견해. 흔히 의견을 내세운 주장자와 다른 견해를 가진 자를 말함.
【中情】 마음 속에 가지고 있는 감정.

029(2-3)
참된 보물

성인은 희소한 것을 귀하게 여기지 않으나 세속 사람들은 수가 많은 것을 천하게 여긴다. 오곡五穀은 생명을 길러주는 것이건만 이를 땅에다 마구 버리며, 주옥珠玉은 아무런 쓸모가 없는 것이건만 이를 보물처럼 몸에 차고 다닌다.

그러므로 순舜임금은 황금을 참암산嶄巖山 깊은 곳에 감추어 버렸고, 우禹임금은 주옥을 오호五湖의 깊은 물에 던져 버렸다. 이는 장차 음사淫邪한 욕망을 막아 버리고 기위琦瑋에 대한 미련을 끊어 버리기 위함이었다.

聖人貴寬, 世人賤衆, 五穀養性, 棄之於地, 珠玉無用, 而寶之於身.

故舜棄黃金於嶄巖之山, 禹捐珠玉於五湖之淵, 將以杜淫邪之欲, 絶琦瑋之情.

【貴寬】'不貴寡'의 오기. 孫詒讓의 《札迻》에 "案'貴寬'無義, 宜當作'聖人不貴寡', '寡'與'寬'形近而誤. 上又挩'不'字. '貴寡'與'賤衆', 文正相對. 後〈愼微篇〉: '分財取寡', '寡'亦譌作'寬'可證"이라 함.

【性】'生'과 같음. 본성. 본능. 삶에 대한 기본 욕구. 고대 '性'과 '生'은 통용하여 썼음.

【棄】'弃'자여야 하며 '呿'와 같음. '藏'의 뜻. '갈무리하다, 감추다'의 뜻. 그러나 원의대로 '버리다'로 해석할 수도 있음.

【禹捐珠玉】구체적 출전은 알 수 없으나, 《淮南子》泰族訓에 "舜深藏黃金於嶄巖之山, 所以塞貪鄙之心也"라 하여 이 내용을 원용한 것으로 보임.

【五湖】원래는 중국의 다섯 곳 큰 호수. 흔히 饒州의 鄱陽湖, 岳州의 青草湖, 潤州의 丹陽湖, 鄂州의 洞庭湖, 蘇州의 太湖를 가리킴. 《幼學瓊林》에 "饒州之鄱陽, 岳州之青草, 潤州之丹陽, 鄂州之洞庭, 蘇州之太湖, 此爲天下之五湖"라 함. 그러나 여기서는 특정 지역을 지칭한 것은 아님.

【淫邪】제(淫)는 '음(淫)'의 오기. '淫'는 '濟'의 본자임.

【琦瑋】진기하고 아름다움.

참고 및 관련 자료

1. 《淮南子》泰族訓

故舜深藏黃金於嶄巖丘山, 所以塞貪鄙之心也. 儀狄爲酒, 禹飮而甘之, 遂疏儀狄而絶旨酒, 所以遏流湎之行也. 師延爲平公鼓朝謌北鄙之音, 師曠曰:「此亡國之樂也.」大息而撫之, 所以防淫辟之風也. 故民知書而德衰·知數而厚衰·知券契而信衰·知械機而實衰也. 巧詐藏於胸,中 則純白不備, 而神德不全矣.

2. 《後漢書》班固傳 注

聖人不用珠玉而寶其身, 故舜棄黃金於嶄巖之山, 捐珠玉於五湖之川, 以杜淫邪之欲也.

030(2-4)
예나 지금이나 똑같은 것

도란 가까운 곳에서 찾을 것이지 구태여 멀고 아득한 옛날에서 찾을 필요는 없다. 그 지극한 요체만 취하면 성공할 수 있는 것이기 때문이다.

《춘추春秋》는 위로 오제五帝를 언급하지 않았고, 아래로 삼왕三王도 따지지 않았다. 다만 제환공齊桓公과 진문공晉文公의 작은 공적과 노魯나라 12공公으로부터 당시에 이르기까지의 정치만을 서술하였지만, 족히 성공과 실패의 내용을 훤히 알 수 있었으니, 어찌 반드시 삼왕을 거론할 필요가 있었겠는가?

그러므로 옛사람이 행한 바는 역시 지금 세상과 똑같은 것이다.

道近不必出於久遠, 取其至要而有成.

《春秋》上不及五帝, 下不至三王, 述齊桓·晉文之小善, 魯之十二公, 至今之爲政, 足以知成敗之效, 何必於三王?

故古人之所行者, 亦與今世同.

【春秋】 고대 六經의 하나. 최초의 編年體 史書. 孔子가 魯나라 紀에 맞추어 춘추시대 각 나라의 역사를 연대별로 수찬한 것으로서, 魯 隱公 원년(B.C.722)부터 魯 哀公 14년(B.C.481)까지 모두 12공, 241년의 역사 기록. 微言大義를 기준으로 褒貶의 비판을 실어 매우 간략하게 되어 있음. 이를 구체적 사건에 맞추어 다시 傳으로 풀어 쓴 것이 《左傳》이며, 문답식으로 의미를 풀이한 것이 《公羊傳》과 《穀梁傳》으로 이를 '春秋三傳'이라 함.

【五帝】 여러 설이 있으나 흔히 《史記》에 의해 黃帝, 顓頊, 帝嚳, 帝堯, 帝舜을 들고 있음.

【三王】 夏, 殷, 周 삼대의 개국 군주. 성덕을 갖춘 인물로 추앙됨. 즉 夏禹, 商湯, 周 文武를 가리킴.

【齊桓】 齊桓公. 춘추시대 제나라 군주. B.C.685~B.C.643년까지 43년간 재위함. 春秋五霸의 首長. 이름은 小白. 周 莊王 11년(B.C.686) 형 襄公이 포학하게 굴자 鮑叔牙가 소백을 모시고 莒나라로 망명하였음. 양공이 피살되자 돌아오는 길에, 公子 糾를 모시고 魯나라에 가 있던 管仲 무리와 길에서 만나, 관중이 쏜 화살이 소백의 허리띠 고리에 맞아 소백은 죽은 체하고 지름길로 돌아와 왕위에 오름. 뒤에 포숙아의 추천으로 관중을 재상으로 삼아 패업을 이루어 尊王攘夷의 기치를 내걸고 九合諸侯 一匡天下를 이룩함. 그러나 관중이 죽은 뒤 豎刁, 易牙, 開方 등을 등용하여 정치가 문란해졌으며, 환공이 죽은 뒤 公子의 난이 발생, 패업이 쇠퇴하고 말았음. 《史記》 齊太公世家 참조.

〈齊桓公과 管仲〉 畫像石

【晉文】 晉 文公. 이름은 重耳. 春秋五霸의 하나로 晉나라의 영명한 군주. B.C.636~B.C.628년 재위. 驪姬의 난을 피하여 18년간 유랑생활 끝에 귀국하여 狐偃과 趙衰 등을 등용하여 패업을 이룸. 개자추와의 한식 고사를 낳기도 하였음. 《國語》 晉語 및 《史記》 晉世家를 참조할 것.

【十二公】 《春秋》에 시간적 紀를 삼은 魯나라 12명 군주. 즉 隱公, 桓公, 莊公, 閔公, 僖公, 文公, 宣公, 成公, 襄公, 昭公, 定公, 哀公.

【至今之爲政, 足以知成敗之效】 俞樾 《新語平議》에 "謹案: '魯'下衍'之'字, '至今'二字當在'政'字下, 本作「述齊桓·晉文之小善, 魯十二公之爲政, 至今足以知成敗之效」"라 함.

참고 및 관련 자료

1.《風俗通義》皇霸篇

五帝:《易傳》,《禮記》,《春秋國語》,《太史公記》:「黃帝, 顓頊, 帝嚳, 帝堯, 帝舜是五帝也.」

2.《風俗通義》皇霸篇

三王:《禮號謚記》說:「夏禹, 殷湯, 周文王是三王也.」

3.《呂氏春秋》求人篇

觀於春秋, 自魯隱公以至於哀公, 十有二世, 其所以得之, 所以失之, 其術一也.

4.《史記》十二諸侯年表

孔子明王道, 干七十餘君莫能用. 故西觀周室, 論史記舊聞, 興於魯以次《春秋》, 上記隱, 下至哀之獲麟, 約其辭文, 去其煩重, 以制義法. 王道備, 人事浹.

5.《尚書》舜典

「愼徽五典」: 孔氏傳:「五典, 五常之敎: 父義, 母慈, 兄友, 弟恭, 子孝.」正義曰:「五者皆可常行.」

6.《西京雜記》(二)「樊噲問瑞應」

樊將軍噲問陸賈曰:「自古人君皆云受命於天, 云有瑞應, 豈有是乎?」賈應之曰:「有之. 夫目瞤得酒食, 燈火華得錢財, 乾鵲噪而行人至, 蜘蛛集而百事喜. 小旣有徵, 大亦宜然. 故目瞤則咒之, 火華則拜之, 乾鵲噪則餧之, 蜘蛛集則放之, 況天下大寶, 人君重位, 非天命何以得之哉? 瑞者, 寶也, 信也. 天以寶爲信, 應人之德, 故曰瑞應. 無天命, 無寶信, 不可以力取也.」

031(2-5)
태어난 곳은 달라도

일을 성취하여 공을 세우는 자는 도덕과 분리된 적이 없으며, 현악기의 활줄을 조율하는 자는 궁상宮商의 음감을 놓쳐서는 안 된다. 이처럼 천도天道는 사시를 조절하고 인도人道는 오상五常을 다스린다.

주공周公과 요堯, 순舜은 시간대는 달라도 부명符命과 서응瑞應은 똑같았고, 이세二世 호해胡亥와 걸주桀紂는 시대는 달라도 그 재앙은 똑같았다.

문왕文王은 동이東夷에서 났고, 대우大禹는 서강西羌에서 태어나, 그 세대도 다르고 지역도 달랐건만 법도法度는 한결같이 똑같았던 것이다.

立事者不離道德, 調弦者不失宮商, 天道調四時, 人道治五常.

周公與堯·舜合符瑞, 二世與桀紂同禍殃.

文王生於東夷, 大禹出於西羌, 世殊而地絶, 法合而度同.

【立事】 사업의 공적을 세움.

【宮商】 고대 오음을 대표하는 말. 宮·商·角·徵·羽의 五音階. 여기서는 音律이나 音樂을 대신하여 쓴 말임.

【四時】 一年의 사시는 春夏秋冬을 뜻하며, 하루의 四時는 朝·晝·夕·夜를 가리킴.

【五常】 사람이 살아가면서 지켜야 할 다섯 가지 倫常. 倫理. 흔히 父義, 母慈, 兄友, 弟恭, 子孝를 의미하는 것으로 보고 있음.

【符瑞】 符命과 瑞應. 고대 하늘이 그 뜻을 임금에게 상서로움으로 내려주어 그에 응하도록 함. 吉兆에 빗대어 권위를 부여한 것임. 부는 부저.

【二世與桀紂】 모두 나라를 망친 末王들. 二世는 胡亥. 秦나라의 말왕. 桀은 夏나라의 말왕. 紂는 殷나라의 말왕. 唐晏《陸子新語校注》에 "此卽所謂著秦之所以亡"이라 함.

【文王生於東夷】 文王이 東夷 사람이라 한 것은 출전이 없으며, 혹 舜을 잘못 파악한 것으로 보임.《孟子》離婁(下)에 舜은 諸馮에서 태어난 東夷 사람이라 하였음.

【大禹出於西羌】《史記》夏本紀〈正義〉에《帝王紀》를 인용하여 禹임금은 西夷 사람이라 하였음.

【世殊地絶】 태어난 시기나 지역적으로 그 거리가 전혀 다름.

참고 및 관련 자료

1. 《孟子》 離婁(下)

孟子曰:「舜生於諸馮, 遷於負夏, 卒於鳴條, 東夷之人也. 文王生於岐周, 卒於畢郢, 西夷之人也. 地之相去也, 千有餘里; 世之相後也, 千有餘歲. 得志行乎中國, 若合符節. 先聖後聖, 其揆一也.」

2. 《史記》 夏本紀 〈正義〉에 인용된 《帝王紀》

公鯀妻脩己, 見流星貫昴, 夢接意感, 又呑神珠薏苡, 胸坼而生禹, 名文命, 字高密, 身九尺二寸長, 本西夷人也.

3. 《太平御覽》(82)에 인용된 《尚書帝命驗》

禹白帝精, 以星感. 脩苑山行, 見流星, 意感栗然, 生姒戎文禹. 注:「姒, 禹氏, 禹生戎地, 一名政命.」

032(2-6)
고금을 두고 변할 수 없는 것

그러므로 성현聖賢은 도와 합치되고, 어리석은 자는 재앙과 동격이 되고 마는 것이다.

덕을 가슴에 품고 사는 자에게는 복이 그에게 응해 주지만, 악을 옆구리에 끼고 사는 자에게는 흉사가 응보로 다가오는 것이다.

덕이 박한 자는 그 지위가 위태롭고, 도를 버리는 자는 그 몸이 망하는 것이다. 이는 만세토록 바뀔 수 없는 법이며, 고금을 두고 변할 수 없는 똑같은 표준이다.

故聖賢與道合, 愚者與禍同.
懷德者應以福, 挾惡者報以凶.
德薄者位危, 去道者身亡.
萬世不易法, 古今同紀綱.

【挾惡者】 악독한 마음을 품은 자.
【紀綱】 벼리. 천리의 표준.

033(2-7)
왕량과 같은 마부

그러므로 양마良馬는 기기騏驥만이 유독 그런 것이 아니며, 날카로운 검은 오직 간장검干將劍만이 그런 것은 아니다. 마찬가지로 미녀라면 서시西施 한 사람만이 있는 것이 아니며, 충신으로는 오직 여망呂望만이 있는 것은 아니다.

지금 말이 있으되 왕량王良 같은 마부가 없다거나, 여기에 검이 있으되 지려砥礪의 역할을 해 주는 것이 없다거나, 여기에 여인이 있으되 방택芳澤의 꾸밈이 없다거나, 여기에 선비가 있되 문왕文王 같은 임금을 만나지 못한다면 그들이 가진 도술은 쌓이기만 한 채 펼쳐질 수가 없으며, 아름다운 옥은 궤짝에 담긴 채 깊이 수장되고 말 것이다.

그러므로 도를 가진 자는 모름지기 세상을 만나야 하며, 박옥璞玉을 가진 자는 훌륭한 옥공玉工을 기다려야 하는 것이다.

故良馬非獨騏驥, 利劍非惟干將, 美女非獨西施, 忠臣非獨呂望.

今有馬而無王良之御, 有劍而無砥礪之功, 有女而無芳澤之飾, 有士而不遭文王, 道術蓄積而不舒, 美玉韞匵而深藏.

故懷道者須世, 抱樸者待工.

【騏驥】 고대 千里馬의 이름. 아주 잘 달리는 말. 《莊子》 秋水篇에 "騏驥驊騮, 一日而馳千里"라 함.

【干將】 고대 명검. 흔히 막야(莫邪, 鏌鋣)와 함께 거론됨. 명검 이름. 춘추시대 吳나라 사람 간장과 그의 아내 막야가 주조한 검으로, 이를 吳王 闔廬에게 바쳤다 함. 《吳越春秋》에 "干將, 吳人. 莫邪, 干將之妻, 干將作劒, 莫邪斷髮剪爪, 投於爐, 金鐵乃濡, 遂以成劍, 陽曰干將, 陰曰莫邪"라 함.

【西施】 춘추 말기 吳越相爭 때의 越나라가 패하여 會稽山에 들어가 버틸 때 越王 勾踐이 范蠡를 통해 얻은 이 西施를 吳王 夫差에게 바쳐 미인계로써 다시 부흥하여 결국 吳나라를 멸하였던 고사를 가지고 있음. 뒤에 서시는 범려에게 다시 돌아와 오호를 거쳐 멀리 사라짐. 文學과 傳說에 흔히 미인의 대표로 거론됨.

【王良】 춘추시대 晉나라 趙簡子의 유명한 말몰이꾼 馬夫. 《左傳》 哀公 2년 "郵無恤御簡子"의 杜預 注에 "郵無恤, 王良也"라 하였고, 《孟子》 滕文公(下) "昔者, 趙簡子使王良與嬖奚乘"의 趙岐 주에 "趙簡子, 晉卿也. 王良, 善御馬者"라 함.

【砥礪】 숫돌. 미세한 石質로 되어 있는 것을 砥, 거친 돌로 되어 있는 것을 礪라 한다 함. 《山海經》 西山經에 "西南三百六十里曰崦嵫之山, 其中多砥礪"라 함.

【芳澤】 머릿기름. 부녀자의 아름다운 꾸밈을 말함. 〈楚辭〉 大招에 "粉白黛黑施芳澤"이라 하였고 王逸 주에 "言美女又工粧飾"이라 함. 그리고 《釋名》 釋首飾에 "芳澤者, 人髮恒枯悴, 以此濡澤之也"라 함.

【美玉韞匵】 아름다운 옥이 쓰이지 못한 채 상자 안에 갈무리되어 있음. 재능이 있는 자가 세상에 쓰이지 못하고 있음을 비유함.

【懷道】 큰 뜻을 품고 있음.

【抱樸】 抱璞의 오기로 봄. 〈子彙本〉, 〈天一閣本〉, 〈品節本〉, 〈彙函本〉, 〈唐晏本〉에는 모두 '抱璞'으로 되어 있음. 春秋시대 楚나라 和氏之璧 고사를 말함.

참고 및 관련 자료

1. 《呂氏春秋》 察今篇

良劍期乎斷, 不期乎鏌鋣; 良馬期乎千里, 不期乎驥驁.

2. 《淮南子》 脩務訓

服劍者期於恬利, 而不期於墨陽·莫邪; 乘馬者期於千里, 而不期於驊騮·騄耳.

3. 《荀子》 性惡篇

闔閭之干將·莫邪·鉅闕·辟閭, 皆古之良劍也.

4. 《韓非子》 和氏篇

楚人和氏得玉璞楚山中, 奉而獻之厲王. 厲王使玉人相之. 玉人曰: 「石也.」 王以和爲誑, 而刖其左足. 及厲王薨, 武王卽位. 和又奉其璞而獻之武王. 武王使玉人相之. 又曰: 「石也.」 王又以和爲誑, 而刖其右足. 武王薨, 文王卽位. 和乃抱其璞而哭於楚山之下, 三日三夜, 泣盡而繼之以血. 王聞之, 使人問其故, 曰: 「天下之刖者多矣, 子奚哭之悲也?」 和曰: 「吾非悲刖也, 悲夫寶玉而題之以石, 貞士而名之以誑, 此吾所以悲也.」 王乃使玉人理其璞而得寶焉, 遂命曰: 「和氏之璧.」

034(2-8)
지혜로운 자를 만나야

도는 지혜로운 자를 만나야 그 뜻을 이룰 수 있고, 말은 훌륭한 마부를 만나야 양마가 될 수 있다. 어진 이는 성인을 만나야 쓰일 수 있으며, 변론에 뛰어난 자는 지혜로운 자를 만나야 통할 수 있고, 글은 밝게 아는 자를 만나야 전해질 수 있으며, 일이란 탁견을 가진 자를 만나야 밝혀질 수 있는 것이다.

道爲智者讒, 馬爲御者良, 賢爲聖者用, 辯爲智者通, 書爲曉者傳, 事爲見者明.

【讒】'設'자의 오기.

【傳】聖人의 글을 經이라 하며, 賢者가 이를 풀이하거나 부연하여 전해 주는 기록을 傳이라 함. 《博物志》文籍考에 "聖人制作曰經, 賢者著述曰傳·曰章句·曰解·曰論·曰讀"이라 하였고, 《抱朴子》喩蔽篇에는 "書爲識者傳"이라 함.

035(2-9)
편작의 처방

그러므로 일을 마련하는 자는 사물의 규칙을 근거로 해야 하고, 약을 복용하는 자는 좋은 약성을 근거로 해야 한다. 글이라고 해서 반드시 공자의 문에서 나와야 하는 것은 아니며, 약이라고 해서 반드시 편작扁鵲의 처방에서 비롯되어야 하는 것이 아니다.

이들을 조합하여 잘만 된다면 이를 법으로 삼을 수 있는 것이니, 세상 돌아가는 상황에 근거하여 그 권도權道를 행사하면 되는 것이다.

故制事者因其則, 服藥者因其良. 書不必起仲尼之門, 藥不必出扁鵲之方.

合之者善, 可以爲法, 因世而權行.

【因其則】 사물의 규칙에 근거함.

【扁鵲】 戰國시대 명의. 원래 이름은 秦越人. 渤海郡 鄚 땅 사람. 盧國 출신으로 盧醫라고도 불렸음. 長桑君에게 의술을 배워 齊·趙 지역을 거쳐 秦나라에

들어갔을 때 당시 秦나라 太醫 李醯가 자신의 의술이 그에게 미치지 못함을 알고 몰래 죽여 버림.《史記》扁鵲列傳 참조

【權】權道. 권은 원래 저울대로서 이를 어떻게 쓰느냐에 따라 좌우가 기울게 됨. 따라서 형평을 이루어야 한다는 전제 아래 사용하는 것임.

참고 및 관련 자료

1.《史記》扁鵲列傳

其後扁鵲過虢. 虢太子死, 扁鵲至虢宮門下, 問中庶子喜方者曰:「太子何病, 國中治穰過於衆事?」中庶子曰:「太子病血氣不時, 交錯而不得泄, 暴發於外, 則爲中害. 精神不能止邪氣, 邪氣畜積而不得泄, 是以陽緩而陰急, 故暴蹶而死.」扁鵲曰:「其死何如時?」曰:「雞鳴至今.」曰:「收乎?」曰:「未也, 其死未能半日也.」「言臣齊勃海秦越人也, 家在於鄭, 未嘗得望精光侍謁於前也. 聞太子不幸而死, 臣能生之.」中庶子曰:「先生得無誕之乎? 何以言太子可生也! 臣聞上古之時, 醫有俞跗, 治病不以湯液醴灑, 鑱石撟引, 案扤毒熨, 一撥見病之應, 因五藏之輸, 乃割皮解肌, 訣脈結筋, 搦髓腦, 揲荒爪幕, 湔浣腸胃, 漱滌五藏, 練精易形. 先生之方能若是, 則太子可生也; 不能若是而欲生之, 曾不可以告咳嬰之兒.」終日, 扁鵲仰天歎曰:「夫子之爲方也, 若以管窺天, 以郄視文. 越人之爲方也. 不待切脈望色聽聲寫形, 言病之所在. 聞病之陽, 論得其陰; 聞病之陰, 論得其陽. 病應見於大表, 不出千里, 決者至衆, 不可曲止也. 子以吾言爲不誠, 試入診太子, 當聞其耳鳴而鼻張, 循其兩股以至於陰, 當尙溫也.」中庶子聞扁鵲言, 目眩然而不瞚, 舌撟然而不下, 乃以扁鵲言入報虢君. 虢君聞之大驚, 出見扁鵲於中闕, 曰:「竊聞高義之日久矣, 然未嘗得拜謁於前也. 先生過小國, 幸而擧之, 偏國寡臣幸甚. 有先生則活, 無先生則弃捐塡溝壑, 長終而不得反.」言未卒, 因噓唏服臆, 魂精泄橫, 流涕長潸, 忽忽承陜, 悲不能自止, 容貌變更. 扁鵲曰:「若太子病, 所謂『尸蹶』者也. 夫以陽入陰中, 動胃繵緣, 中經維絡, 別下於三焦膀胱, 是以陽脈下遂, 陰脈上爭, 會氣閉而不通, 陰上而陽內行, 下內鼓而不起, 上外絶而不爲使, 上有絶陽之絡, 下有破陰之紐, 破陰絶陽之色已廢脈亂, 故形靜如死狀. 太子未死也. 夫以陽入陰支蘭藏者生, 以陰入陽支蘭藏者死. 凡此數事, 皆五藏蹶中之時暴作也. 良工取之, 拙者疑殆.」扁鵲乃使弟子子陽廣鍼砥石, 以取外三陽五會. 有間, 太子蘇. 乃使子豹爲五分之熨, 以八減之齊和煮之, 以更熨兩脅下. 太子起坐. 更適陰陽, 但服湯二旬而服故. 故天下盡以扁鵲爲能生死人. 扁鵲曰:「越人非能生死人也, 此自當生者, 越人能使之起耳.」

2.《說苑》辨物篇

扁鵲過趙王, 王太子暴疾而死, 鵲造宮門曰:「吾聞國中卒有壤土之事, 得無有急乎?」中庶子之好方者應之曰:「然, 王太子暴疾而死.」扁鵲曰:「入言鄭醫秦越人能活太子.」中庶子難之曰:「吾聞上古之爲醫者曰苗父, 苗父之爲醫也, 以菅爲席, 以芻爲狗, 北面而祝, 發十言耳, 諸扶而來者, 擧而來者, 皆平復如故. 子之方能如此乎?」扁鵲曰:「不能.」又曰:「吾聞中古之爲醫者曰兪柎, 兪柎之爲醫也, 搦腦髓, 束肓莫, 炊灼九竅而定經絡, 死人復爲生人, 故曰兪柎. 子之方能若是乎?」扁鵲曰:「不能.」中庶子曰:「子之方如此, 譬若以管窺天, 以錐刺地, 所窺者甚大, 所見者甚少. 鈞若子之方, 豈足以變駭童子哉?」扁鵲曰:「不然. 物故有昧揥而中蛟頭, 掩目而別白黑者. 太子之疾, 所謂尸厥者也, 以爲不然, 入診之, 太子股陰當溫, 耳中焦焦如有嘯者聲然者, 皆可治也.」中庶子入報趙王, 趙王跣而趨出門曰:「先生遠辱幸臨寡人, 先生幸而有之, 則糞土之息, 得蒙天履地而長爲人矣. 先生不有之, 則先犬馬塡溝壑矣.」言未已, 涕泣沾襟. 扁鵲遂爲診之, 先造軒光之竈, 八成之湯, 砥針礪石, 取三陽五輸; 子容擣藥, 子明吹耳, 陽儀反神, 子越扶形, 子游矯摩. 太子遂得復生. 天下聞之, 皆曰:「扁鵲能生死人.」鵲辭曰:「予非能生死人也, 特使夫當生者活耳, 夫死者猶不可藥而生也.」悲夫亂君之治, 不可藥而息也. 詩曰:『多將熇熇, 不可救藥!』甚之之辭也.

3.《韓詩外傳》(10)

扁鵲過虢侯, 世子暴病而死. 扁鵲造宮曰:「吾聞國中卒有壤土之事, 得無有急乎?」曰:「世子暴病而死.」扁鵲曰:「入言鄭醫秦越人能活之.」庶子之好方者出應之. 曰:「吾聞上古醫者曰弟父. 弟父之爲醫也, 以莞爲席, 以芻爲狗, 北面而祝之, 發十言耳, 諸扶與而來者, 皆平復如故, 子之方豈能若是乎?」鵲曰:「不能.」又曰:「吾聞中古之爲醫者, 曰兪跗. 兪跗之爲醫也, 木弱木爲腦, 芷草爲軀, 吹竅定腦, 死者復生, 子之方豈能若是乎?」扁鵲曰:「不能.」中庶子曰:「苟如子之方, 譬如以管窺天, 以錐刺地, 所窺者大, 所見者小; 所刺者巨, 所中者少, 如子之方, 豈足以變童子哉?」扁鵲曰:「不然. 事故有昧提而中民蟲頭, 掩目而別白黑者. 夫世子病, 所謂尸蹶者, 以爲不然, 試入診世子股陰當溫,耳焦焦如有啼者聲. 若此者, 皆可活也.」中庶子遂入診世子, 以病報. 虢侯聞之, 足跣而起, 至門, 曰:「先生遠辱, 幸臨寡人, 先生幸而治之, 則糞土之息, 得蒙天地, 載長爲人. 先生弗治, 則先犬馬, 塡壑矣.」言未卒, 而涕泣沾襟. 扁鵲入, 砥鍼礪石. 取三陽五輸, 爲軒先之竈, 八拭之陽, 子同藥, 子明灸陽, 子遊按磨, 子儀反神, 子越扶形. 於是世子復生. 天下聞之, 皆以扁鵲能起死人也. 扁鵲曰:「吾不能起死人, 直使夫當生者起.」死者猶可藥, 而況生乎? 悲夫! 罷君之治, 無可藥而息也. 詩曰:『不可救藥.』言必亡而已矣.

036(2-10)
닮은 것끼리

그러므로 천성을 사람에게 갈무리하게 되면 그 기氣는 하늘에 닿는 것이다. 지극히 섬세하고 미미한 것과 지극히 넓고 큰 것도 모두 아래로 배워 위로 통달하는 것이다.

사물이란 닮은 점이 있는 것끼리 서로 따르는 것이며, 같은 의견은 같은 음으로써 서로 응하는 것이다. 도道로써 노래부르면 덕이 이에 화합하게 되고, 인仁이 서면 의義가 흥하는 법이다.

왕이 조정에서 이러한 인의를 실행하면, 필부는 밭에서 이를 따라서 실천하게 되는 것이다.

故性藏於人, 則氣達於天. 纖微浩大, 下學上達.
事以類相從, 聲以音相應. 道唱而德和, 仁立而義興.
王者行之於朝, 疋夫行之於田.

【下學上達】 아래로 人事를 배워 위로 天命에 통달함.
【以類相從】 有類相從과 같음. 닮은 자끼리 서로 따르게 됨.
【以音相應】 같은 소리를 내는 의견은 서로 응하게 마련임. 《周易》 文言傳(上)의 구절을 원용한 말.
【疋夫】 匹夫와 같음. 보통 평민의 사나이.

참고 및 관련 자료

1. 《論語》 憲問篇

子曰: 「莫我知也夫!」 子貢曰: 「何爲其莫知子也?」 子曰: 「不怨天, 不尤人, 下學而上達. 知我者其天乎!」 〈集解〉: 「孔曰: 『下學人事, 上知天命.』」

2. 《周易》 文言傳(上)

九五曰「飛龍在天, 利見大人」, 何謂也? 子曰: 「同聲相應, 同氣相求; 水流溼, 火就燥, 雲從龍, 風從虎; 聖人作而萬物覩; 本乎天者親上, 本乎地者親下, 則各從其類也.」

037(2-11)

계손씨는 전유의 땅을 탐내다가

자질구레한 말末을 다스리는 자는 그 근본을 잘 조절하고, 그 그림자가 단정하기를 바라는 자는 그 자신의 형체부터 바르게 해야 한다.

그런가 하면 그 뿌리를 잘 기르면 가지와 잎이 저절로 무성해지는 법이요, 지기志氣가 잘 조정된 것은 저절로 도의 자리가 비어 무엇이든지 채워 넣을 수 있는 공간을 확보하게 된다.

그러므로 멀리 있는 것을 찾는 자는 가까운 곳에서 잃는 것이 없도록 하며, 그림자를 잘 다스리는 자는 그 자신의 용모를 잊지 않아야 한다.

위가 밝으면 아래는 저절로 맑아지는 것이요, 임금이 성스러우면 신하는 저절로 충성을 바치게 마련이다. 혹 멀리 있는 것을 도모하면서 가까운 것을 잃는 경우도 있고, 혹 길이 막혀 더 이상 갈 수 없는 경우를 당하는 이도 있다.

계손季孫은 전유顓臾의 땅을 탐내다가 먼저 소장蕭牆 안에서 변란을 만나고 말았다.

治末者調其本, 端其影者正其形.

養其根者則枝葉茂, 志氣調者卽道沖.

故求遠者不可失於近, 治影者不可忘其容.
上明而下清, 君聖而臣忠. 或圖遠而失近, 或道塞而路窮.
季孫貪顓臾之地, 而變起於蕭牆之內.

【調其本】 그 근본을 잘 調節함.

【正其形】 그림자가 바르게 나타나려면 자신의 몸 형체가 먼저 곧아야 함.《荀子》참조.

【卽】 '則'과 같음. 假定法 문장의 結果節을 이끄는 접속사.

【沖】 텅 빈 상태. 공허함. 무엇이든 채워 넣을 수 있는 여유와 공간.

【季孫貪顓臾】 춘추시대 魯나라 실력자 季孫氏가 顓臾 땅을 탐내자 공자가 이를 신랄하게 비판한 내용이 있음.《論語》에 그 내용이 실려 있음. 顓臾는 춘추시대 小國으로, 지금의 山東 費縣 서북에 있었으며 노나라의 附庸國이었음.《論語集解》에 "孔曰: 顓臾, 伏羲之後, 風姓之國, 本魯之附庸"이라 함.

【蕭牆之內】 蕭는 肅, 牆은 屛과 같음. 나라의 塞門 안을 가리킴. 君臣의 相見之禮에 肅然히 敬意를 표해야 하는 곳이라는 뜻에서 유래되었다 하며, 결국 魯나라 내의 문제라는 뜻. 內憂라는 뜻으로 넓어졌음. '蕭墻'으로도 씀.《論語集解》에 "君臣相見之禮, 至屛而加肅敬焉, 是以謂之蕭牆. 後季氏家臣陽虎果囚季桓子"라 함.

참고 및 관련 자료

1.《論語》季氏篇

季氏將伐顓臾. 冉有·季路見於孔子曰: 「季氏將有事於顓臾.」 孔子曰: 「求! 無乃爾是過與? 夫顓臾, 昔者, 先王以爲東蒙主, 且在邦域之中矣, 是社稷之臣也. 何以伐爲?」 冉有曰: 「夫子欲之, 吾二臣者皆不欲也.」 孔子曰: 「求! 周任有言曰: 『陳力就列, 不能者止.』 危而不持, 顚而不扶, 則將焉用彼相矣? 且爾言過矣, 虎兕出於柙, 龜玉毁於櫝中, 是誰之過與?」 冉有曰: 「今夫顓臾, 固而近於費. 今不取, 後世必爲子孫憂.」 孔子曰: 「求! 君子疾夫舍曰欲之而必爲之辭. 丘也聞有國有家者, 不患寡而患不均, 不患貧而患不安. 蓋均無貧, 和無寡, 安無傾. 夫如是, 故遠人不服, 則修文德以來之. 旣來之, 則安之. 今由與求也, 相夫子, 遠人不服, 而不能來也; 邦分崩離析, 而不能守也; 而謀動干戈於邦內. 吾恐季孫之憂, 不在顓臾, 而在蕭牆之內也.」

2.《荀子》君道篇

今人主有六患: 使賢者爲之, 則與不肖者規之; 使知者慮之, 則與愚者論之; 使脩士行之, 則與汚邪之人疑之. 雖欲成功, 得乎哉? 譬之是猶立直木而恐其景之枉也, 惑莫大焉.

3.《荀子》王霸篇

主道治近不治遠, 治明不治幽, 治一不治二. 主能治近則遠者理, 主能治明則幽者化, 主能當一則百事正. 夫兼聽天下, 日有餘而治不足者, 如此也, 是治之極也. 旣能治近, 又務治遠; 旣能治明, 又務見幽; 旣能當一, 又務正百, 是過者也, 猶不及也. 辟之是猶立直木而求其影之枉也. 不能治近, 又務治遠; 不能察明, 又務見幽; 不能當一, 又務正百, 是悖者也. 辟之是猶立枉木而求其影之直也. 故明主好要, 而暗闇主好詳. 主好要則百事詳, 主好詳則百事荒. 君者, 論一相, 陳一法, 明一指, 以兼復之, 兼昭之, 以觀其盛者也. 相者, 論列百官之長, 要百事之聽, 以飾朝廷臣下百吏之分, 度其功勞, 論其慶賞, 歲終奉其成功以效於君, 當則可, 不當則廢. 故君人勞於索之, 而休於使之.

038(2-12)
한마음으로 교화하면

무릇 진취적인 사람은 어려움을 돌아보지 아니하며, 일을 모책하는 사람은 충성을 다 바치지 아니할 수 없다.

그 때문에 형벌로만 기준을 세우면 덕 있는 자가 흩어지게 마련이며, 참녕한 자를 들어 쓰면 충성된 자가 사라지게 마련이다.

그래서 《시詩》에 "이렇게 너의 마음을 바꾸어, 천하 만방의 백성을 기르려무나"(式訛爾心, 以蓄萬邦) 하였으니, 이는 한마음으로 천하를 교화하면 나라가 다스려진다는 뜻으로 바로 이를 두고 한 말이다.

夫進取者不可不顧難, 謀事者不可不盡忠.

故刑立則德散, 佞用則忠亡.

《詩》云:『式訛爾心, 以蓄萬邦.』言一心化天下, 而國治, 此之謂也.

【進取】 進攻과 같음. 앞으로 나감.

【式訛爾心】《詩經》 小雅 節南山의 구절. "너의 심성을 바꾸어 만방의 백성을 길러야 한다"는 뜻. '蓄'은 '畜'으로 되어 있음.

참고 및 관련 자료

1. 《詩經》 小雅 節南山

駕彼四牡, 四牡項領. 我瞻四方, 蹙蹙靡所騁. 方茂爾惡, 相爾矛矣. 旣夷旣懌, 如相수矣. 昊天不平, 我王不寧. 不懲其心, 覆怨其正. 家父作誦, 以究王訩. 式訛爾心, 以畜萬邦.

3. 보정輔政

'보정輔政'은 정치에는 어진 이를 등용하여 보필을 받아야 한다는 뜻이다. 戴彦升은《陸子新語》序에서 "輔政篇言所任之必得其材. 秦用刑罰以任李斯·趙高, 而推其原於讒夫似賢, 美言似信"이라 하였고,《荀子》君道篇에는 "卿相輔佐, 人主之基杖也"라 하였다.

○ 黄震은 "輔政言用賢"이라 하였고, 戴彦升은 "輔政篇言所任之必得其材. 秦用刑罰以任李斯·趙高, 而推其原干讒夫似賢, 美言似信"이라 하였으며, 唐晏은 "此篇義主爲政在人, 乃行仁義之輔也"라 함.

〈伏生授經圖〉 王維(唐) 일본 오사카시립미술관 소장

039(3-1)
인의를 둥지로 삼고

무릇 높은 지위에 있는 자는 스스로 처하고 있는 자리에서 안전을 염두에 두지 아니하면 안 되며, 위험한 곳을 걷는 자는 지팡이에 의지하되 그 지팡이를 견고하게 하지 아니하면 안 된다. 스스로 처한 자리가 불안하면 추락하게 되는 것이며, 믿고 있는 지팡이가 견고하지 못하면 고꾸라지고 만다.

이 까닭으로 성인은 높은 곳에 처하게 되면 인의仁義로써 둥지를 삼고, 위험한 곳에 올라타거나 기울어진 곳을 밟을 때라면 성현聖賢을 지팡이로 삼는다.

그 때문에 높은 곳에 있어도 추락하지 아니하며 위험한 곳에 있어도 엎어지지 않는 것이다.

夫居高者自處, 不可以不安; 履危者任杖, 不可以不固. 自處不安則墜, 任杖不固則仆.

是以聖人居高處上, 則以仁義爲巢; 乘危履傾, 則以聖賢爲杖.

故高而不墜, 危而不仆.

【居高者】 높은 지위에 있는 자. 즉 君主를 말함.
【履危】 위험한 상황을 헤쳐 나감.
【任杖】 지팡이에 의지함.
【仆】 음은 '부'. '覆'과 같음. 엎어짐. 고꾸라짐. 넘어짐.

참고 및 관련 자료

1. **《大戴禮記》** 曾子本孝

孝子不登高, 不履危.

2. **《新書》**(賈誼) 春秋篇

人主之爲人主也, 擧錯而不僨者杖賢也. 今背其所主, 而棄其所杖, 其僨仆也, 不亦宜乎!

040(3-2)
둥지와 지팡이

옛날 요堯임금은 인의를 둥지로 삼았고, 순舜임금은 우禹와 직稷, 설契을 지팡이로 삼았다. 그 때문에 높은 곳에 오를수록 더욱 안전하였고, 움직일수록 더욱 견고하였던 것이다.

그러나 안전한 높은 곳에 있으면서 그들은 더욱 극양克讓의 공경함으로 이어나갔기에 그 덕이 천지와 짝을 이루었고, 그 빛이 사표四表에 널리 비쳤던 것이다. 그리하여 그 공덕은 무궁하게 드리워졌으며, 그 명예는 영원히 썩지 않으며 전해졌던 것이다.

대체로 스스로 처한 곳에서 그 둥지를 얻었고, 믿는 지팡이로써 그 재질에 맞았기 때문이리라.

昔者, 堯以仁義爲巢, 舜以禹, 稷, 契爲杖, 故高而益安, 動而益固.

然處高之安, 承克讓之敬, 德配天地, 光被四表, 功垂於無窮, 名傳於不朽.

蓋自處得其巢, 任杖得其材也.

【昔】 원래는 '者'로 되어 있으나 형태가 비슷하여 착오를 일으킨 것임.

〈堯〉《三才圖會》

【堯】 唐堯. 고대 五帝의 하나. 《十八史略》(1)에 "帝堯陶唐氏: 伊祁姓, 或曰名放勛, 帝嚳子也. 其仁如天, 其知如神, 就之如日, 望之如雲, 都平陽. 茆茨不剪, 土階三等"이라 함.

【稷】 后稷. 주나라의 시조 姬棄. 그의 어머니가 거인의 발자국을 따라갔다가 임신한 뒤, 상서롭지 못하다 여겨 버리려 했다가 거두어 길러 이름을 '棄'라 하였음. 이 고사는 모계사회에서 부계사회로 옮겨감을 의미하며 농업정착 사회로 진입함을 상징함. 舜임금 때 農稷之官이 되어 邰 땅에 봉해져 有邰氏라고도 하며 호를 后稷이라 함. 《史記》 周本紀 참조.

【契】 '설'로 읽으며 '偰', '卨' 등으로도 표기함. 商 부족의 시조로 東夷의 한 갈래였음. 전설에 그의 어머니 簡狄이 제비의 알을 삼키고 설을 낳았다 함. 뒤에 치수에 공을 세워 舜임금이 그를 司徒로 명하여 교화를 담당하도록 하였음. 《十八史略》(1)에 "殷王成湯: 子姓, 名履. 其先曰契, 帝嚳子也. 母簡狄, 有娀氏女, 見玄鳥墮卵呑之, 生契. 爲唐虞司徒, 封於商, 賜姓"라 함.

〈司徒 설(契)〉《三才圖會》

【克讓】 어려움을 극복할수록 더욱 겸양한 태도를 보임.

【四表】 四方과 같음.

【光被四表】 《尙書》 堯典의 구절. 요임금의 덕화가 세상 멀리까지 펼쳐졌음을 말함.

참고 및 관련 자료

1. 《尙書》 堯典

曰若稽古帝堯, 曰放勳, 欽明文思安安, 允恭克讓, 光被四表, 格于上下. 克明俊德, 以親九族, 九族旣睦, 平章百姓, 百姓昭明, 協和萬邦, 黎民於變時雍. 乃命羲和, 欽若昊天, 厤象日月星辰, 敬授人時. 分命羲仲, 宅嵎夷, 曰暘谷, 寅賓出日, 平秩東作, 日中星鳥, 以殷仲春, 厥民析, 鳥獸孶尾.

041(3-3)
조고와 이사

그러나 진秦나라는 형벌로써 둥지를 삼았기 때문에 둥지는 엎어지고 그 속에 들었던 새알은 깨어지는 환난을 만나게 된 것이며, 조고趙高와 이사李斯를 지팡이로 삼았기 때문에 기울고 고꾸라져 넘어져 다치는 재앙을 만나게 된 것이다. 어찌 그렇겠는가? 맡긴 바가 잘못되었기 때문이다.

그러므로 성聖을 지팡이로 삼는 자는 제帝가 되고, 현賢을 지팡이로 삼는 자는 왕王이 되는 것이며, 인仁을 지팡이로 삼는 자는 패자霸者가 되고, 의義를 지팡이로 삼는 자는 강자强者가 되며, 참讒을 지팡이로 삼는 자는 멸滅을 당하게 되고, 적賊을 지팡이로 삼는 자는 망亡하고 마는 것이다.

秦以刑罰爲巢, 故有覆巢破卵之患; 以趙高·李斯爲杖, 故有傾仆跌傷之禍. 何哉? 所任非也.

故杖聖者帝, 杖賢者王, 杖仁者霸, 杖義者强, 杖讒者滅, 杖賊者亡.

【秦】 원래 전욱(顓頊)의 후예. 백예(柏翳) 때 순(舜)으로부터 영(嬴)이란 성(姓)을 얻었으나, 주대(周代)에는 완전히 야만족 취급을 받아오다가, 그 후 비렴(蜚廉)·여방(女防)을 거쳐 비자(非子)에 이르렀을 때 주실의 효왕(孝王)이 그에게 말을 길러 바치도록 하였다. 비자(非子)가 견위(汧渭, 지금의 陝西省 隴縣 및 郿縣) 근처에서 양마(養馬)하여 크게 번식시키자, 주왕은 이를 보고 그에게 땅을 부용(附庸)으로 주고 진(秦)을 읍으로 삼아 준다. 그로부터 차차 진(秦)은 강해지고 장공(莊公)을 거쳐 양공(襄公)에 이르렀을 때 마침 주실에서는 포사(褒姒)의 일로 유왕(幽王)이 견융(犬戎)의 침입을 받아 죽게 된다. 이때 양공은 이를 막아 주고 주실을 일으켜 준 공로를 인정받아 드디어 백작(伯爵)이 되고 기산(岐山) 서쪽을 얻게 된다. 그 후 도읍도 옹(雍, 陝西省 鳳翔縣. 德公 때), 역양(櫟陽, 陝西省 臨潼縣. 獻公 때)을 거쳐 드디어 효공(孝公) 때 함양(咸陽)으로 옮겨 완전 국가체제를 갖추고 열강제후(列强諸侯)의 반열에 올라 춘추의 각축전에 참여하게 된다. 이렇게 하여 문공(文公)·영공(寧公)·출공(出公)·무공(武公)·덕공(德公)·성공(成公)을 거쳐 목공(繆公, 穆公으로도 씀)에 이르렀을 때 백리해(百里奚)를 등용. 춘추오패(春秋五霸) 중에 최후를 장식한다. 춘추에서 전국으로 전환되는 와중에서도 지리적 조건(函谷關 및 崤山 때문에 中原 세력 변동에 영향을 덜 받음) 및 경제적 풍요로 오히려 정세를 역이용하여 상앙(商鞅)·장의(張儀)·범저(范雎)·이사(李斯)·여불위(呂不韋) 같은 인물을 적극 등용, 완전 법치국가의 기틀을 마련한 후, 끝내 중국을 통일하게 된다(B.C.221)

【覆巢破卵】 새의 둥지를 엎어버리고 그 알을 모두 파괴함. 심하게 훼손됨을 말함. 당시 널리 쓰이던 격언으로 여겨짐.

【趙高】 秦나라의 宦官, 모사꾼이며 정치가. 秦始皇이 죽자 扶蘇를 자결토록 하고, 胡亥를 세워 二世皇帝로 옹립한 다음 전권을 휘둘러 가혹한 정치를 펴다가 결국 패가망신함. '指鹿爲馬'의 고사로도 유명함. 《史記》 秦始皇本紀 참조.

【李斯】 秦나라의 大臣. 秦나라 통일정책에 기여하였으며 大篆을 小篆으로 통일하기도 함. 趙高의 압박에 굴하여 정의를 실행하지 못하였음. 《史記》 李斯列傳 참조. 〈上秦皇逐客書〉의 문장으로도 유명함.

【讒】 참훼함. 헐뜯음.

【賊】 훌륭한 사람을 謀害함.

참고 및 관련 자료

1.《戰國策》趙策(4)

臣聞之:「有覆巢毁卵, 而鳳皇不翔; 刳胎焚夭, 而騏驎不至.」今使臣受大王之令以還報, 敝邑之君, 畏懼不敢不行, 無乃傷葉陽君·涇陽君之心乎?」

2.《尸子》明堂篇

覆巢破卵, 則鳳皇不至焉.

3.《世說新語》言語篇

孔融被收, 中外惶怖. 時融兒大者九歲, 小者八歲; 二兒故琢釘戲,了無遽容. 融謂使者曰:「冀罪止於身. 二兒可得全不?」兒徐進曰:「大人豈見覆巢之下, 復有完卵乎?」尋亦收至.

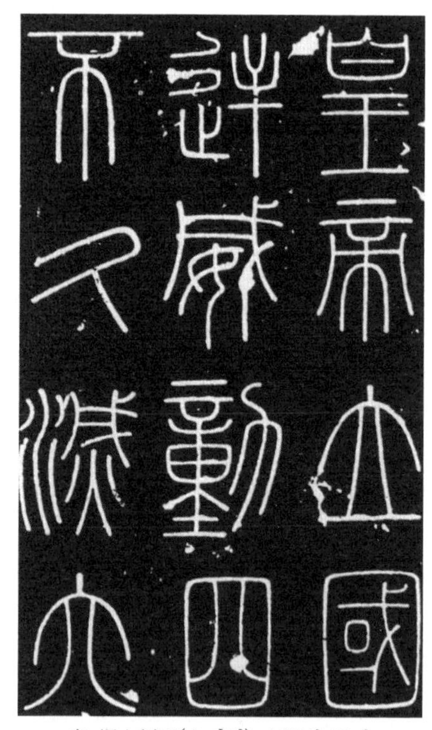

秦 繹山刻石(소전체) 李斯의 글씨

042(3-4)
작은 지혜로 날뛰는 자

그러므로 빳빳함을 품은 자는 오래 버티기는 하나 결국 꺾이는 것이요, 부드러움을 지닌 자는 오래 버티면서 길이 견뎌낼 수 있는 것이다. 조급하고 빠른 자는 그 속도만큼 변질도 빠르고, 느리고 신중한 자는 항상 그렇게 존재할 수 있으며, 용맹을 숭상하는 자는 재앙도 늘 가까이 있는 법이며, 온화하고 후덕한 자는 행동도 너그럽고 편안한 법이며, 촉급함을 품은 자는 반드시 그만큼 무너짐이 있는 법이니 부드럽고 나약한 자가 오히려 빳빳하고 강한 자를 제압할 수 있는 것이다.

작은 지혜로 날뛰는 자는 큰 것을 통제할 수가 없으며, 말솜씨나 자랑하는 자는 많은 무리를 설득할 수가 없다. 장사꾼이 교묘한 속임수로 물건을 팔아 이익을 누리고자 하면 억지로라도 곧고 선량한 척해야 하며, 사악한 신하로서 잘 보여 속임수가 먹히게 하려면 스스로 고운 표정을 짓고 자신의 비리를 수식해 감추어야 한다. 이리하여 이들은 능히 공정하고 방정한 일은 하지도 못하면서 자신의 말단 기교를 숨기고 나라를 위해 세워야 할 사업의 공적에서는 도피하여 나 몰라라 하는 것이다.

故懷剛者久而缺, 持柔者久而長, 躁疾者爲厥速, 遲重者爲常存, 尙勇者爲悔近, 溫厚者行寬舒, 懷促急者必有所虧, 柔懦者制剛强.

小慧者不可以御大, 小辯者不可以說衆. 商賈巧爲販賣之利, 而屈爲貞良; 邪臣好爲詐僞, 自媚飾非, 而不能爲公方, 藏其端巧, 逃其事功.

【柔者久而長】 부드럽게 구는 것이 도리어 오래도록 길이 이어감. 《老子》 36장의 "柔弱勝剛强" 구절의 河上公 주에 "柔弱者久長, 剛强者先亡也"라 함.
【厥】 '蹶'과 같음. 넘어짐, 고꾸라짐.
【遲重】 느리면서 진중함.
【悔近】 '悔'는 재앙이나 앙화를 말함. 재앙이 이르러 옴.
【小慧】 지극히 보잘것없는 재능이나 지혜. 《論語》 衛靈公篇 "好行小慧"의 〈集解〉에 "鄭曰: 小慧, 謂小小之才"라 함.
【小辯】 대체와 무관한 변론. 별것 아닌 것을 말솜씨로 꾸며내는 재주. 《荀子》 非相篇을 볼 것.
【屈】 '억지로'의 뜻.
【飾非】 과실을 감추고 수식하여 벗어나려 함. 《莊子》 盜跖篇에 "辯足以飾非"라 함.
【公方】 공정하고 방정하여 사사로움이 없음.
【端巧】 말단의 기교. '端'은 '末'과 같음.

참고 및 관련 자료

1. 《荀子》 非相篇

君子必辯, 凡人莫不好言其所善, 而君子爲甚焉. 是以小人辯言險, 而君子辯言仁也. 言而非仁之中也, 則其言不若其默也, 其辯不若其訥也; 言而仁之中也, 則好言者上矣, 不好言者下矣. 故仁言大矣. 起於上所以道於下, 政令是也; 起於下所以忠於上, 諫救是也. 故君子之行仁也無厭. 志好之, 行安之, 樂言之, 故言君子之必辯. 小辯不如見端, 見端不如本分. 小辯而察, 見端而明, 本分而理. 聖人·士君子之分具矣.

043(3-5)
양은 타고 다닐 수 없다

그러므로 지혜로운 자로서의 단점은 차라리 어리석은 자의 장점만 못한 것이니, 문공文公은 쌀알을 심으면 싹이 나는 줄 알았고, 증자曾子는 양도 타고 다닐 수 있는 것으로 여겼다.

선비를 살피면서 자세히 보지 않으면, 자칫 사악한 자를 믿게 되고 방정한 자는 놓치게 된다. 살피고 또 살펴도 도리어 보지 못하는 바가 있으나, 넓고 넓게 하면 그 무엇인들 포용하지 못할 것이 있겠는가!

질박質朴함이란 충성이 가까우나, 편교便巧함은 배반하여 도망할 자에 가깝다.

故智者之所短, 不如愚者之所長, 文公種米, 曾子駕羊.

相士不熟, 信邪失方. 察察者有所不見, 恢恢者何所不容!

朴質者近忠, 便巧者近亡.

【文公種米】 文公이 쌀알을 심으면 싹이 나는 줄 알고 이를 심었다는 고사. 벼의 낟알은 싹이 나지만 도정한 쌀알은 싹이 나지 않음을 알지 못한 것임. 그러나 출전의 근거를 알 수 없음.

【曾子駕羊】 曾子(曾參)가 양도 소나 말처럼 탈 수 있는 것으로 여겨 이를 타고자 멍에를 씌웠다는 고사.

【相士不熟】 선비에 대한 관찰이 자세치 않음. 선비를 자세히 관찰할 줄 모름.

【察察】 明察과 같음.

【恢恢】 드넓어 아득함. 《老子》(73)에 "天網恢恢, 疏而不失"이라 함.

【何所不容】 넓고 넓게 하면 그 무엇인들 포용하지 못할 것이 있겠는가의 반어법 문장이나 윗줄 "察察者有所不見"의 대구로 보아 "아무리 넓게 해도 포용하지 못하는 바가 있다"로 보는 것이 타당할 듯함.

【朴質】 質朴(質樸)과 같음. 본래 생긴 대로 樸實함을 가진 자.

【便巧】 변론에 뛰어남. 詭辯에 능함. '便'은 '辯'과 같음. 《論語》 季氏篇 "友便佞"의 〈集解〉에 "便, 辯也, 謂佞而辯也"라 하였고, 皇侃의 〈疏〉에는 "便佞, 謂辯而巧也"라 함.

【亡】 배반하고 도망함.

참고 및 관련 자료

1. 《淮南子》 泰族訓

文公樹米, 曾子枷羊, 猶之爲知也.

2. 《說苑》 雜言篇

太公田不足以償鍾, 漁不足以償網, 治天下有餘智. 文公種米, 曾子駕羊, 孫叔敖相楚, 三年不知軛在衡後, 務大者, 固忘小.

3. 《世說新語》 尤悔篇

簡文見田稻不識, 問是何草? 左右答是稻. 簡文還, 三日不出, 云:「寧有賴其末, 而不識其本?」 劉孝標 注:「文公種米, 曾子架羊, 縱不識稻, 何所多悔! 此言必虛.」

044(3-6)
달콤한 말이 미더워 보인다

임금 된 자는 형형熒熒한 아름다운 색을 멀리하며, 쟁쟁錚錚한 아름다운 음악을 물리치며, 염미恬美한 좋은 음식 맛을 끊어야 하며, 익구嗌嘔의 교태스러운 정을 멀리해야 한다.

하늘의 도란 큰 것이 작은 것을 제압하며, 무거운 것이 가벼운 것을 누르게 마련이다. 그런데 작은 것이 큰 것을 다스리려 한다면 정도를 어지럽히고 곧은 것을 뒤흔들게 된다.

참녕한 사나이는 도리어 어진 이로 보게 되고, 달콤한 말이 오히려 미더워 보이기도 한다. 이 때문에 이를 듣는 자는 미혹하게 되고, 이를 보는 자는 눈이 멀게 마련이다.

君者遠熒熒之色, 放錚錚之聲, 絶恬美之味, 疏嗌嘔之情.

天道以大制小, 以重顚輕. 以小治大, 亂度干貞.

讒夫似賢, 美言似信, 聽之者惑, 觀之者冥.

【熒熒之色】 아름다운 빛이 나는 얼굴 모습. 美色을 말함. 《史記》 趙世家에 "美人熒熒兮, 顔若苕之榮"이라 함.
【錚錚之聲】 훌륭한 음악을 말함.
【恬美之味】 좋은 맛의 음식. 唐晏의 《陸子新語校注》에 "恬疑作甛"이라 함.
【嗌嘔之情】 교태와 아양 등으로 아첨하는 말.
【重顚】 '顚'은 '鎭'의 가차자. 鎭重함. 唐晏의 《陸子新語校注》에 "按'顚'當假爲'鎭', 壓也"라 함.
【度千】 '千'은 '干'의 오기. 간섭하여 騷擾를 일으킴.

참고 및 관련 자료

1. 《說苑》 臣術

人臣之術, 順從而復命, 無所敢專, 義不苟合, 位不苟尊; 必有益於國, 必有補於君; 故其身尊而子孫保之. 故人臣之行有六正六邪, 行六正則榮, 犯六邪則辱, 夫榮辱者, 禍福之門也. 何謂六正六邪? 六正者: 一曰萌芽未動, 形兆未見, 昭然獨見存亡之幾, 得失之要, 預禁乎不然之前, 使主超然立乎顯榮之處, 天下稱孝焉, 如此者聖臣也. 二曰虛心白意, 進善通道, 勉主以禮誼, 諭主以長策, 將順其美, 匡救其惡, 功成事立, 歸善於君, 不敢獨伐其勞, 如此者良臣也. 三曰卑身賤體, 夙興夜寐, 進賢不解, 數稱於往古之德行, 事以厲主意, 庶幾有益, 以安國家社稷宗廟, 如此者忠臣也. 四曰明察幽, 見成敗, 早防而救之, 引而復之, 塞其間, 絶其源, 轉禍以爲福, 使君終以無憂, 如此者智臣也. 五曰守文奉法, 任官職事, 辭祿讓賜, 不受贈遺, 衣服端齊, 飮食節儉, 如此者貞臣也. 六曰國家昏亂, 所爲不道, 然而敢犯主之顔面, 言主之過失, 不辭其誅, 身死國安, 不悔所行, 如此者直臣也, 是爲六正也. 六邪者: 一曰安官貪祿, 營於私家, 不務公事, 懷其智, 藏其能, 主飢於論, 渴於策, 猶不肯盡節, 容容乎與世沈浮上下, 左右觀望, 如此者具臣也. 二曰主所言皆曰善, 主所爲皆曰可, 隱而求主之所好卽進之, 以快主耳目, 偸合苟容與主爲樂, 不顧其後害, 如此者諛臣也. 三曰中實頗險, 外容貌小謹, 巧言令色, 又心嫉賢, 所欲進則明其美而隱其惡, 所欲退則明其過而匿其美, 使主妄行過任, 賞罰不當, 號令不行, 如此者姦臣也. 四曰智足以飾非, 辯足以行說, 反言易辭而成文章, 內離骨肉之親, 外妬亂朝廷, 如此者讒臣也.

五曰專權擅勢, 持招國事, 以爲輕, 重於私門, 成黨以富其家, 又復增加威勢, 擅矯主命以自貴顯, 如此者賊臣也. 六曰諂言以邪, 墜主不義, 朋黨比周, 以蔽主明, 入則辯言好辭, 出則更復異其言語, 使白黑無別, 是非無間, 伺候可推, 因而附然, 使主惡布於境內, 聞於四鄰, 如此者亡國之臣也, 是謂六邪. 賢臣處六正之道, 不行六邪之術, 故上安而下治, 生則見樂, 死則見思, 此人臣之術也.

045(3-7)
소진과 상앙

그 때문에 소진蘇秦이 제후들에게 존경을 받았고, 상앙商鞅은 서쪽 진秦나라에서 현달하게 된 것이다. 세상에 현명하고 지혜로운 임금이 아니라면 누가 능히 그 겉모습을 보고 변별해 내겠는가?

그 때문에 요堯는 환도驩兜를 축출해 버렸고, 중니仲尼는 소정묘少正卯를 주벌해 버렸으니, 달콤한 말의 유혹에는 기울지 아니할 자가 없건만 오직 요임금만이 그 진실을 알아내었으며, 중니만이 그 실정을 바르게 보았던 것이다.

故蘇秦尊於諸候, 商鞅顯於西秦. 世無賢智之君, 孰能別其形?

故堯放驩兜, 仲尼誅少正卯, 甘言之所嘉, 靡不爲之傾, 惟堯知其實, 仲尼見其情.

【蘇秦】 전국시대 유명한 유세가. 종횡가. 東周 洛陽 사람으로 자는 季子. 燕나라에 유세하여 秦나라에 대항할 六國合縱의 정책을 수립함. 趙나라에 이르러 武安君에 봉해졌으며, 그 뒤 여섯 나라 재상을 동시에 수행함. 張儀의 連橫說과 함께 전국시대 국제무대에서 그 이름을 떨침. 《戰國策》 및 《史記》 蘇秦列傳 참조.

蘇秦

【商鞅】 公孫鞅. 衛鞅. 어릴 때 刑名學을 배워 魏나라 재상 公孫痤(公孫座)의 家臣이 되었으며, 고국에서 핍박을 받아 秦나라로 들어감. 진나라에서 孝公에게 발탁되어 '徙木'의 變法을 실행, 秦나라를 법치국가로 만들고 크게 부흥시킴. 상오(商於) 땅에 봉해져 商君이라 불리기도 함. 그의 이론을 기록한 《商君書》가 전함. 《史記》 商君列傳 참조.

商鞅 變法

【驩兜】 堯임금 때의 악인. 共工과 함께 난을 일으키자 舜이 이를 崇山으로 축출함.

【少正卯】 춘추시대 魯나라 대부. 孔子가 司寇가 되자 우선 그로부터 형법을 적용하여 처단함. 《孔子家語》 始誅篇에 "孔子爲魯司寇, 攝行相事, 有喜色. 仲由問曰:「由聞君子禍至不懼, 福至不喜. 今夫子得位而喜, 何也?」 孔子曰:「然, 有是言也. 不曰, 樂以貴下人乎?」 於是朝政七日, 而誅亂政大夫少正卯. 戮之于兩觀之下, 屍於朝三日"라 함.

【甘言】 甘言利說과 같음. 달콤한 말로 비리를 저지름.

【仲尼見其情】 공자가 그 실정을 잘 살펴봄.

참고 및 관련 자료

1. 《荀子》 宥坐篇

孔子爲魯攝相, 朝七日而誅少正卯. 門人進問曰: 『夫少正卯, 魯之聞人也, 夫子爲政而始誅之, 得無失乎? 孔子曰: 『居, 吾語女其故. 人有惡者五, 而盜竊不與焉. 一曰心達而險, 二日行辟而堅, 三曰言僞而辯, 四曰記醜而博, 五曰順非而澤. 此五者有一於人, 則不得免於君子之誅, 而少正卯兼有之. 故, 居處足以聚徒成群, 言談足以飾邪營衆, 强足以反是獨立. 此小人之桀雄也, 不可不誅也. 是以, 湯誅尹諧, 文王誅潘止, 周公誅管叔, 太公誅華仕, 管仲誅付里乙, 子産誅鄧析·史付. 此七子者, 皆異世同心, 不可不誅也.《詩》曰:「憂心悄悄, 慍於群小.」小人成群, 斯足憂矣.』

2.《史記》孔子世家

定公十四年, 孔子年五十六, 由大司寇行攝相事, 有喜色. 門人曰:「聞君子禍至不懼, 福至不喜.」孔子曰:「有是言也. 不曰『樂其以貴下人』乎?」於是誅魯大夫亂政者少正卯. 與聞國政三月, 粥羔豚者弗飾賈; 男女行者別於塗; 塗不拾遺; 四方之客至乎邑者不求有司, 皆予之以歸.

3.《韓非子》外儲說右上

太公望東封於齊, 齊東海上有居士曰狂矞·華士昆弟二人者立議曰:「吾不臣天子, 不友諸侯, 耕作而食之, 掘井而飮之, 吾無求於人也. 無上之名, 無君之祿, 不事仕而事力.」太公望至於營丘, 使執而殺之以爲首誅. 周公旦從魯聞之, 發急傳而問之曰:「夫二子, 賢者也. 今日饗國而殺賢者, 何也?」太公望曰:「是昆弟二人立議曰: '吾不臣天子, 不友諸侯, 耕作而食之, 掘井而飮之, 吾無求於人也. 無上之名, 無君之祿, 不事仕而事力.' 彼不臣天子者, 是望不得而臣也; 不友諸侯者, 是望不得而使也; 耕作而食之, 掘井而飮之, 無求於人者, 是望不得以賞罰勸禁也. 且無上名, 雖知, 不爲望用; 不仰君祿, 雖賢, 不爲望功. 不仕, 則不治; 不任, 則不忠. 且先王之所以使其臣民者, 非爵祿則刑罰也. 今四者不足以使之, 則望當誰爲君乎? 不服兵革而顯, 不親耕耨而名, 又所以教於國也. 今有馬於此, 如驥之狀者, 天下之至良也. 然而驅之不前, 卻之不止, 左之不左, 右之不右, 則臧獲雖賤, 不託其足. 臧獲之所願託其足於驥者, 以驥之可以追利辟害也. 今不爲人用, 臧獲雖賤, 不託其足焉. 已自謂以爲世之賢士而不爲主用, 行極賢而不用於君, 此非明主之所臣也, 亦驥之不可左右矣, 是以誅之.」

046(3-8)
정담이 제나라를 버리고

그러므로 성왕을 어지럽히는 자는 주벌을 당하고, 현군의 길을 막는 자는 형벌을 당하지만, 범속한 왕을 만난 자는 도리어 귀하게 되고, 난세에 저촉된 짓을 하는 자는 영화를 얻게 되는 것이다.

정담鄭儋이 제齊나라를 버리고 노魯나라로 돌아가자, 제나라는 그 일로 구합제후九合諸侯의 명성을 얻은 반면, 노나라는 도리어 건시乾時의 치욕을 당하게 된 것이다.

故干聖王者誅, 遏賢君者刑, 遭凡王者貴, 觸亂世者榮. 鄭儋亡齊而歸魯, 齊有九合之名, 而魯有乾時之恥.

【干聖王】 성왕에게 간섭하여 괴롭히거나 干擾함.
【遏賢君】 어진 임금의 하는 일을 가로막거나 저지함.
【觸】 '値'와 같음.
【鄭儋】 鄭나라의 佞人. 乾時의 사건 때 잘못을 저지르고 魯나라로 도망한 인물. 《左傳》과 《穀梁傳》에는 鄭詹, 《公羊傳》에는 鄭瞻으로 되어 있음.

【九合】 齊 桓公이 霸者가 되어 尊王攘夷의 기치를 걸고 아홉 번 제후들을 모아 會盟을 가짐. 제나라는 讒臣 鄭儋이 떠나자, 나라가 안정되어 구합제후의 영예로운 공적을 이루었다고 본 것임.

【乾時之恥】 魯나라 莊公 9년 魯나라가 齊나라와 乾時에서 싸워 魯나라가 패한 사건. 乾時는 春秋시대 齊나라 땅 이름. 이상은 모두 鄭儋이 齊나라를 버리고 魯나라로 돌아가자, 그 일이 빌미가 되어 일어난 사건임을 말한 것.

참고 및 관련 자료

1. 《左傳》 莊公 17년

十七年春, 齊人執鄭詹, 鄭不朝也.

2. 《公羊傳》 莊公 17년

春, 齊人執鄭瞻. 鄭瞻者何? 鄭之微者也. 此鄭之微者, 何言乎齊人執之? 書甚佞也. 秋, 鄭瞻自齊逃來, 何以書? 書甚佞也. 曰: 佞人來矣!

3. 唐晏 《陸子新語校注》

案《穀梁傳》莊公十七年: 「春, 齊人執鄭詹. 鄭詹鄭之佞人也. 秋, 鄭詹自齊逃來. 逃義曰逃.」 按乾時之敗, 在莊公九年, 此蓋譏魯之因循不振耳, 非必因詹致敗也.

4. 《論語》 憲問篇

子路曰: 「桓公殺公子糾, 召忽死之, 管仲不死. 曰: 未仁乎?」 子曰: 「桓公九合諸侯, 不以兵車, 管仲之力也. 如其仁, 如其仁.」

5. 《史記》 齊太公世家

桓公曰: 「寡人兵車之會三, 乘車之會六, 九合諸侯, 一匡天下.」"

6. 《左傳》 莊公 9년

秋, 師及齊師戰于乾時, 我師敗績. 公喪戎路, 傳乘而歸. 秦子·梁子以公旗辟于下道, 是以皆止.

7. 《史記》 齊太公世家

秋, 與魯戰于乾時, 魯兵敗走, 齊兵掩絕魯歸道. 齊遺魯書曰: 「子糾兄弟, 弗忍誅, 請魯自殺之. 召忽·管仲讎也, 請得而甘心醢之. 不然, 將圍魯.」 魯人患之, 遂殺子糾于笙瀆. 召忽自殺, 管仲請囚. 桓公之立, 發兵攻魯, 心欲殺管仲. 鮑叔牙曰:

「臣幸得從君, 君竟以立. 君之尊, 臣無以增君. 君將治齊, 卽高　與叔牙足也. 君且欲霸王, 非管夷吾不可. 夷吾所居國國重, 不可失也.」於是桓公從之. 乃詳爲召管仲欲甘心, 實欲用之. 管仲知之, 故請往. 鮑叔牙迎受管仲, 及堂阜而脫桎梏, 齋祓而見桓公. 桓公厚禮以爲大夫, 任政.

047(3-9)
참녕한 자

무릇 천승지국千乘之國을 쥐고 있으면서 참녕讒佞한 자의 계책을 믿는다면, 그렇게 하고서 망하지 않은 자는 일찍이 없었다.

그러므로 《시詩》에 "참녕한 자의 해악은 그 끝이 없어, 사방 모든 나라까지 혼란에 빠뜨리네"(讒人罔極, 交亂四國) 하였다. 사악한 무리들이 당을 지어 임금을 나쁜 길로 인도하니, 나라는 위험하고 백성은 망하게 되는 것이 역시 마땅하지 않겠는가!

夫據千乘之國, 而信讒佞之計, 未有不亡者也.

故《詩》云:『讒人罔極, 交亂四國.』衆邪合黨, 以回人君, 國危民亡, 不亦宜乎!

【讒佞之計】 참훼와 총애 따위에 의해 결정이 나는 계책들.

【詩】《詩經》 小雅 靑蠅의 구절. 시비를 날조하여 군자를 헐뜯는 참언은 그 해가 지극하여, 결국 사방 다른 나라와 전쟁까지 불러일으키게 된다는 뜻을 담고 있음.

참고 및 관련 자료

1.《詩經》小雅 青蠅

營營青蠅, 止于樊. 豈弟君子, 無信讒言. 營營青蠅, 止于棘. 讒人罔極, 交亂四國. 營營青蠅, 止于榛. 讒人罔極, 構我二人.

2. 唐晏〈校注〉

說《詩》不同於〈毛〉, 當是《魯詩》說.

4. 무위無爲

'무위無爲'는 도가사상 '무위이치無爲而治'를 주장한 것으로, 진시황의 경우 형벌과 무력, 교만과 사치로 나라를 망친 사례와, 우순虞舜과 주공周公 등은 예악을 중시하여 다스리면서 '무위이무불위無爲而無不爲'의 경지로써 자신부터 바르게 닦았음을 강조한 것이다.

○ 黃震은 "無爲言舜·周"라 하였고, 戴彦升은 "無爲篇言始皇暴兵極刑驕奢之患, 而折以虞舜·周公之治. 此二篇著秦所以失也"라 하였으며, 唐晏은 "此篇義在身修而後國治, 乃仁義之所主也"라 함.

〈木屐徐步圖〉

048(4-1)
오현금과 남풍의 시

무릇 도 가운데에 무위無爲보다 큰 것은 없으며, 행동 가운데에 근경謹敬보다 큰 것은 없다. 어찌하여 이렇게 말할 수 있는가?

옛날 우순虞舜이 천하를 다스릴 때에는 오현금五弦琴을 뜯으며 〈남풍南風〉 시를 노래로 읊어 고요하기가 마치 나라를 다스릴 뜻이 없는 듯이 하였으며, 조용하기가 마치 백성을 걱정하는 마음조차 없는 듯이 하였다. 그럼에도 천하는 다스려졌다.

夫道莫大於無爲, 行莫大於謹敬. 何以言之?

昔虞舜治天下, 彈五弦之琴, 歌〈南風〉之詩, 寂若無治國之意, 漠若無憂民之心, 然天下治.

【無爲】 백성을 소리 없는 감화로 이끌 것이며, 형벌을 가하지 아니하는 통치를 말함. 道家의 통치술. 《論語》 衛靈公篇에 "子曰: 「無爲而治者, 其舜也與! 夫何爲哉? 恭己正南面而已矣.」"라 함.

【謹敬】 勤愼하면서 敬戒함.

【五弦之琴】 五弦琴. 고대 악기 이름.

【南風之詩】 고대 舜임금이 지었다는 노래 가사. 《孔子家語》에 처음 실려 있으며, 沈德潛의 《古詩源》에도 "《家語》: 舜彈五絃之琴, 歌〈南風〉之詩. 其詩曰: 南風之薰兮, 可以解吾民之慍兮. 南風之時兮, 可以阜吾民之財兮"라 함.

참고 및 관련 자료

1. 《禮記》 樂記

昔者, 舜作五弦之琴而歌南風.

2. 《孔子家語》 辨樂解

昔者, 舜彈五弦之琴, 造南風之詩, 其詩曰: 『南風之薰兮, 可以解吾民之溫兮; 南風之時兮, 可以阜吾民之財兮.』

3. 《十八史略》(1)

四海之內, 咸戴舜功. 彈五絃之琴, 歌南風之詩, 而天下治, 詩曰: 『南風之薰兮, 可以解吾民之慍兮! 南風之時兮, 可以阜吾民之財兮!』 時景星出, 卿雲興. 百工相和而歌曰: 『卿雲爛兮, 禮縵縵兮. 日月光華, 旦復旦兮.』

049(4-2)
주공의 정치

그런가 하면 주공周公은 예악禮樂을 제정하고, 천지에 교제郊祭를 지내며 산천에 망제望祭를 지낼 뿐, 군사제도는 설치하지도 않았고, 형벌과 법에 관한 조문은 뒤로 제쳐두고 매달아 두고 거들떠보지도 않았건만, 사해 안의 모든 나라들이 공물을 바치려 밀려들었고, 심지어 월상씨越裳氏의 임금은 중역重譯을 거쳐 조공해 왔다.

그러므로 아무것도 하지 않음이란 바로 그 어떤 일이라도 하고 있음을 뜻하는 말이다.

周公制作禮樂, 郊天地, 望山川, 師旅不設, 刑格法懸, 而四海之內, 奉供來臻, 越裳之君, 重譯來朝.

故無爲也, 乃有爲也.

【周公】 周나라 초기 文王(姬昌)의 아들이며 무왕(姬發)의 아우. 姬旦. 주나라 문물제도를 완비한 儒家의 성인. 魯나라에 봉해져 그 아들 伯禽을 대신 보냄.

【郊天地】 天子가 천지 사방에 교제를 올림.

【望山川】 諸侯로서의 제사. '望'은 자신의 관할 안에 직접 보이는 山川만을 제사 지내는 것.

【師旅】 軍隊의 組織과 行列. 古代 軍制에서 2천 5백 인을 '師'라 하며 5백 인을 '旅'라 함.

【刑格】 형벌에 관한 조항을 적은 죽간을 멀리 치워 버림. '格'은 '擱置'와 같음.

【法懸】 고대에는 법에 관한 기록을 죽간에 새겼음. 이 죽간을 구석에 매달아 두고 들여다보지도 않음. 법이나 형벌에 관한 것은 사용하지도 않았음을 말함.

【越裳之君】 멀리 남쪽 越裳氏 나라에서 重譯을 거쳐 찾아옴. 越裳은 고대 南海에 있던 나라 이름. 周公이 成王을 보좌할 때 그 덕을 듣고 이들이 白雉를 헌상해 옴.

【無爲·有爲】 서로 상대되는 개념이면서 동시에 通攝의 개념. 그 때문에 도가에서는 '無爲而無不爲'라 함.

참고 및 관련 자료

〈周公〉(姬旦)

1.《禮記》明堂位

周公踐天子之位, 以治天下, 六年, 朝諸侯於明堂, 制禮作樂.

2.《尙書大傳》嘉禾篇

成王時, 有苗異莖而生, 同爲一穟, 人有上之者. 王召周公而問之, 公曰:「三苗爲一穟, 抑天下共和爲一乎?」果有越裳氏重譯而來.

3.《尙書大傳》嘉禾篇

交阯之南有越裳國. 周公居攝六年, 制禮作樂, 天下和平. 越裳以三象重譯而獻白雉, 曰:「道路悠遠, 山川阻深, 音使不通, 故重譯而朝.」成王以歸周公, 公曰:「德不加焉, 則君子不饗其質, 政不施焉, 則君子不臣其人. 吾何以獲此賜也?」其使請曰:「吾受命吾國之黃耇曰:『久矣天之無烈風澍雨, 意者中國有聖人乎? 有則盍往朝之.』」周公乃歸之於王, 稱先王之神致以薦於宗廟. 周德旣衰, 於是稍絶.

4.《說苑》辨物篇

成王時, 有三苗貫桑而生, 同爲一秀, 大幾盈車, 民得而上之成王, 成王問周公:「此何也?」周公曰:「三苗同秀爲一, 意天下其和而爲一乎?」後三年則越裳氏重譯而朝, 曰:「道路悠遠, 山川阻深, 恐一使之不通, 故重三譯而來朝也.」周公曰:「德澤不加, 則君子不饗其質; 政令不施, 則君子不臣其人.」譯曰:「吾受命於吾國之黃髮,『久矣, 天之無烈風淫雨, 意中國有聖人耶? 有則盍朝之!』」然後周公敬受其所以來矣.

5.《韓詩外傳》(5)

成王之時, 有三苗貫桑而生, 同爲一秀, 大幾滿車, 長幾充箱, 民得而上諸成王. 成王問周公曰:「此何物也?」周公曰:「三苗同爲一秀, 意者天下殆同一也.」比幾三年, 果有越裳氏重九譯而至, 獻白雉於周公. 曰:「道路悠遠, 山川幽深. 恐使人之未達也, 故重譯而來.」周公曰:「吾何以見賜也?」譯曰:「吾受命國之黃髮曰:『久矣天之不迅風疾雨也, 海之不波溢也, 三年於玆矣. 意者中國殆有聖人, 盍往朝之.』於是來也.」周公乃敬求其所以來. 詩曰:『於萬斯年, 不遐有佐.』

6.《十八史略》(1)

交趾南有越裳氏, 重三譯而來, 獻白雉, 曰:「吾受命國之黃耇, 天無烈風淫雨, 海不揚波, 三年矣. 意者中國有聖人乎?」周公歸之王, 薦于宗廟, 使者迷歸路, 周公錫以輧車五乘, 皆爲指南之制. 使者載之, 由扶南林邑海際, 朞年而至國. 故指南車常爲先導, 示服遠人而正四方.

050(4-3)

진시황과 거열형

이에 비해 진시황제秦始皇帝는 형벌을 설치하고 거열형車裂刑의 주벌까지 만들어 간악하고 사악한 짓은 모두 모아들였다. 그리고 북쪽 이민족의 경계에 장성長城을 쌓아 호월胡越에 대비하여, 큰 것은 정벌하고 작은 것은 삼켜 그 위세를 천하에 떨치면서 그에 따라 장수들이 마구 휘젓고 다니며 외국을 정복하였다.

秦始皇帝設刑罰, 爲車裂之誅, 以斂姦邪, 築長城於戎境, 以備胡越, 征大呑小, 威震天下, 將帥橫行, 以服外國.

【秦始皇】 嬴政. 전국시대를 마감하고 천하를 통일한 군주. 자신은 三皇五帝의 덕과 능력을 가졌다고 하여 諡號제도를 없애고 皇帝로 칭하도록 하였으며, 그에 따라 始皇帝로 부름. 《史記》 秦始皇本紀 참조.

【刑罰】 오로지 형벌제도를 강화하여 이를 통치 수단으로 삼음.

【車裂】 고대 혹형의 하나. 죄인의 사지를 줄로 묶어 네 방향으로 소가 끌도록 하여 찢어 죽이는 형벌. 전국시대 이미 유행하였으며, 《戰國策》에 의하면

蘇秦이 거열형에 처해졌으며, 商鞅, 吳起 등도 이러한 형벌로 죽은 것으로 되어 있음.

【長城】 진나라가 망하는 것은 胡(실제로는 胡亥)라는 참언을 믿고 장성을 쌓은 것으로 알려짐. 전국시대 이미 각 나라가 쌓았으며 특히 秦始皇 때 이를 연결하여 서쪽 끝 臨洮부터 동쪽 遼東까지 이어지도록 하였음.

【胡越】 胡는 북방 이민족, 越은 남쪽 이민족. 여기서는 汎稱으로 말한 것.

참고 및 관련 자료

1. 《淮南子》 人間訓

秦皇挾錄圖, 見其傳曰:「亡秦者, 胡也.」因發卒五十萬, 使蒙公·楊翁子將, 築修城. 西屬流沙, 北擊遼水, 東結朝鮮, 中國內郡輓車而餉之. 又利越之犀角·象齒·翡翠·珠璣, 乃使尉屠睢發卒五十萬, 爲五軍, 一軍塞鐔城之嶺, 一軍守九疑之塞, 一軍處番禺之都, 一軍守南野之界, 一軍結餘干之水, 三年不解甲弛弩, 使監祿轉餉, 又以卒鑿渠而通糧道, 以與越人戰, 殺西嘔君譯吁宋. 而越人皆入叢薄中, 與禽獸處, 莫肯爲秦虜. 相置桀駿以爲將, 而夜攻秦人, 大破之, 殺尉屠睢, 伏尸流血數十萬, 乃發適戍以備之. 當此之時, 男子不得修農畝, 婦人不得剡麻考縷, 羸弱服格於道, 丈夫箕會於衢, 病者不得養, 死者不得葬. 於是陳勝起於大澤, 奮臂大呼, 天下席卷, 而至於戲. 劉·項興義, 兵隨而定, 若折槁振落, 遂失天下. 禍在備胡而利越也. 欲知築修城以備亡, 不知築修城之所以亡也; 發適戍以備越, 而不知難之從中發也. 夫鵲先識歲之多風也, 去高木而巢扶枝, 不知大人過之則探鷇, 嬰兒過之則挑其卵, 知備遠難而忘近患. 故秦之設備也, 烏鵲之智也.

2. 《漢書》 晁錯傳

錯復言守邊備塞, 勸農力本, 當世急務二事, 曰:「臣聞秦時北攻胡貉, 築塞河上, 南攻揚粵, 置戍卒焉, 其起兵而攻胡·粵者, 非以衛邊地而救民死也, 貪戾而欲廣大也, 故功未立而天下亂. 且夫起兵而不知其勢, 戰則爲人禽, 屯則卒積死. 夫胡貉之地, 積陰之處也, 木皮三寸, 冰厚六尺, 食肉而飮酪, 其人密理, 鳥獸毳毛, 其性能寒. 楊粵之地少陰多陽, 其人疏理, 鳥獸希毛, 其性能暑. 秦之戍卒不能其水土, 戍者死於邊, 輸者僨於道. 秦民見行, 如往棄市, 因以讁發之, 名曰'讁戍'.」

051(4-4)
몽념과 이사

몽념蒙恬은 밖에서 난을 토벌하였고, 이사李斯는 안에서 법으로 다스렸다. 그러나 일을 번잡하게 벌일수록 천하는 그만큼 혼란스러웠으며, 법조문이 불어날수록 도리어 간악한 무리들이 기승을 부렸으며, 병마의 수를 늘릴수록 적군은 그만큼 늘어났다.

진나라로서는 다스림을 얻고자 하지 않은 것이 아니지만, 도리어 그럴수록 자꾸 잃어 갈 수밖에 없었던 것은 바로 백성에게 포악한 정치를 베풀면서 형벌을 너무 극대화하였던 때문이었다.

蒙恬討亂於外, 李斯治法於內, 事逾煩天下逾亂, 法逾滋而姦逾熾, 兵馬益設而敵人逾多.

秦非不欲爲治, 然失之者, 乃擧措暴衆, 而用刑太極故也.

【蒙恬】秦나라 장수 이름. 그 선대는 원래 齊나라 출신이었으며, 조부 蒙驁가 秦나라에 이르러 중신이 됨. 秦始皇 26년 蒙恬은 장수가 되어 齊나라를 공격,

큰 공을 세워 內史에 올랐음. 천하통일 뒤에는 다시 30만 대군을 이끌고 匈奴 토벌에 나서 장성을 쌓는 등 방어에 공적을 남김. 진시황이 죽은 뒤 趙高가 그를 謀害하여 자살토록 함.《史記》蒙恬列傳을 참조할 것.

【李斯】 秦나라의 大臣. 秦나라 통일정책에 기여하였으며, 大篆을 小篆으로 통일하기도 함. 趙高의 압박에 굴하여 정의를 실행하지 못하였음.《史記》李斯列傳 참조. 〈上秦皇逐客書〉의 문장으로도 유명함.

【滋】 '더욱, 갈수록'의 뜻.

【熾】 치열함.

【擧措暴衆】 백성에게 포악한 정치를 함.

참고 및 관련 자료

1.《史記》蒙恬傳

蒙恬者, 其先齊人也. 恬大父蒙驁, 自齊事秦昭王, 官至上卿. 秦莊襄王元年, 蒙驁爲秦將, 伐韓, 取成皐·滎陽, 作置三川郡. 二年, 蒙驁攻趙, 取三十七城. 始皇三年, 蒙驁攻韓, 取十三城. 五年, 蒙驁攻魏, 取二十城, 作置東郡. 始皇七年, 蒙驁卒. 驁子曰武, 武子曰恬. 恬嘗書獄典文學. 始皇二十三年, 蒙武爲秦裨將軍, 與王翦攻楚, 大破之, 殺項燕. 二十四年, 蒙武攻楚, 虜楚王. 蒙恬弟毅. 始皇二十六年, 蒙恬因家世得爲秦將, 攻齊, 大破之, 拜爲內史. 秦已幷天下, 乃使蒙恬將三十萬衆北逐戎狄, 收河南. 築長城, 因地形, 用制險塞, 起臨洮, 至遼東, 延袤萬餘里. 於是渡河, 據陽山, 逶蛇而北. 暴師於外十餘年, 居上郡. 是時蒙恬威振匈奴. 始皇甚尊寵蒙氏, 信任賢之. 而親近蒙毅, 位至上卿, 出則參乘, 入則御前. 恬任外事而毅常爲內謀, 名爲忠信, 故雖諸將相莫敢與之爭焉.

052(4-5)
중화로써 통치

이 까닭으로 군자는 관용과 편안함을 숭상함으로써 자신의 풍성함을 삼아야 하며, 중화中和를 실행함으로써 먼 곳까지 통치해야 한다.

백성이란 군주의 위엄을 두렵게 여기고 나서야 그 교화를 따르는 법이며, 군주의 덕을 사모하고 나서야 그 경내로 돌아오는 것이다. 군주의 다스림을 아름답게 여기는 한 그 정치를 감히 위배하지 아니하는 것이니 그렇게 되면 백성으로써는 벌을 내리지 아니해도 죄를 두려워하며, 상을 주지 아니해도 즐겁고 기쁘게 여기게 된다.

그리하여 점점 도덕으로 젖어들게 되는 것이니, 이는 중화에 감복하도록 하여 이를 수 있는 경지이다.

是以君子尙寬舒以苞身, 行中和以統遠.

民畏其威而從其化, 懷其德而歸其境, 美其治而不敢違其政, 民不罰而畏罪, 不賞而歡悅.

漸漬於道德, 被服於中和之所致也.

【寬舒】 관용과 편안함. '舒'는 편안함을 뜻함.
【苞身】 苞는 豐厚함의 뜻. 몸이 편안하고 살이 찜.
【中和】 儒家 中庸의 큰 도. '中과 和를 적절히 배합하여 행정을 베풀다'의 뜻. 〈中庸〉 제1장의 구절임.
【統遠】 멀리까지 통치를 시행함.
【漸漬】 점차 감화되어 젖어듦.
【被服】 옷. 옷이 몸을 떠날 수 없듯이 직접 감화됨.

참고 및 관련 자료

1. 《中庸》 1장

喜怒哀樂之未發, 謂之中; 發而皆中節, 謂之和. 中也者, 天下之大本也; 和也者, 天下之達道也. 致中和, 天地位焉, 萬物育焉.

2. 《史記》 禮書

周衰, 禮廢樂壞, 大小相踰, 管仲之家, 兼備三歸. 循法守正者見侮於世, 奢溢僭差者謂之顯榮. 自子夏, 門人之高弟也, 猶「出見紛華盛麗而說, 入聞夫子之道而樂, 二者心戰, 未能自決」, 而況中庸以下, 漸漬於失教, 被服於成俗乎? 孔子曰「必也正名」, 於衛所居不合. 仲尼沒後, 受業之徒沈湮而不擧, 或適齊·楚, 或入河海, 豈不痛哉!

053(4-6)
요순시대의 백성

무릇 법령이란 악한 자를 주벌하기 위한 것이지 선을 권장하기 위한 것은 아니다. 그러므로 증삼曾參과 민자건閔子騫의 효성이나, 백이伯夷와 숙제叔弟의 청렴함이 어찌 죽음이 두려워 그렇게 한 것이겠는가? 바로 교화에 의해 그렇게 된 것이다.

그러므로 "요순堯舜시대의 백성들은 집집마다 봉지를 주어 상을 내려도 될 훌륭한 이들이요, 걸주桀紂시대의 백성들은 집집마다 주벌을 내릴 정도의 악한 사람들"이라 하였으니, 이는 교화가 그들을 그렇게 만든 것이다.

夫法令者所以誅惡, 非所以勸善. 故曾閔之孝, 夷齊之廉, 豈畏死而爲之哉? 敎化之所致也.

故曰「堯舜之民, 可比屋而封, 桀紂之民, 可比屋而誅」者, 敎化使然也.

【教化】 윗사람(군주)의 통치에 의해 자연스럽게 영향을 받아 백성의 의식이 변함을 말함.

【比屋而封】 봉은 제왕이 토지나 작위로 상을 내림을 말함. 사람마다 덕행을 실행하여 칭송을 받게 됨을 뜻함.

【比屋而誅】 사람마다 죄를 지어 주벌을 받도록 함. 걸주가 폭군이므로 그 교화(영향)로 인해 사람들이 악하게 되었음을 말함.

참고 및 관련 자료

1. **《孟子》** 萬章(下)

孟子曰:「伯夷, 目不視惡色, 耳不聽惡聲. 非其君不事, 非其民不使. 治則進, 亂則退. 橫政之所出, 橫民之所止, 不忍居也. 思與鄉人處, 如以朝衣朝冠坐於塗炭也. 當紂之時, 居北海之濱, 以待天下之淸也. 故聞伯夷之風者, 頑夫廉, 懦夫有立志.」

2. **《戰國策》** 秦策(下)

「君何不以此時歸相印, 讓賢者授之? 必有伯夷之廉, 長爲應侯, 世世稱孤, 而有喬·松之壽, 孰與以禍終哉? 此則君何居焉?」應侯曰:「善.」乃延入坐爲上客.

3. **《論衡》** 率性篇

堯舜之民, 可比屋而封, 桀紂之民, 可比屋而誅.

4. **《漢書》** 王莽傳(上)

莽乃上奏曰:「明聖之世, 國多賢人, 故唐虞之時, 比屋可封.」

5. **《太平御覽》**(77) **《袁子正論》**

堯舜之人, 比屋可封, 非盡善也; 猶在防之水, 非不流也.

054(4-7)
물 가까이의 땅

그러므로 물 가까이의 땅은 젖어 있게 마련이며, 산 가까이의 흙은 말라 있게 마련이니, 이는 서로 닮은 환경이 그렇게 한 것이다.

따라서 산천에서는 구름과 비가 생겨나고, 언덕에서는 □과 기운이 생겨나며, 사독四瀆은 동쪽으로 흐르며 온갖 냇물이 그 물길을 따르지 않는 것이 없다. 이처럼 작은 것은 큰 것을 따르고, 적은 것은 많은 것을 따라가기 마련인 것이다.

故近河之地濕, 近山之土燥, 以類相及也.

故山川出雲雨, 丘阜生□氣, 四瀆東流, 百川無不從, 小者從大, 少者從多.

【丘阜生□氣】 宋翔鳳의 〈新語校本〉에 "'氣'上本缺一字, 《治要》不缺"이라 하여 《群書治要》본에는 결자가 아닌 것으로 되어 있음.

【四瀆】 중국 경내의 중요한 네 강. 長江, 黃河, 淮河, 濟水. 제후의 등급으로 간주하여 제사를 지내는 대상임.

【東流】 중국의 지형은 西高東低로서 그 때문에 모든 물이 동쪽으로 흐른다 한 것임.

055(4-8)
왕의 행동 하나하나는

무릇 왕이 된 자는 도읍에서 남면南面하여 군주로서의 지위를 보여줌으로써 신하와 백성들은 모두 그의 □□을 법으로 삼아 취하여 따르게 한다.

그러니 왕으로서는 행동 하나하나를 가히 법칙에 벗어나게 해서는 안 된다.

夫王者之都, 南面之君, 臣姓之所取法□□, 擧措動作, 不可失法則也.

【南面之君】 君主를 가리킴. 고대 군주는 南面하여 신하의 보고를 받음.
【不可失法則】 여기서는 舜과 周公은 無爲로 천하를 다스렸으나 화평을 이루었고, 진나라는 법을 엄격히 하여 다스렸으나 혼란을 일으켰음을 말한 것임.

056(4-9)
주양왕

옛날 주周 양왕襄王은 계모를 잘 모실 수 없어 정鄭나라 땅으로 쫓겨가 살게 되자, 많은 아랫사람들이 이를 보고 자신의 부모를 모시지 않는 풍조가 생기고 말았다.

그런가 하면 진시황秦始皇이 교만과 사치에 화려함을 자랑하여 높은 대사臺榭를 짓고 궁실 넓히기를 좋아하자, 천하의 호걸과 부자들이 자신들의 집도 역시 그렇게 호화롭게 짓는 자가 나타나 그와 똑같이 모방하지 않는 자가 없었다. 그들은 방과 달문闥門은 물론 마구간과 창고를 짓고, 온 집안을 조탁하고 새기고 색칠하여 자랑하였으며, 널리 현황玄黃의 기이한 옥색으로 꾸며 제도를 어지럽혔다.

昔者, 周襄王不能事後母, 出居於鄭, 而下多叛其親.

秦始皇驕奢靡麗, 好作高臺榭, 廣宮室, 則天下豪富制屋宅者, 莫不倣之, 設房闥, 備廄庫, 繕雕琢刻畫之好, 博玄黃琦瑋之色, 以亂制度.

【周襄公】 周 惠王의 아들. 이름은 鄭(姬鄭). 《春秋》에 의하면 魯 僖公 8년 (B.C.652) 왕위를 이었으며 32년간 재위함.
【出居於鄭】 鄭나라로 쫓겨남. 《公羊傳》 僖公 24년을 볼 것.
【臺榭】 누대 등 화려한 건축물. 진시황이 阿房宮 등 많은 전각을 지었음을 말함.
【闈】 침실 좌우의 곁방.
【廐庫】 마구간과 수레 창고.
【繕】 수리함. 보수함. 수선함.

참고 및 관련 자료

1. 《公羊傳》 僖公 24年

冬, 天王出居于鄭. 王者無外, 此其言出, 何? 不能乎母也.

2. 《史記》 秦始皇本紀

三十五年, 除道, 道九原抵雲陽, 塹山堙谷, 直通之. 於是始皇以爲咸陽人多, 先王之宮廷小, 吾聞周文王都豐, 武王都鎬, 豐鎬之閒, 帝王之都也. 乃營作朝宮渭南上林苑中. 先作前殿阿房, 東西五百步, 南北五十丈, 上可以坐萬人, 下可以建五丈旗. 周馳爲閣道, 自殿下直抵南山. 表南山之顚以爲闕. 爲復道, 自阿房渡渭, 屬之咸陽, 以象天極閣道絶漢抵營室也. 阿房宮未成; 成, 欲更擇令名名之. 作宮阿房, 故天下謂之阿房宮. 隱宮徒刑者七十餘萬人, 乃分作阿房宮, 或作麗山. 發北山石槨, 乃寫蜀·荊地材皆至. 關中計宮三百, 關外四百餘. 於是立石東海上朐界中, 以爲秦東門. 因徙三萬家麗邑, 五萬家雲陽, 皆復不事十歲.

057(4-10)
제환공과 초평왕

제환공齊桓公이 부인들의 용모를 좋아하여 고모 자매들을 아내로 삼자, 나라 안이 골육들과 음행을 벌이는 자들이 늘어났다.

그리고 초평왕楚平王이 사치와 방종을 제멋대로 부리자, 아래 백성들을 덕으로는 더 이상 제압할 수가 없었다. 왕은 나아가 수레에 백 마리 말을 더하여 나들이를 하며 천하에 자신의 재산과 부의 풍요함에 그 누구도 따를 수 없도록 밝히자, 이에 초나라 사람들의 사치는 더욱 심해져서 임금과 신하의 구별이 없었다.

齊桓公好婦人之色, 妻姑姊妹, 而國中多淫於骨肉.

楚平王奢侈縱姿, 不能制下檢民以德, 增駕百馬而行, 欲令天下人餧財富利, 明不可及, 於是楚國逾奢, 君臣無別.

【妻姑姊妹】 妻는 동사. 고모 자매들을 아내로 취함.

【楚平王】 이름은 棄疾(혹 居) 楚 靈王의 아들. 周 景王 16년(B.C.529)에 陳·蔡·許·葉 등 네 나라 민중이 초나라에 반기를 들고 초나라 도읍을 공격하자, 영왕은 목을 매어 자살하고, 公子 棄疾이 公子 比를 죽이고 자립하여 왕이 됨. 이가 平王이며 B.C.528~B.C.516년까지 13년간 재위함.

【檢】 檢察함. 고찰함.

【餧】 宋翔鳳의 〈新語校本〉에는 '饒'자여야 한다고 보았음.

참고 및 관련 자료

1.《管子》小匡篇

桓公謂管仲曰:「寡人有汙行, 不幸好色, 姑姊妹有未嫁者.」

2.《荀子》仲尼篇

齊桓, 五伯之盛者也, ……內行則姑姊妹之不嫁者七人.

3.《公羊傳》莊公 20年 何休注

齊侯亦淫諸姑姊妹, 不嫁者七人.

058(4-11)
이풍역속

그러므로 윗사람이 하는 일이 아랫사람에게 물 드는 것은, 마치 바람 앞에 풀들이 눕는 것과 같다. 왕이 조정에서 무력을 숭상하자, 농부는 밭에서 갑옷을 수선하였다. 그러므로 임금이 아랫사람을 통제함에는 백성 중에 사치를 부리던 자라면 검소함을 가지고 대응해야 되며, 교만과 음일한 일을 벌이는 자라면 이를 이치로써 통제해야 한다. 윗사람이 어진데 아랫사람이 잔혹한 예는 없으며, 윗사람이 의로운데 아랫사람이 다투기 좋아하는 예는 없다.

공자는 "풍속을 바꾸고 변화시켜라" 하였으니 이것이 어찌 집집마다 하나씩 그렇게 할 수 있는 일이겠는가? 먼저 자신으로부터 그렇게 할 따름이다.

故上之化下, 猶風之靡草也. 王者尚武於朝, 農夫繕甲於田. 故君之御下, 民奢侈者則應之以儉, 驕淫者則統之以理. 未有上仁而下殘, 上義而下爭者也.

孔子曰「移風易俗」, 豈家至之哉? 先之於身而已矣.

【風之靡草】 바람이 불면 풀이 눕듯이 따라하게 됨을 말함. 《史記》 淮陰侯傳에 "發使使燕, 燕從風而靡"라 함.
【王者】 여기서는 武王을 가리킴. 무왕이 殷을 정벌하고자 조정에서 이를 논의하자, 백성들이 그 뜻을 알고 무기를 수선함.
【移風易俗】 풍속을 바꾸어 좋은 방향으로 유도함.
【家至之】 집집마다 찾아다니며 풍속을 바꾸도록 요구하거나 교화함.

참고 및 관련 자료

1. 《論語》 顔淵篇

季康子問政於孔子曰:「如殺無道, 以就有道, 何如?」孔子對曰:「子爲政, 焉用殺? 子欲善而民善矣. 君子之德風, 小人之德草. 草上之風, 必偃.」

2. 《大學》 傳文 10장

未有上好仁而下不好義者也. 未有好義其事不終者也, 未有府庫財 非其財者也.

3. 《孝經》 廣要道

子曰:「教民親愛, 莫善於孝; 教民禮順, 莫善於悌; 移風易俗, 莫善於樂; 安上治民, 莫善於禮. 禮者, 敬而已矣. 故敬其父則子悅, 敬其兄則弟悅, 敬其君則臣悅, 敬一人而千萬人悅. 所敬者寡, 而悅者衆, 此之謂要道也.」

5. 변혹辨惑

‘변혹辨惑’은 미혹함에 대한 변별辨別이라는 뜻으로, 유언비어나 감언이설의 미혹함에 빠지지 않도록 변별력을 길러야 한다는 내용이다.

○ 黃震은 “辨惑言不苟合”이라 하였고, 戴彦升은 “辨惑篇道正言之忤耳, 傷流言之害聖, 而深惡縱橫家之阿從意旨, 規則乎孔門也”라 하였으며, 唐晏은 “此篇義主遠佞人, 去其害仁義者也”라 함.

059(5-1)
세상에 영합하는 자

무릇 일을 수행하는 자로서 혹 잘 처리하였는데도 잘했다는 칭찬을 듣지 못하는 경우가 있고, 혹 제대로 하지 못하였음에도 잘했다는 칭송을 듣는 경우가 있다. 어찌하여 그렇겠는가? 이는 그를 살펴보는 자가 오류가 있거나, 그를 논하는 자가 잘못 논한 때문이다.

그러므로 사람의 행동에 혹 세상에 영합하는 경우나, 혹 남의 귀에 거슬리지 않는 말만 하는 자가 있다면, 이는 바로 윗사람의 뜻에 아부하는 것이며, 윗사람의 의도를 그대로 따르는 자이다. 그런가 하면 품행이 곧으면서도 방정함을 어그러뜨리는 경우도 있고, 옳지 못한 마음을 품고 있으면서도 사악한 자와 잘 어울리는 경우도 있다. 이는 상대의 강유剛柔의 형세를 근거로 하여 종횡縱橫의 술책을 잘 부리는 자들이다.

그 때문에 남의 뜻이나 귀에 거슬리는 말을 하지 않으니 그 상대의 뜻에 영합하지 못함이 없게 되는 것이다.

夫擧事者或爲善而不稱善, 或不善而稱善者, 何? 視之者謬而論之者誤也.

故行或合於世, 或順於耳, 斯乃阿上之意, 從上之旨; 操直而乖方, 懷曲而合邪; 因其剛柔之勢, 爲作縱橫之術. 故無忤逆之言, 無不合之義者.

【擧事】 일을 처리함.

【順於耳】 귀에 거슬리지 않으며 순통함.

【阿上】 윗사람에게 아부하여 의견을 맞춤. 아는 아부. 呂氏春秋 長見篇 "阿鄭君之心"의 高誘 주에 "阿, 從也"라 함.

【操直而乖方】 곧고 바른 사람의 의견은 가끔 윗사람과 맞지 않을 때가 있음을 말함.

【縱橫之術】 合縱說과 連橫說. 戰國시대 蘇秦은 山東 六國이 강력한 서쪽 秦에 맞서 縱으로 연합을 이루어야 한다고 주장하였고, 張儀는 육국이 개별적으로 秦과 친화를 이루어 우호관계를 유지해야 한다고 주장하였음. 이에 소진의 주장을 합종설, 장의의 주장을 연횡설이라 함. 여기서는 權變에 따른 화술이나 궤휼로써 남의 의견에 영합하는 재주를 의미함.

【忤逆之言】 윗사람의 뜻에 거슬리는 말.

【無不合之義者】 그 뜻에 맞지 않음이 없음. '義'는 '意'와 같음.

060(5-2)
노애공과 유약

옛날 애공哀公이 유약有若에게 이렇게 말하였다.

"흉년이 들어 비용이 부족하니 어찌하면 좋겠소?"

그러자 유약은 이렇게 대답하였다.

"어찌 10분의 1의 세율을 쓰지 않습니까?"

대체로 윗사람이 가진 것을 덜어 아랫사람에게 되돌려 주도록 한 것이니, 그렇다면 이는 임금의 귀에 거슬리는 말이요, 임금의 의도에 영합하지 않는 것이었을 테니, 드디어 거역을 당하여 그 의견이 채택되지 않았을 것이다.

이를 일러 소위 그 행동을 바르게 하여 세속에 구차스럽게 영합하지 않는다는 것이다.

유약인들 어찌 애공의 뜻이 나라 살림에 재물을 더 보태려 한 의도에 아부할 줄 몰라서 그랬겠는가?

昔哀公問於有若曰:「年饑, 用不足, 如之何?」

有若對曰:「盍徹乎?」

蓋損上而歸之於下, 則忤於耳而不合於意, 遂逆而不用也.

此所謂正其行而不苟合於世也.

有若豈不知阿哀公之意, 爲益國之義哉?

【哀公】魯 哀公. 孔子와 같은 시기의 魯나라 군주. 魯 定公의 뒤를 이어 군주가 되었으며 공자 및 그 제자들과 많은 대화를 나누었음.

【有若】공자 제자. 자는 子有. 춘추시대 魯나라 사람으로 공자와 모습이 닮아 공자가 죽은 뒤 문인들이 그를 한때 스승으로 모시기도 하였음.

【用】비용.

【盍徹乎】합(盍)은 '何不'의 合音字. "어찌 ~하지 않으리오"의 구문에 사용됨. 철은 세금을 10분의 1, 즉 1할로 하는 조세제도.《論語集解》에 鄭玄의 말을 인용하여 "盍, 何不也. 周法什一而稅謂之徹. 徹, 通也, 爲天下通法"이라 함. 여기서는 노 애공이 세율을 10분의 1보다 더 높여 거두자, 도리어 10분의 1로 낮추도록 하여 임금이 가지고 있는 재물을 백성에게 내려주도록 권고한 것임.

【不苟合】구차스럽게 세속의 인습에 얽매이지 않음.《史記》孟荀列傳을 볼 것.

【益】증익. 증가. 애공의 뜻이 세금을 올려 국가 재정을 더 늘리려 한 것임을 말함.

참고 및 관련 자료

1.《論語》顔淵篇

哀公問於有若曰:「年饑, 用不足, 如之何?」有若對曰:「盍徹乎?」曰:「二, 吾猶不足, 如之何其徹也?」對曰:「百姓足, 君孰與不足? 百姓不足, 君孰與足?」

2.《史記》孟荀列傳

故武王以仁義伐紂而王, 伯夷餓不食周粟; 衛靈公問陳, 而孔子不答; 梁惠王謀欲攻趙, 孟軻稱大王去邠. 此豈有意阿世俗苟合而已哉! 持方枘欲內圜鑿, 其能入乎? 或曰, 伊尹負鼎而勉湯以王, 百里奚飯牛車下而繆公用霸, 作先合, 然後引之大道. 騶衍其言雖不軌, 儻亦有牛鼎之意乎?

061(5-3)
굴욕을 예견하더라도

무릇 군자란 도를 곧게 하여 실행함에 틀림없이 굴욕을 당할 것임을 알더라도 이를 피하지 않는 것이다. 그 때문에 행동이 감히 구차스럽게 영합하지 아니하며, 말에는 구차스럽게 용납되려 하지 않으니, 비록 세상에 공을 세우지는 못한다 하더라도 그 명예는 족히 칭송을 받게 되는 것이다.

비록 그 말이 나라에 쓰이지는 않는다 해도 그들의 행동에 따른 말은 가히 법으로 삼아야 한다.

夫君子直道而行, 知必屈辱而不避也. 故行不敢苟合, 言不爲苟容, 雖無功於世, 而名足稱也.

雖言不用於國家, 而擧措之言可法也.

【直道而行】 정도를 기준으로 하여 실행할 뿐임.

【言不爲苟容】 세속의 요구에 구차스럽게 영합하지 아니함.

참고 및 관련 자료

1. 《論語》 衛靈公篇

子曰:「吾之於人也, 誰毁誰譽? 如有所譽者, 其有所試矣. 斯民也, 三代之所以直道而行也.」〈集解〉: 馬曰:「無所阿私, 所以云直道而行.」

2. 《戰國策》 秦策(下)

言不取苟合, 行不敢苟容.

062(5-4)
정직하기 때문에

따라서 세속과 달리 하면, 그 자신은 선비들 무리 속에 홀로 외롭게 되고 만다.

그러나 사곡邪曲함이 서로 물고 있고, 굽고 뒤틀린 것이 서로 자리를 빌려주어 결탁되어 있는 곳이라도 정직하기 때문에 그들 사이에 용납되지 못하는 것이다.

故殊於世俗, 則身孤於士衆.

夫邪曲之相銜, 枉橈之相借, 正直, 故不得容其間.

【邪曲之相銜】 사악한 것과 부정한 것이 서로 맞물려 있음.

【枉橈之相借】 부정직한 이들이 서로를 비호함.

【正直】 원래 '正'자는 결자로 되어 있으나 唐晏의 《陸子新語校注》에 의해 補入해 넣음.

063(5-5)
서로를 비호하는 못된 자들

아첨과 참녕한 짓을 저지르는 자들은 서로를 비호해 주고, 참언의 입들은 서로를 칭찬해 주어 아무리 높아도 올라가지 못할 곳이 없고, 아무리 깊어도 들어가지 못할 곳이 없는 상황을 만들어 낸다. 어떻게 그럴 수 있겠는가? 당을 지은 무리들이 아주 많고 그들이 하는 말이 서로 세속과 영합하기 때문이다.

諂佞之相扶, 讒口之相譽, 無高而不可上, 無深而不可往者, 何? 以當背衆多, 而辭語諧合.

【諂佞】 아첨과 교묘한 말솜씨.
【當背】 '黨輩'의 가차로 봄. 당을 이루어 무리지은 이들. 宋翔鳳 〈新語校本〉에는 '黨輩'로 되어 있음.

064(5-6)
돌을 물에 뜨게 하는 말들

무릇 많은 입을 통해 쏟아지는 훼방과 칭찬은, 돌을 물에 뜨게 하고 나무를 물에 가라앉게 한다.

무리지은 사악한 자들이 서로 억누르게 되면, 곧은 것을 굽은 것으로 만들어 버리니, 이를 살피되 제대로 보지 않으면 검은 것도 흰 것으로 변하고 만다.

夫衆口之毁譽, 浮石沉木.
群邪所抑, 以直爲曲. 視之不察, 以白爲黑.

【浮石沉木】 유언비어가 난무함을 말함. 물에 가라앉아야 할 돌이 물 위로 떠오르고, 물에 떠야 할 나무가 가라앉을 정도임.

【群邪所抑】 '所'자는 《意林》과 《太平御覽》에는 모두 '相'자로 되어 있음.

065(5-7)
흰 것과 검은 것

무릇 굽은 것과 곧은 것의 서로 다른 형태나, 흰 것과 검은 것의 서로 다른 색깔은 천하 어느 누구도 쉽게 구분할 수 있다.

그럼에도 스스로 오류를 범하거나 혹 그 시비를 분명히 구분하지 못하는 것은, 많은 사악한 무리들이 이를 잘못 일러주기 때문이다.

夫曲直之異形, 白黑之異色, 乃天下之易見也.
然自謬也, 或不能分明其是非者, 衆邪誤之矣.

【然自謬也~衆邪誤之矣】 宋翔鳳의 〈新語校本〉과 《群書治要》에는 모두 "然而目謬心惑者, 衆邪誤之"로 되어 있음.

066(5-8)
지록위마

이를테면 진秦나라 이세二世 때에 조고趙高가 사슴을 타고 뒤를 따랐다. 이세가 물었다.

"승상께서는 어찌 사슴을 타고 나섰습니까?"

그러자 조고가 대답하였다.

"말입니다."

왕이 말하였다.

"승상께서 잘못 아셨군요. 사슴을 말이라 하시니."

조고는 다시 말하였다.

"폐하께서 제 말이 그렇지 않다고 여기신다면 원컨대 여러 신하들에게 물어 보십시오."

이에 신하들에게 물어보았더니 신하들 중에 반은 사슴이라 하고 반은 말이라 하였다.

그 당시에 진왕은 그 자신의 눈을 믿을 수가 없었으니, 마침내 사악한 신하의 주장을 따를 수밖에 없었다.

至如秦二世之時, 趙高駕鹿而從行, 王曰:「丞相何爲駕鹿?」

高曰:「馬也.」

王曰:「丞相誤也, 以鹿爲馬.」

高曰:「陛下以臣言不然, 願問群臣.」

於是乃問群臣, 群臣半言鹿半言馬.

當此之時, 秦王不能自信其目, 而從邪臣之說.

【秦二世】 통일 秦帝國의 2번째 황제. B.C.209~B.C.207년까지 3년간 재위함. 秦始皇의 막내아들로서 이름은 胡亥. 진시황이 죽은 뒤 中車府令 趙高와 丞相 李斯가 모의하여 거짓조서를 꾸며, 첫째 아들 扶蘇를 자결하도록 하고 이를 세워 二世皇帝로 옹립함. 趙高의 횡포로 천하가 혼란에 빠졌으며, 천하 대란이 일어나 3년 만에 망하고 말았음. 《史記》 秦始皇本紀 참조.

【趙高】 秦나라의 宦官. 모사꾼이며 정치가. 秦始皇이 죽자 扶蘇를 자결토록 하고 胡亥를 세워 二世皇帝로 옹립한 다음 전권의 휘둘러 가혹한 정치를 펴다가 결국 패가망신함. 指鹿爲馬의 고사로도 유명함. 《史記》 秦始皇本紀 참조.

【於是乃問群臣, 群】 이 7자는 결락되어 있으나 《群書治要》와 《太平御覽》에 의해 보입해 넣음.

【半言鹿半言馬】 이 '指鹿爲馬'의 고사는 많은 고전에 널리 인용되어 있으나 문자의 출입이 있음. 이에 대해 唐晏의 《陸子新語校注》에는 "按事亦見《史記》, 作'高持鹿獻於二世, 曰: 馬也. 二世笑曰: 丞相誤也, 謂鹿爲馬. 問左右, 或默, 或言馬.' 此事或陸生親見之, 所說當確於史公"이라 함.

【信其目】 원본에는 '信其自'로 되어 있으나 《群書治要》와 《太平御覽》에 의해 교정함.

참고 및 관련 자료

1.《史記》秦始皇本紀

三年, 章邯等將其卒圍鉅鹿, 楚上將軍項羽將楚卒往救鉅鹿. 冬, 趙高爲丞相, 竟案李斯殺之. 夏, 章邯等戰數卻, 二世使人讓邯, 邯恐, 使長史欣請事. 趙高弗見, 又弗信. 欣恐, 亡去, 高使人捕追不及. 欣見邯曰:「趙高用事於中, 將軍有功亦誅, 無功亦誅.」項羽急擊秦軍, 虜王離, 邯等遂以兵降諸侯. 八月己亥, 趙高欲爲亂, 恐群臣不聽, 乃先設驗, 持鹿獻於二世, 曰:「馬也.」二世笑曰:「丞相誤邪? 謂鹿爲馬.」問左右, 左右或默, 或言馬以阿順趙高. 或言鹿(者), 高因陰中諸言鹿者以法. 後群臣皆畏高.

2.《金樓子》箴戒篇

秦二世卽位, 自幽深宮, 以鹿爲馬, 以蒲爲脯.

067(5-9)

속을 수밖에 없는 말들

무릇 말과 사슴의 생김새가 다른 것은 누구나 다 알 수 있는 것인데도 능히 시비를 분간하지 못하였으니, 하물며 어둡고 애매한 사안에 있어서랴?

《역易》에는 "두 사람이 같은 마음이면 그 날카로움은 쇠를 자를 수 있다" 하였으니, 당을 지은 무리들이 뜻을 합하여 임금 하나쯤 고꾸라뜨리려 한다면 누군들 그에 속아 넘어가지 않겠는가!

夫馬鹿之異形, 衆人所知也, 然不能分別是非也, 況於闇昧之事乎?

《易》曰:「二人同心, 其義斷金.」群黨合意, 以傾一君, 孰不移哉!

【闇昧】 모호하여 명확하지 아니함.

【易】《周易》繫辭(上)의 구절. "其義斷金"은 "其利斷金"으로 되어 있음.

【群黨合意】 간사한 무리들과 합하여 거짓을 꾸며냄.

참고 및 관련 자료

1. 《周易》繫辭(上)

子曰:「君子之道, 或出或處, 或默或語. 二人同心, 其利斷金; 同心之言, 其臭如蘭.」

068(5-10)
증삼살인

옛날 어떤 사람 중에 증자曾子와 성씨도 같고 이름도 삼參인 자가 있었다. 그런데 어떤 사람이 증자 어머니에게 이렇게 고하였다.

"당신의 아들 증삼이 사람을 죽였습니다."

그러자 어머니는 아들을 믿던 터라 태연하게 베틀에 앉아 하던 일을 멈추지 않았다. 그런데 다시 어떤 사람이 와서 똑같이 말하였다. 이렇게 하기를 세 번이나 이어지자 증자의 어머니는 곧바로 짜던 베의 북을 집어 던지고 담을 넘어 달려나갔다.

증자의 어머니는 아들이 사람을 죽일 그런 사람이 아님을 알지 못한 것은 아니지만, 그렇게 말하는 자가 많자 그에 넘어간 것이다.

무릇 유언流言이 한꺼번에 몰려오면 비록 진짜 성인일지라도 감히 스스로 태연자약할 수가 없을 터인데 하물며 보통 사람임에랴?

昔人有與曾子同姓亦名參, 有人告其母:「參殺人.」

母織如故.

有人復來告, 如是者三, 曾子母乃投杼踰垣而去.

曾子之母非不知子不殺人也, 言之者衆.
夫流言之並至, 雖眞聖不敢自安, 況凡人乎?

【曾子】 공자의 제자. 曾參. 노나라 출신으로 曾點의 아들이며 曾元의 아버지. 孝行으로 이름이 높았으며 효경을 찬술한 것으로 알려짐. 《論語》와 《史記》 仲尼弟子列傳, 《孔子家語》 弟子解 등을 참조할 것.
【投杼】 베 짜던 북(杼)을 내던지고 쫓아 나감.
【踰垣】 문을 통해 달려나갈 겨를이 없어 담을 넘어 달려나감. 매우 급한 상황임을 말함.
【流言】 謠言. 근거 없이 남을 미혹하게 하는 풍문.

참고 및 관련 자료

1. 《戰國策》 秦策(2)

昔者, 曾子處費, 費人有與曾子同名族者而殺人, 人告曾子母曰: 『曾參殺人.』 曾子之母曰: 『吾子不殺人.』 織自若. 有頃焉, 人又曰: 『曾參殺人.』 其母尙織自若也. 頃之, 一人又告之曰: 『曾參殺人.』 其母懼, 投杼踰牆而走. 夫以曾參之賢, 與母之信也, 而三人疑之, 則慈母不能信也.

2. 《史記》 甘茂列傳

昔曾參之處費, 魯人有與曾參同姓名者殺人, 人告其母曰: 『曾參殺人』, 其母織自若也. 頃之, 一人又告之曰: 『曾參殺人』, 其母尙織自若也. 頃又一人告之曰: 『曾參殺人』, 其母投杼下機, 踰牆而走. 夫以曾參之賢與其母信之也, 三人疑之, 其母懼焉.

3. 《新序》 雜事(二)

昔者, 曾參之處, 鄭人有與曾參同名姓者殺人, 人告其母曰: 『曾參殺人.』 其母織自若也. 頃然一人又來告之, 其母曰: 『吾子不殺人.』 有頃, 一人又來告, 其母投杼下機, 踰牆而走. 夫以曾參之賢, 與其母信之也, 然三人疑之, 其母懼焉.

今臣之賢也不若曾參；王之信臣也, 又不如曾參之母之信曾參也. 疑臣者非特三人也, 臣恐大王投杼也.

4.《西京雜記》卷六

昔魯有兩曾參, 趙有兩毛遂. 南曾參殺人見捕, 人以告北曾參母. 野人毛遂墜井而死, 客以告平原君, 平原君曰:「嗟乎, 天喪予矣!」既而知野人毛遂, 非平原君客也.

069(5-11)
협곡의 회담

노魯나라 정공定公 때에 제齊나라 임금과 협곡夾谷에서 회맹의 담판이 벌어졌다. 공자가 당시 재상의 일을 맡고 있었는데 두 임금이 단상에 오르고 두 나라 재상은 그 아래에 대기하고 있었다. 서로 읍揖을 하며 임금과 신하의 예를 지키는 등 그 의전이 잘 정비되어 있었다. 그때 제나라 사람들이 북을 치면서 시끄럽게 소란을 피우며 일어나 노나라 임금을 사로잡으려 하였다. 공자는 이에 계단을 따라 올라가 마지막 한 계단만을 남겨둔 채 서서 제나라 임금에게 이렇게 말하였다.

"두 나라 임금이 좋은 회합을 함에 예로써 서로 절차를 따르고 음악으로써 서로 교화를 보이는 것입니다. 제가 듣기로 가악嘉樂은 들판에서 연주하는 것이 아니며, 희상犧象의 제물은 당 아래로 내려가는 법이 아니라 하였습니다. 이적夷狄이나 할 짓을 그대들이 하고 있으니 어찌된 일입니까? 사마司馬에게 명하여 중지하도록 해 주십시오."

그러자 정공이 말하였다.

"좋소."

그러자 제나라 임금은 머뭇거리며 자리를 피하더니 이렇게 말하는 것이었다.

"과인의 잘못이오."

그러고는 물러서 자신들의 대부를 질책하였다.

회담이 끝나자 제나라 사람들이 배우들로 하여금 노나라 정공의 막하에서 춤을 추도록 시켰는데, 거만한 몸짓으로 노나라 임금의 틈을 엿보아 정공을 사로잡을 참이었다. 공자는 이렇게 탄식하였다.

"신하로서 임금을 욕보이니 의당 사형에 처해야 한다."

그러고는 사마로 하여금 법을 집행하여 그를 참수하여 머리와 다리를 각기 다른 문을 통해 밖으로 내다 버리도록 하였다.

이에 제나라 사람들은 두려워하며 벌벌 떨었으며, 임금과 신하들이 하던 짓을 바꾸었고, 이제껏 해 왔던 행동을 불안하게 여겼다. 그러고는 이에 지난날 노나라로부터 빼앗았던 4개 읍의 땅을 되돌려 주고 마침내 노나라 임금의 마음을 더 이상 누르려 들지 않았다. 그러자 인근 □들이 이를 듣고 진동을 하였고, 사람들은 노나라를 향할 뜻을 갖게 되었다. 이로써 강한 나라 중에 교만한 임금들은 두려움을 느끼지 않는 자가 없었고, 사악한 신하, 참녕한 인물이라면 자신의 행동을 바꾸고 뜻을 고쳐 천하의 정치가 □□하여 그 중앙에서 꺾여버리게 된 것이다. 한편 정공은 삼가三家의 대신들에게 얽매여 있었으며 여러 사람들의 유언비어에 빠져 있어 능히 끝내 공자를 등용하지는 못하였다. 그리하여 안으로는 독특한 탁견을 갖지도 못하였으며, 밖으로는 사악한 신하들의 무리에게 미혹하여 그 나라를 약화시키고 자신의 몸을 망치고 말았으며, 결국 권력은 삼가에게 귀속되고 읍과 토지는 모두가 강한 제나라에게 넘어가고 말았다.

무릇 사람을 쓰는 것이 저와 같았고 사람을 잃을 때는 이와 같았다. 그러나 정공은 끝내 이를 깨닫지 못한 채 계손씨季孫氏의 계략을 믿고, 곧은 신하의 모책은 배신한 채 지극히 약한 군주라는 이름에 얽매어 구산丘山과 같은 그 큰 위세와 공적을 잃고 말았으니, 역시 미혹함 때문이 아니겠는가!

〈夾谷會談〉石刻畫(石可)

魯定公之時, 與齊侯會於夾谷, 孔子行相事, 兩君升壇, 兩相處下, 而相欲揖, 君臣之禮, 濟濟備焉.

齊人鼓譟而起, 欲執魯公.

孔子歷階而上, 不盡一等而立, 謂齊侯曰:「兩君合好, 以禮相率, 以樂相化. 臣聞嘉樂不野合, 犧象之薦不下堂. 夷狄之民何求爲? 命司馬請止之.」

定公曰:「諾.」

齊侯逡巡而避席曰:「寡人之過.」

退而自責大夫.

罷會, 齊人使優旃儛於魯公之幕下, 傲戲, 欲候魯君之隙, 以執定公.

孔子嘆曰:「君辱臣當死.」

使司馬行法斬焉, 首足異門而出.

於是齊人懼然而恐, 君臣易操, 不安其故行, 乃歸魯四邑之侵地, 終無乘魯之心.

鄰□振動, 人懷嚮魯之意, 强國驕君, 莫不恐懼, 邪臣佞人, 變行易慮, 天下之政, □□而折中.

而定公拘於三家, 陷於衆口, 不能卒用孔子者, 內無獨見之明, 外惑邪臣之黨, 以弱其國而亡其身, 權歸於三家, 邑土單於彊齊.

夫用人若彼, 失人若此; 然定公不覺悟, 信季孫之計, 背貞臣之策, 以獲拘弱之名, 而喪丘山之功, 不亦惑乎!

【魯定公】 춘추 말기 魯나라 군주. B.C.509~B.C.495년까지 15년간 재위하였음. 이 일은 정공 10년(B.C.500)의 사건임. 周 敬王 10년(B.C.510) 魯 昭公이 乾侯에서 죽자 季孫氏가 소공의 아우 孔子 宋을 세웠으며 이가 定公임.

【齊侯】 齊 景公을 가리킴. 周 靈王 24년(B.C.648) 제나라 崔杼가 莊公을 시해하고 그 아우 公孫杵臼를 세웠으며 이가 경공임. 晏子(晏嬰)의 보필로 그나마 나라를 원만히 이끌었으며 58년간 재위함.

【夾谷】 지명. 지금의 山東 萊蕪縣 남쪽 30리의 夾谷峽. 이곳에서 정공 10년 제나라가 노나라 군주를 불러 회담을 가졌음.

【行相事】 전례에 맞추어 일을 섭행함. 혹은 공자가 宰相의 임무를 띠고 專權을 行使함.

【壇】 祭祀나 朝會, 會盟, 拜將 등의 행사를 치르기 위해 만든 단.

【揖】 고대 손을 앞으로 모아 예를 표하는 行禮의 한 형식.

【濟濟】 儀表를 정중하게 갖춘 모습.

【鼓譟】 북을 치면서 시끄럽게 분위기를 고조시킴. 위세를 드러내기 위한 것임.

【歷階】 계단을 따라 한 칸씩 올라섬.

【嘉樂】 고대의 종과 북을 갖춘 음악. 제후들의 회맹에 사용하는 음악. 그러나 이는 야외에서는 연주하지 않음.

【犧象】 고대 享燕의 正禮에 바치는 제물. 종묘나 궁중에서 올리며 이를 야외나 밖으로 옮겨 갈 수 없음.

【夷狄之民何求爲】 宋翔鳳의 〈新語校本〉에 "'求'當依《穀梁》作'萊'. 范甯注云: 兩君和會, 以結親好, 而齊人欲執魯君, 此爲無禮之甚, 故謂夷狄之民"이라 함. 여기서 '萊'는 동이족을 뜻하므로 夷狄之民이라 한 것임.

【司馬】 관직 이름. 군사의 업무를 관장함.

【逡巡】 머뭇거림. 疊韻連綿語.

【優旃】 優는 배우. 예인. 旃은 깃발을 세워둔 天幕. '魯公의 막하에서 춤을 추다'의 뜻. 《穀梁傳》에 "優旃舞於魯君之幕下"라 함.

【君辱臣當死】 唐晏의 《陸子新語校注》에 "按'君辱臣當死', 《穀梁》作'笑君者罪當死'. 詳此文義, 當作'臣辱君當死', 爲後人妄改"라 함.

【門】 원본은 '河'로 되어 있으나 《穀梁傳》에 의해 고침.

【歸魯四邑之侵地】 이전에 침략하여 점거했던 네 개의 읍을 노나라에게 반환함. 《公羊傳》 定公 10년 〈疏〉에 "其四邑者, 蓋運也, 讙也, 龜也, 陰也"라 함.

【乘】 제압함. 복종시킴.

【鄰□】 다른 본에는 '鄰邦'으로 되어 있음. 宋翔鳳 〈新語校本〉에 "別本作'鄰邦', 不缺"이라 함.

【□□而折中】 '就而折中'. 宋翔鳳 〈新語校本〉에 "別本作就而折中"이라 함.

【三家】 춘추 말기 공자 시절 魯나라의 세 실권자. 季孫氏, 仲孫氏 叔孫氏.

【衆口】 많은 사람들의 입. 流言을 뜻함.

【單】 '殫'과 같음. 唐晏《陸子新語校注》에 "單與殫, 古通用字"라 함.

【齊】 본문은 '齊' 이하 228자가 〈愼微篇〉으로 잘못 들어가 있음. 明代 〈子彙本〉에 의해 고쳐 넣은 것임.

【信季孫之計】 季孫氏의 계책을 믿음. 《公羊傳》 定公 12년에 "叔孫州仇帥師墮郈. ……季孫斯·仲孫何忌帥師墮費. 曷爲帥師墮郈·帥師墮費? 孔子行乎季孫, 三月不違, 曰: 「家不藏甲, 邑無百雉之城, 於是帥師墮郈·帥師墮費.」"라 함. 한편 何休注에는 "郈, 叔孫氏所食邑; 費, 季氏之食邑. 二大夫宰吏數叛, 患之, 以問孔子, 孔子曰: '陪臣執國命, 采長數叛者, 坐邑有城池之固, 家有甲兵之藏故也. 季氏說其言而墮之"라 하였고, 〈疏〉에는 "傳云: 孔子行乎季孫, 三月不違. 以此言之, 三月之外違之明矣"라 함.

【貞臣】 충성스럽고 정결한 신하.

【拘弱】 '極弱'의 오기가 아닌가 함. 글자가 비슷하여 착오를 일으킨 것으로 보임. 지극히 미약함.

【丘山】 중대함을 뜻함. 노나라 임금이라는 아주 큰 위세와 권력을 말함.

참고 및 관련 자료

1.《公羊傳》 定公 10년

夏, 公會齊侯于頰谷, 公至自頰谷. 晉趙鞅帥師圍衛. 齊人來歸運讙龜陰田, 齊人曷爲來歸運讙龜陰田. 孔子行乎季孫, 三月不違. 齊人爲是來歸之.

2.《穀梁傳》 定公 10년

夏, 公會齊侯于頰谷, 公至自頰谷, 離會不致, 何爲致也, 危之也, 危之則以地致何也, 爲危之也, 其危奈何, 曰: 頰谷之會, 孔子相焉, 兩君就壇, 兩相相揖, 齊人鼓譟而起, 欲以執魯君, 孔子歷階而上, 不盡一等, 而視歸乎齊侯, 曰: 「兩君合好, 夷狄之民何爲來爲? 命司馬止之.」 齊侯逡巡而謝曰: 「寡人之過也.」 退而屬其二三大夫曰: 「夫人率其君與之行古人之道, 二三子獨率我而入夷狄之俗,何爲?」罷會, 齊人使優施舞於魯君之幕下. 孔子曰: 「笑君者罪當死, 使司馬行法焉.」首足異門而出, 齊人來歸鄆讙龜陰之田者蓋爲此也, 因是以見雖有文事, 必有武備, 孔子於頰谷之會見之矣.

3. 《史記》孔子世家

定公十年春, 及齊平. 夏, 齊大夫黎鉏言於景公曰: 「魯用孔丘, 其勢危齊.」乃使使告魯爲好會, 會於夾谷. 魯定公且以乘車好往. 孔子攝相事, 曰: 「臣聞有文事者必有武備, 有武事者必有文備. 古者諸侯出疆, 必具官以從. 請具左右司馬.」定公曰: 「諾.」具左右司馬. 會齊侯夾谷, 爲壇位, 土階三等, 以會遇之禮相見, 揖讓而登. 獻酬之禮畢, 齊有司趨而進曰: 「請奏四方之樂.」景公曰: 「諾.」於是旍旄羽袚矛戟劍撥鼓噪而至. 孔子趨而進, 歷階而登, 不盡一等, 擧袂而言曰: 「吾兩君爲好會, 夷狄之樂何爲於此! 請命有司!」有司卻之, 不去, 則左右視晏子與景公. 景公心怍, 麾而去之. 有頃, 齊有司趨而進曰: 「請奏宮中之樂.」景公曰: 「諾.」優倡侏儒爲戲而前. 孔子趨而進, 歷階而登, 不盡一等, 曰: 「匹夫而營惑諸侯者罪當誅! 請命有司!」有司加法焉, 手足異處. 景公懼而動, 知義不若, 歸而大恐, 告其群臣曰: 「魯以君子之道輔其君, 而子獨以夷狄之道教寡人, 使得罪於魯君, 爲之柰何?」有司進對曰: 「君子有過則謝以質, 小人有過則謝以文. 君若悼之, 則謝以質.」於是齊侯乃歸所侵魯之鄆·汶陽·龜陰之田以謝過.

4. 《孔子家語》相魯篇

定公與齊侯會于夾谷, 孔子攝相事. 曰: 「臣聞有文事者必有武備, 有武事者必有文備. 古者, 諸侯並出疆, 必具官以從. 請具左右司馬.」定公從之. 至會所, 爲壇位, 土階三等. 以遇禮相見, 揖讓而登, 獻酢旣畢齊使萊人以兵鼓譟劫定公. 孔子歷階而進, 以公退, 曰: 「士以兵之. 吾兩君爲好, 裔夷之俘, 敢以兵亂之, 非齊君所以命諸侯也. 裔不謀夏, 夷不亂華, 俘不干盟, 兵不偪好. 於神爲不祥, 於德爲愆義, 於人爲失禮, 君必不然.」齊侯心怍, 麾而避之. 有頃, 齊奏宮中之樂, 俳優侏儒戲於前. 孔子趨進, 歷階而上, 不盡一等, 曰: 「匹夫熒侮諸侯者, 罪應誅. 請右司馬速刑焉.」於是斬侏儒, 手足異處. 齊侯懼, 有慚色. 將盟, 齊人加載書曰: 「齊師出境, 而不以兵車三百乘從我者, 有如此盟.」孔子使玆無還對曰: 「而不返我汶陽之田, 吾以供命者, 亦如之.」齊侯將設享禮. 孔子謂梁丘據曰: 「齊魯之故, 吾子何不聞焉? 事旣成矣, 而又享之, 是勤執事. 且犧象不出門, 嘉樂不野合. 享而旣具, 是棄禮; 若其不具, 是用粃粺. 用粃粺君辱, 棄禮名惡. 子盍圖之? 夫享所以昭德也; 不昭, 不如其已.」乃不果享. 齊侯歸, 責其群臣曰: 「魯以君子道輔其君, 而子獨以夷狄道教寡人, 使得罪.」於是乃歸所侵魯之四邑及汶陽之田.

070(5-12)
뜬구름이 해를 가리듯

그러므로 사악한 신하가 어진 이를 가로막는 것은, 마치 뜬구름이 해와 달을 가로막는 것과 같아 그 신령한 교화를 펼 수 없도록 한다.

구름을 흩어 버리고 그림자를 개게 하여 이들을 산과 바다로 되돌아가게 한 연후에야 그 해와 달의 광명을 볼 수 있으며, 그 볕이 천하의 젖고 습한 곳을 쬐어줄 수 있고, 사해의 어둡고 컴컴한 곳을 비춰 줄 수 있는 것이다.

故邪臣之蔽賢, 猶浮雲之鄣日月也, 非得神靈之化. 罷雲霽翳, 令歸山海, 然後乃得覩其光明, 暴天下之濡濕, 照四海之晦冥.

【浮雲】 뜬구름. 햇볕을 가림. 임금 주위의 간신배를 비유함.

【罷雲霽翳】 구름이 사라지고 어둠이 걷힘.

【暴】 '曝'과 같음. 볕에 말리거나 쬐어 줌.

【晦冥】 어두움.

참고 및 관련 자료

1. 《**文選**》 古詩十九首

「浮雲蔽白日」 注: 浮雲之蔽白日, 以喩邪佞之毁忠良.

071(5-13)
간신적자

지금 위로는 명왕성주明王聖主가 없고 아래로는 정절하고 바른 제후가 없으니 간신적자姦臣賊子들의 당을 주벌해 없애 버리고, 의심스럽게 얽히고 설킨 매듭을 풀어버린 연후에야 충량忠良하고 방직方直한 사람들이 세상에 용납되어 정치에 베풂이 있게 될 것이다.

今上無明王聖主, 下無貞正諸侯, 誅鋤姦臣賊子之黨, 解釋疑𦆭紕繆之結, 然後忠良方直之人, 則得容於世而施於政.

【貞正】 忠正貞直의 줄인 말.

【𦆭】 唐晏의 《陸子新語校注》에 "今漢魏本作'滯', 此從范本, 然實當作'蹛'"라 함. 이 세 글자는 모두 '막히다, 積滯되다'의 뜻임.

【紕繆】 오류나 착오를 일으킴.

【施於政】 행정에 이를 베풀어 시행함. 《論語》 爲政篇 "施於有政"의 〈集解〉에 "施, 行也"라 함.

참고 및 관련 자료

1. 《說苑》臣術篇

人臣之術, 順從而復命, 無所敢專, 義不苟合, 位不苟尊; 必有益於國, 必有補於君; 故其身尊而子孫保之. 故人臣之行有六正六邪, 行六正則榮, 犯六邪則辱, 夫榮辱者, 禍福之門也. 何謂六正六邪? 六正者: 一曰萌芽未動, 形兆未見, 昭然獨見存亡之幾, 得失之要, 預禁乎不然之前, 使主超然立乎顯榮之處, 天下稱孝焉, 如此者聖臣也. 二曰虛心白意, 進善通道, 勉主以禮誼, 諭主以長策, 將順其美, 匡救其惡, 功成事立, 歸善於君, 不敢獨伐其勞, 如此者良臣也. 三曰卑身賤體, 夙興夜寐, 進賢不解, 數稱於往古之德行, 事以厲主意, 庶幾有益, 以安國家社稷宗廟, 如此者忠臣也. 四曰明察幽, 見成敗, 早防而救之, 引而復之, 塞其間, 絶其源, 轉禍以爲福, 使君終以無憂, 如此者智臣也. 五曰守文奉法, 任官職事, 辭祿讓賜, 不受贈遺, 衣服端齊, 飮食節儉, 如此者貞臣也. 六曰國家昏亂, 所爲不道, 然而敢犯主之顔面, 言主之過失, 不辭其誅, 身死國安, 不悔所行, 如此者直臣也, 是爲六正也. 六邪者: 一曰安官貪祿, 營於私家, 不務公事, 懷其智, 藏其能, 主飢於論, 渴於策, 猶不肯盡節, 容容乎與世沈浮上下, 左右觀望, 如此者具臣也. 二曰主所言皆曰善, 主所爲皆曰可, 隱而求主之所好卽進之, 以快主耳目, 偸合苟容與主爲樂, 不顧其後害, 如此者諛臣也. 三曰中實頗險, 外容貌小謹, 巧言令色, 又心嫉賢, 所欲進則明其美而隱其惡, 所欲退則明其過而匿其美, 使主妄行過任, 賞罰不當, 號令不行, 如此者姦臣也. 四曰智足以飾非, 辯足以行說, 反言易辭而成文章, 內離骨肉之親, 外妬亂朝廷, 如此者讒臣也. 五曰專權擅勢, 持招國事, 以爲輕, 重於私門, 成黨以富其家, 又復增加威勢, 擅矯主命以自貴顯, 如此者賊臣也. 六曰諂言以邪, 墜主不義, 朋黨比周, 以蔽主明, 入則辯言好辭, 出則更復異其言語, 使白黑無別, 是非無間, 伺候可推, 因而附然, 使主惡布於境內, 聞於四鄰, 如此者亡國之臣也, 是謂六邪. 賢臣處六正之道, 不行六邪之術, 故上安而下治, 生則見樂, 死則見思, 此人臣之術也.

072(5-14)
어찌하면 좋을까

그러므로 공자孔子는, 임금은 어둡고 신하는 혼란한 시대를 만나 많은 무리의 사악한 자들이 직위를 차지하고 있어, 정치의 도리는 임금과 사이를 가로막고 있고, 인의는 공문公門에 닫혀 있다. 그 때문에 공릉公陵의 노래를 지어, 세상에 아무런 권력이 없어 큰 교화가 단절되어 통하지 않으며, 도덕이 해이해지고 쓰이지 않음을 애처롭게 여긴 것이다.

그러므로 "'어찌하면 좋을까'라는 생각조차 가지지 않은 자에 대하여 나 또한 '어찌하면 좋을까'라고 여길 수가 없도다"라고 말한 것이다.

故孔子遭君暗臣亂, 衆邪在位, 政道隔於王家, 仁義閉於公門, 故作公陵之歌, 傷無權力於世, 大化絶而不通, 道德施而不用,

故曰「無『如之何』者, 吾末『如之何』'也已矣.」

【公門】 군주의 문. 군주와 소통하는 문.

【公陵之歌】 唐晏의 〈校注本〉과 〈彙函本〉 등에는 모두 '丘陵之歌'로 되어 있음. 孔子가 衛나라에 있을 때 哀公이 예를 갖추어 불렀으나, 이르지 못하자 공자가 탄식하며 부른 노래. 《孔叢子》에 전함.

【大化】 천지 음양의 변화. 造化.

【施而不用】 '施'는 '弛'의 誤字. '버리다, 포기하다, 폐기하다'의 뜻.

【如之何】 결정을 하지 못하고 "어찌할까" 하고 자신감 없이 망설이는 상태. 혹은 예의가 무너졌는데도 "어찌할까"라는 의식조차 없음. 《論語》 衛靈公篇 구절 참조.

참고 및 관련 자료

1. 《孔叢子》 記問篇

哀公使人以幣如衛迎夫子, 而卒不能當, 故夫子作〈丘陵之歌〉, 曰: 『登彼丘陵, 峛施其阪. 仁道在邇, 求之若遠. 遂迷不復, 自嬰屯蹇. 喟然廻慮, 題彼泰山. 鬱確其高, 梁甫廻連, 枳棘充路, 陟之無緣, 將伐無柯, 患玆蔓延, 惟以永歎, 涕賈潺湲.』

2. 《論語》 衛靈公篇

子曰: 「不曰『如之何, 如之何』者, 吾末如之何也已矣.」

073(5-15)
도끼자루 있어야

무릇 "도는 권세를 근거로 해야 설 수 있는 것이요, 덕은 형세를 타야 시행할 수 있다"라 말하였으니, 그 지위에 있지 않다면 그 정치를 더 이상 어떻게 다스려볼 수가 없는 것이며, 자루를 잡지 아니하였다면 더 이상 그 뻣뻣함을 제압할 수가 없는 것이다.

《시詩》에 "도끼자루 있어야 나무를 베지"라 하였으니, 이는 어떻게 다스려야 하는가의 문제를 말한 것이다.

夫言「道因權而立, 德因勢而行」, 不在其位者, 則無以齊其政; 不操其柄者, 則無以制其剛.

《詩》云:『有斧有柯.』言何以治之也.

【齊其政】 그 정치나 행정을 가지런하게 함. 공평하고 통일성 있게 실시함.

【則】 이곳 다음 228자는 오류로 〈愼微篇〉에 잘못 들어가 있음. 唐晏의 《陸子新語校注》에 "按此上文自'齊夫'至此二百二十八字, 訛在第六篇'人不堪其憂'下, 惟明人刻〈子彙本〉不誤"라 함.

【制其剛】 '制其罰'이어야 함. 형벌로써 이를 제지함. '剛'은 '罰'자와 형태가 비슷하여 착오를 일으킨 것.

【詩】《詩經》 豳風 伐柯의 구절을 변형하여 인용한 것. '斧'는 정치를, '柯'는 군주의 권위와 통치를 비유한 것임.

참고 및 관련 자료

1. 《詩經》 豳風 伐柯

伐柯如何, 匪斧不克. 取妻如何, 匪媒不得. 伐柯伐柯, 其則不遠. 我覯之子, 籩豆有踐.

2. 《論語》 泰伯篇

子曰: 「不在其位, 不謀其政.」

6. 신미愼微

'신미愼微'는 미세한 것에 신중함을 기하되 응당 자신의 수양부터 서둘러야 함을 말한 것이다. 그리하여 군주로서 그릇된 마음이 생기지 않도록 수양하고 인의를 가로막는 폐단을 제거하여 성현의 능력을 발휘하여 천하의 대치를 이룩해야 한다는 주장이다.

○ 黃震은 "愼微言謹內行"이라 하였고, 戴彦升은 "愼微篇言脩于閨門之內, 行于纖微之事, 故道易見曉, 而求神仙者, 乃避世, 非懷道, 此亦取鑑秦皇, 而早有見於新垣平等之事也"라 하였으며, 唐晏은 "此篇義主革君心之非, 乃祛仁義之蔽也"라 함.

〈騎驪歸家圖〉

074(6-1)
고생을 견뎌내야

무릇 천하에 큰 공을 세우는 자는 반드시 먼저 안방에서의 사사로운 자신부터 잘 수양하여야 하며, 큰 이름을 만세에 드날리는 자는 반드시 먼저 미세한 일부터 잘 실행하는 법이다.

이 까닭으로 이윤伊尹은 요리하는 솥을 짊어지고 유신씨有莘氏의 들에서 굴욕을 견뎌내었으며, 초려草廬의 움막 아래에서 달덕達德을 수양하였다.

몸은 농부가 하는 일을 집행하면서도 뜻은 제왕의 도를 품고 있었고, 몸은 형문衡門의 가난함 속에 묻혀 있으면서도 의지는 팔극八極의 끝까지 뻗어 나가고 있었다.

그러므로 솥을 짊어지고 다녔던 의지를 풀어버리게 되자 천자의 보좌가 되었으며, 하夏나라 걸을 멸하고 상商나라 탕을 세우게 되었던 것이다. 그리하여 역도를 주벌하고 포악한 자를 정벌하여 천하의 근심을 제거하였으며, 잔적殘賊의 무리들을 없앤 연후에야 해내海內가 다스려졌고 백성들이 안녕을 누릴 수 있었던 것이다.

夫建大功於天下者, 必先修於閨門之內; 垂大名於萬世者, 必先行之於纖微之事.

是以伊尹負鼎, 屈於有莘之野, 修達德於草廬之下.

躬執農夫之作, 意懷帝王之道; 身在衡門之裏, 志圖八極之表.

故釋負鼎之志, 爲天子之佐, 剋夏立商, 誅逆征暴, 除天下之患, 辟殘賊之類, 然後海內治, 百姓寧.

【閨門】 집안 내의 일. 아녀자들이 하는 업무.

【纖微】 극히 미세하며 작은 일.

【伊尹】 殷나라 商湯의 신하. 이름은 摯. 원래 媵臣의 노예로 殷나라에 이르러 湯을 도와 夏桀을 토벌하는 데 공을 세워 阿衡에 오름. 阿衡은 재상의 다른 칭호. 한편 그의 출신에 대해서는 有莘氏의 媵臣(주인의 딸이 시집갈 때 따라가는 남자 종)으로 湯에게 발탁되었다는 설과 원래 스스로 요리하는 솥을 짊어지고 탕에게 접근하여 그 능력을 인정받았다는 설 등이 있음. 그 뒤 그는 湯과 外丙, 仲壬 등 세 임금을 섬겼고, 탕이 죽은 뒤 그 손자 太甲이 나태해지자, 이를 축출하여 悔改하도록 한 다음 3년이 지나 다시 모셔 복위시키고 자신은 전혀 정치에 간섭하지 않았다고 함.

【負鼎】 요리하는 데 쓰는 솥을 짊어지고 다님. 요리에 뛰어난 능력을 보여 湯이 그를 부르도록 한 것이며, 탕을 만나 자신의 포부를 펴고자 한 행동임.

【有莘】 고대 나라(부락) 이름. 지금의 山東 曹縣 북쪽 일대였다 함.

【草廬】 초막. 초가집. 오두막.

【衡門】 나무를 옆으로 비껴 겨우 대문으로 삼은 집. 흔히 은거하는 자의 초막을 뜻하기도 함. 《詩經》 陳風 衡門에 "衡門之下, 可以棲遲. 泌之洋洋, 可以樂飢. 豈其食魚, 必河之魴. 豈其取妻, 必齊之姜. 豈其食魚, 必河之鯉. 豈其取妻, 必宋之子"라 함.

【八極】 여덟 방위의 지극히 먼 곳.

【辟】 배제시킴. 없앰.

참고 및 관련 자료

1. 《孟子》 萬章(下)

萬章問曰: 「人有言: 『伊尹以割烹要湯.』 有諸?」 孟子曰: 「否, 不然. 伊尹耕於有莘之野, 而樂堯舜之道焉. 非其義也, 非其道也, 祿之以天下, 弗顧也; 繫馬千駟, 弗視也. 非其義也, 非其道也, 一介不以與人, 一介不以取諸人. 湯使人以幣聘之, 囂囂然曰: 『我何以湯之聘幣爲哉? 我豈若處畎畝之中, 由是以樂堯舜之道哉?』 湯三使往聘之, 旣而幡然改曰: 『與我處畎畝之中, 由是以樂堯舜之道, 吾豈若使是君爲堯舜之君哉? 吾豈若使是民爲堯舜之民哉? 吾豈若於吾身親見之哉? 天之生此民也, 使先知覺後知, 使先覺覺後覺也. 予, 天民之先覺者也; 予將以斯道覺斯民也. 非予覺之, 而誰也?』 思天下之民匹夫匹婦有不被堯舜之澤者, 若己推而內之溝中. 其自任以天下之重如此, 故就湯而說之以伐夏救民. 吾未聞枉己而正人者也, 況辱己以正天下者乎? 聖人之行不同也, 或遠或近, 或去或不去, 歸潔其身而已矣. 吾聞其以堯舜之道要湯, 未聞以割烹也. 伊訓曰: 『天誅造攻自牧宮, 朕載自亳.』」

2. 《史記》 孟荀列傳

故武王以仁義伐紂而王, 伯夷餓不食周粟; 衛靈公問陳, 而孔子不答; 梁惠王謀欲攻趙, 孟軻稱大王去邠. 此豈有意阿世俗苟合而已哉! 持方枘欲內圜鑿, 其能入乎? 或曰, 伊尹負鼎而勉湯以王, 百里奚飯牛車下而繆公用霸, 作先合, 然後引之大道. 騶衍其言雖不軌, 儻亦有牛鼎之意乎?

075(6-2)
증자의 효성

증자曾子는 부모에게 효도를 다하여 저녁이면 자리를 살펴드리고, 아침이면 문안을 드리면서 춥고 따뜻함을 조절하고 가볍고 무거움을 적당하게 해 드렸다. 하찮은 죽을 대접하는 일에도 정성을 다해 힘썼고, 앉고 눕는 자리를 살펴드리는 일에도 실천을 게을리하지 않았기에 그 덕과 아름다움이 후세에 드날리게 된 것이다.

이상 두 가지 예는 안에서 잘 수양한 일들이 밖으로 드러나는 것이며, 작은 일의 실행에 게을리하지 않음이 큰 일에 그것이 드러나는 것임을 말하는 것이다.

曾子孝於父母, 昏定晨省, 調寒溫, 適輕重. 勉之於糜粥之間, 行之於衽席之上, 而德美重於後世.

此二者, 修之於內, 著之於外; 行之於小, 顯之於大.

【昏定晨省】 자녀가 저녁이면 어버이의 주무실 잠자리를 살펴드리고, 아침이면 문안드림. 효도를 뜻함. 《禮記》 曲禮에 실려 있음.

【調寒溫】 부모의 춥고 따뜻함을 항상 조절하여 편안히 해드림.
【饔粥】 죽.
【衽席】 앉는 자리.
【此二者】 앞의 伊尹과 이곳 曾子의 사례를 말함.

참고 및 관련 자료

1. 《禮記》 曲禮(上)

凡爲人子之禮: 冬溫而夏凊, 昏定而晨省, 在醜夷不爭. 夫爲人子者, 三賜不及車馬. 故州閭鄉黨稱其孝也, 兄弟親戚稱其慈也, 僚友稱其弟也, 執友稱其仁也, 交遊稱其信也. 見父之執, 不謂之進不敢進, 不謂之退不敢退; 不問, 不敢對. 此孝子之行也. 夫爲人子者: 出必告, 反必面, 所遊必有常, 所習必有業. 恆言不稱老.

2. 《小學》 明倫篇

〈曲禮〉曰: 「凡爲人子之禮, 冬溫而夏凊, 昏定而晨省; 出必告, 反必面; 所遊必有常, 所習必有業; 恆言不稱老.」

076(6-3)

안회

"안회顔回는 일단사一簞食, 일표음一瓢飮으로 누추한 골목에 살고 있어, 보통 사람이라면 그런 힘든 삶을 견뎌내지 못했을 것이지만 안회는 그 속에서 느끼는 즐거움을 바꾸려 들지 않았다"라고 하였다.

그리하여 그 행동이 예로써 드러나고 겸손함이 그 속에서 저절로 나오게 된 것이다.

「顔回一簞食, 一瓢飮, 在陋巷之中, 人不堪其憂, 回也不改其樂.」

禮以行之, 遜以出之.

【顔回】 顔淵. 공자 제자. 자는 子淵, 德行으로 이름이 났으며, 공자가 매우 아꼈으나 32세로 일찍 죽음. 죽은 뒤 復聖으로 칭해졌으며, 가난함을 극복한 인물로도 널리 칭송됨.

【遜】 恭順하고 謙遜함.

참고 및 관련 자료

1. 《論語》 雍也篇

子曰: 「賢哉, 回也! 一簞食, 一瓢飮, 在陋巷, 人不堪其憂, 回也不改其樂. 賢哉, 回也!」

2. 《孟子》 離婁(下)

禹·稷當平世, 三過其門而不入, 孔子賢之. 顏子當亂世, 居於陋巷. 一簞食一瓢飮, 人不堪其憂, 顏子不改其樂, 孔子賢之.

顏子像

三才圖會 人物四卷 十九

顏子名回字子淵魯人潛心體道號稱亞聖宋高宗贊曰
德行首科卓冠學徒不遷不貳樂道以居食飲且惡在陋
自如宜稱賢哉豈止不愚唐玄宗贈兖國公元文宗加贈
復聖公

顏子(顏回) 《三才圖會》

077(6-4)
조보와 후예

무릇 힘써 공부하여 《시詩》·《서書》를 외우는 일이라면 보통 사람도 능히 할 수 있는 일이다. 그러나 강하江河의 물길을 다른 곳으로 흐르게 하고, 태산太山을 움직이는 일이라면 사람의 힘으로는 불가능한 것이다.

이를테면 자신의 마음을 조절하여 항심이 있도록 하는 일, 악을 등지고 선을 향하는 일, 재물에 탐욕을 부리지 않는 일, 이익에 구차스럽게 얽매이지 않는 일, 재물을 나눌 때에는 관대하게 하는 일, 일을 할 때 힘든 일은 자신이 먼저 나서는 것 등은 천하에 아주 쉽게 알 수 있는 도리이며 아주 쉽게 행할 수 있는 일이다. 그런데 어찌 이러한 것을 어렵게 여기는 것일까?

만약 조보趙父처럼 말을 잘 다루는 일이라거나, 후예后羿처럼 활을 잘 쏘는 일이라면 이것이 소위 말하는 어려운 일이다.

군자는 어렵지 않다고 여기면서 이러한 일을 해낸다. 그 때문에 잘하는 일 중에 무력을 끊어 버리고 덕을 숭상하는 것보다 더 훌륭한 것은 없다고 여기는 것이다.

夫力學而誦《詩》·《書》, 凡人所能爲也; 若欲移江河, 動太山, 故人力所不能也.

如調心在己, 背惡向善, 不貪於財, 不苟於利, 分財取寬, 服事取勞, 此天下易知之道, 易行之事也, 豈有難哉?

若造父之御馬, 羿之用弩, 則所謂難也.

君以不以其難爲之也, 故不知以爲善也, 絶氣力, 尙德也.

【力學】 힘써 학업에 열중함. 학습에 盡力함.

【江河】 長江과 黃河. 큰 물을 대신하여 쓰는 말.

【動太山】 태산을 이동시킴.

【調心】 心身을 調養하여 道德의 요구에 부합하도록 단련해 놓음.

【不苟於利】 이익 따위에 얽매이지 않음.

【寬】 '寡'자의 오자가 아닌가 함. 兪樾《新語平議》에 "樾謹按: '寬'字無義, 疑'寡'字之誤"라 함.

【服事】 公務에 힘씀. 공무를 수행함.

【造父】 '조보'로 읽으며 고대 周나라 때 말을 잘 다루던 마부. 周 穆王(穆天子)을 위하여 八駿馬를 몰았으며, 그 공으로 왕이 그에게 趙城을 하사하여 춘추시대 晉나라 六經 중 趙氏 일문이 되었으며, 그 후손이 전국시대 趙나라를 일으킴.

【羿】 활의 명수 有窮后羿. 夏나라 때의 제후로 有窮國의 군주. 활을 잘 쏘았으며, 그 아내 姮娥가 달로 도망한 고사를 가지고 있음. 난을 일으켰다가 寒浞에게 멸망함. 《十八史略》(1)에 "仲康崩, 子相立, 羿逐相自立. 嬖臣寒浞, 又殺羿自立. 相之后, 有仍國君女也, 方娠, 奔有仍, 而生少康"라 함.

【弩】 기계식으로 발사할 수 있는 큰 활. 강력한 힘으로 아주 멀리 날아감.

【君以】 '君子'의 오기.

【難】 이 글자 다음에 '而'자가 더 있어야 함. 唐晏의 《陸子新語校注》에 "此處當有'而'字"라 함.

【知】 '如'자여야 함. 형태가 비슷하여 착오를 일으킨 것. 唐晏 《陸子新語校注》에 "'知'當作'如', 然仍有誤"라 하였으며, 이 글자는 衍文이 아닌가 함.

【絶氣力】 氣力을 두절시킴. '氣力'은 '武力'과 같음. 힘으로 모든 문제를 해결하려는 것을 말함.

참고 및 관련 자료

1.《孟子》梁惠王(上)

曰:「挾大山, 以超北海, 語人曰:『我不能』, 是誠不能也. 爲長者折枝, 語人曰:『我不能』, 是不爲也, 非不能也. 故王之不王, 非挾大山以超北海之類也; 王之不王, 是折枝之類也. 老吾老, 以及人之老; 幼吾幼, 以及人之幼, 天下可運於掌. 詩云:『刑于寡妻, 至于兄弟, 以御于家邦.』言擧斯心, 加諸彼而已. 故推恩足以保四海, 不推恩無以保妻子. 古之人所以大過人者, 無他焉, 善推其所爲而已矣. 今恩足以及禽獸, 而功不至於百姓者, 獨何與? 權, 然後知輕重; 度, 然後知長短; 物皆然, 心爲甚. 王請度之! 抑王興甲兵, 危士臣, 構怨於諸侯, 然後快於心與?」

2.《呂氏春秋》秋分職

夫馬者, 伯樂相之, 趙父御之, 賢主乘之, 一日千里.

078(6-5)
흑백을 구별하지 못한다면

무릇 눈으로는 흑백을 구별하지 못하고, 귀로는 청탁淸濁을 변별하지 못하며, 입으로는 선악을 구분하여 말할 줄 모른다면, 이러한 것이 바로 불능不能이라는 것이다.

그러므로 도道라는 것을 설정한 자는 쉽게 이를 보고 알 수 있으니, 이는 보통 사람의 마음을 알고 나아가 '불능'한 실천을 능히 해내기 때문이다.

'도'란 사람이 행하는 바이다. 무릇 대도大道를 실천하여 이를 행한다면 불능이라는 것이 있을 수 없다. 그 때문에 '도'라 부르는 것이다.

夫目不能別黑白, 耳不能別淸濁, 口不能言善惡, 則所謂不能也.

故設道者易見曉, 所以通凡人之心, 而達不能之行.

道者, 人之所行也. 夫大道履之而行, 則無不能, 故謂之道.

【淸濁】 음의 淸濁을 말함. 淸은 無聲音. 濁은 有聲音.
【凡人】 세속의 일반 사람. 聖人에 상대하여 쓴 말.
【大道履之而行】 大道를 실천하며 일을 실행해 나감.

079(6-6)
도가 행해지지 않으니

공자는 이렇게 말하였다.

"도가 행해지지 않고 있구나."

이는 사람이 능히 실천하지 못함을 말한 것이다.

그러므로 안연顔淵에게 이렇게 말한 것이다.

"등용해 주면 실행하고, 버리면 그대로 숨어 사는 일이란 오직 나와 너 같은 이들이 할 수 있을진저!"

이는 안연에게 도는 세상에 퍼져 있으나 이를 사용하지 않고 있음을 말한 것이다.

孔子曰:「道之不行也.」言人不能行之.
故謂顔淵曰:「用之則行, 舍之則藏, 唯我與爾有是夫!」
言顔淵道施於世而莫之用.

【道之不行】세상의 禮敎가 무너졌으며 아울러 이를 바로잡고자 한 공자의 도가 실행되지 못함. 《中庸》의 구절.

【我與爾】 나와 너. 《論語》 述而篇의 구절. 한편 그 《集解》에 "孔曰: 言可行則行, 可止則止, 唯我與顔淵同"이라 하였고, 〈正義〉에는 "言時用之則行, 舍之則藏, 用舍隨時, 行藏不忤於物, 唯我與汝同有是行矣"라 함.

【行·藏】 '行'은 세상에 나아가 자신의 꿈(도)을 펴는 일. '藏'은 등용되지 않아 초야에 묻힌 채 기회를 기다리고 있는 것을 말함.

【莫之用】 唐晏의 《陸子新語校注》에 "此古論語說"이라 하여 《古論》의 구절이라 하였음. "세상에 도가 행해지지 않는 것이지 사람이 세상에 쓰이지 않는 것은 아님"으로 이는 지금 《논어》와 그 뜻이 같지 않아 唐晏이 특별히 주를 달아 구분한 것임.

참고 및 관련 자료

1. 《中庸》 제4장

子曰: 「道之不行也, 我知之矣. 知者過之, 愚者不及也; 道之不明也, 我知之矣. 賢者過之, 不肖者不及也. 人莫不飮食也, 鮮能知味也.」

2. 《論語》 述而篇

子謂顔淵曰: 「用之則行, 舍之則藏, 惟我與爾有是夫!」 子路曰: 「子行三軍, 則誰與?」 子曰: 「暴虎馮河, 死而無悔者, 吾不與也. 必也臨事而懼, 好謀而成者也.」

3. 《論語集註》

○尹氏曰: 「用舍無與於己, 行藏安於所遇, 命不足道也. 顔子幾於聖人, 故亦能之.」

○謝氏曰: 「聖人於行藏之間, 無意無必. 其行非貪位, 其藏非獨善也. 若有欲心, 則不用而求行, 舍之而不藏矣, 是以惟顔子爲可以與於此. 子路雖非有欲心者, 然未能無固必也, 至以行三軍爲問, 則其論益卑矣. 夫子之言, 蓋因其失而救之. 夫不謀無成, 不懼必敗, 小事尙然, 而況於行三軍乎?」

080(6-7)
양친을 버린 자

이를테면 사람으로서 인의仁義를 품고 이를 실행하는 일은 못한다 하면서, 섬미纖微한 일은 분별하고 천지를 촌탁忖度하는 일에는 관심을 두어, 자신의 몸과 형체에게 고통을 주며 노고롭게 하여, 깊은 산으로 들어가 신선神仙이나 찾고, 양친을 버리고 골육도 나 몰라라 한 채, 오곡도 끊고 시서詩書도 폐기하며 천지의 보물은 등지고 오직 죽지 않는 도만을 찾고 있다면, 이는 세상을 통달시키고 그릇된 자를 막아주는 일이 아니다.

猶人不能懷仁行義, 分別纖微, 忖度天地, 乃苦身勞形, 入深山, 求神仙, 棄二親, 捐骨肉, 絶五穀, 廢詩書, 背天地之寶, 求不死之道, 非所以通世防非者也.

【懷仁行義】 仁을 가슴에 품고 義를 실행함. 이는 성인이나 할 수 있는 일이며 보통 범인은 해낼 수 없는 경지임.

【天地之寶】 생명은 천지의 보배이며, 仙道를 구하는 것은 천도에 위배되는 것이라 본 것임. 《周易》 繫辭(下)에 "天地之大德曰生, 聖人之大寶曰位"라 함.

【求不死之道】 秦始皇이 不老長生의 迷信에 빠져 여러 차례 方士를 모아 東海 三神山의 약초를 구하도록 파견했으며, 그중 서불(徐市) 등 동남동녀 수천 명을 보낸 적이 있음.

【通】 唐晏의 《陸子新語校注》에 "疑誤"라 하여 잘못된 글자로 보았음.

참고 및 관련 자료

1. 《法言》(揚雄) 君子篇

或問: 「人言仙者有諸乎?」 「吁! 吾聞虙羲·神農沒, 黃帝·堯舜殂落而死, 文王畢, 孔子魯城之北, 獨子愛其死乎? 非人之所及也. 仙亦無益子之彙矣.」 或曰: 「聖人不師仙, 厥術異也. 聖人之於天下, 恥一日不生.」 曰: 「生乎! 生乎! 名生而實死也.」 或曰: 「世無仙, 則焉得斯語?」 曰: 「語乎者, 非囂囂也與? 惟囂囂爲能使無爲有.」 或問神仙之實. 曰: 「無以爲也, 有與無, 非問也.」

2. 《漢書》 藝文志 方技略 神仙家

神僊者, 所以保性命之眞, 而游求於其外者也, 聊以盪意平心, 同死生之域, 而無怵惕於胸中; 然而或者專以爲務, 則誕欺怪迂之文, 彌以益多, 非聖王之所以教也. 孔子曰: 「索隱行怪, 後世有述焉, 吾不爲之矣.」

081(6-8)
탕과 무왕

그러나 탕湯임금이나 무왕武王과 같은 군주, 그리고 이윤伊尹과 여상呂尙 같은 신하로서 천시天時에 맞추어 벌을 행하고, 음양陰陽에 순응하여 움직이며, 위로는 천문天文을 살피고 아래로는 민심을 보아 적은 숫자이면서 많은 무리를 복종시키고, 약한 군대로써 강한 적을 제압하였으니, 그들은 불과 혁거革車 3백 승과 갑졸甲卒 3천 명으로 적을 정복하고 많은 무리를 깨뜨려 큰 원수를 갚았으며, 역란逆亂의 임금을 토벌하여 번거롭고 혼탁한 근원을 끊어버려 천하에 화평을 이루고 집집마다 풍족함을 누리게 하였으며, 필부일지라도 인을 행하고 장사꾼도 믿음으로 거래하여 천지를 공평하게 하였다. 귀신에게까지 이르게 하여 하수河水에는 그림이 나오고 낙수洛水에서는 글씨가 나왔으니, 이러한 도를 근거로 천지 사이에 살았던 이들이라면 어찌 옛날의 소위 도를 터득한 자라 이르지 않을 수 있겠는가?

若湯·武之君, 伊·呂之臣, 因天時而行罰, 順陰陽而運動, 上瞻天文, 下察人心, 以寡服衆, 以弱制强, 革車三百, 甲卒三千, 征敵破衆, 以報大讐, 討逆亂之君,絶煩濁之原, 天下和平, 家給人足, 匹夫行仁, 商賈行信, 齊天地, 致鬼神, 河出圖, 洛出書, 因是之道, 寄之天地之間, 豈非古之所謂得道者哉?

〈商湯像〉

【湯·武】 商(殷)의 시조 商湯과 周나라의 武王(姬發). 모두 儒家에서 聖王으로 높이 받듦.

【伊·呂】 伊尹과 呂望. 伊尹은 商湯을 도운 重臣. 呂望은 姜太公, 呂尙, 子牙. 周나라 文王과 武王을 도와 殷의 末王 紂를 정벌함.

【天時】 하늘의 때가 이름. 왕조가 바뀌거나 전쟁에서 승리하는 등 이미 하늘에서 정한 시간에 따라 일을 처리함.

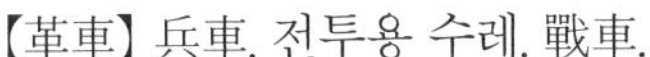

【革車】 兵車. 전투용 수레. 戰車.

【甲卒】 일반 보병. 갑옷을 쓴 戰士.

【逆亂之君】 여기서는 夏나라 말왕 桀과 殷나라 말왕 紂를 가리킴. 桀은 湯에게 紂는 武王에게 나라가 망함.

【煩濁之原】 혼란의 근원을 의미함.

【家給人足】 백성이 물질적으로 풍족함을 누림.

【商賈】 상인. 보통 行商을 商, 좌판의 상업을 고(賈)라 하여 구분하기도 함.

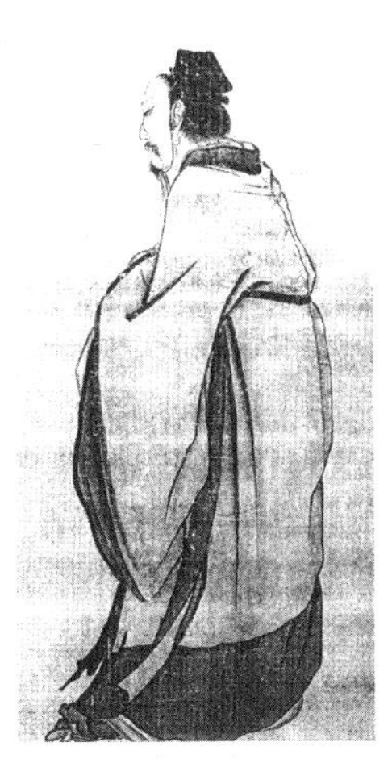

〈武王〉

【河出圖】 고대 河水에서 八卦의 그림이 나왔다는 전설. 《周易》 繫辭(上)에 "河出圖, 洛出書, 聖人則之"라 하였고, 孔傳에는 河圖는 八卦라 하였음. 한편 《禮記》 禮運篇 疏에 《中候握河紀》에 「堯受河圖」의 고사와 《廣博物志》(14)에 인용한 《尸子》에는 禹가 河圖를 받았다는 기록이 있음.

【洛出書】 洛水에서 글씨의 부호가 나와 문명과 문자 기록의 시대가 전개되었음을 상징하는 전설. 禹가 治水사업을 하던 중 神龜가 洛水에서 출현하였으며 그 등에 9개의 점으로 표시된 도화가 그려져 있었다는 설. 이는 《尙書》의 '洪範

九疇'를 의미하는 것이라 하였음. 그런가 하면《漢書》五行志(上)에는 洪範 문장의 65자가 바로 洛書의 본문이라 주장하기도 하였음.

【得道】 도에 부합함. 도를 터득함. 도를 얻음. 도를 실천함.

참고 및 관련 자료

1.《尚書》洪範九疇

初一曰五行, 次二曰敬用五事, 次三曰農用八政, 次四曰協用五紀, 次五曰建用皇極, 次六曰乂用三德, 次七曰明用稽疑, 次八曰念用庶徵, 次九曰嚮用五福威用六極.

2.《周易》繫辭(上)

是故易有太極, 是生兩儀, 兩儀生四象, 四象生八卦, 八卦定吉凶, 吉凶生大業. 是故法象莫大乎天地; 變通莫大乎四時; 縣象著明莫大乎日月; 崇高莫大乎富貴; 備物致用, 立成器以爲天下利, 莫大乎聖人; 探賾索隱, 鉤深致遠, 以定天下之吉凶, 成天下之亹亹者, 莫大乎蓍龜. 是故天生神物, 聖人則之; 天地變化, 聖人效之; 天垂象, 見吉凶, 聖人象之; 河出圖, 洛出書, 聖人則之. 易有四象, 所以示也; 繫辭焉, 所以告也; 定之以吉凶, 所以斷也.

3.《太平御覽》(82)《尸子》

桀爲琁室瑤臺, 象廊玉床, 權天下, 虐百姓; 於是湯以革車三百乘, 伐于南巢, 收之夏宮, 天下寧定, 百姓和輯.

4.《孟子》盡心(下)

孟子曰:「有人曰:『我善爲陳, 我善爲戰.』大罪也. 國君好仁, 天下無敵焉. 南面而征北狄怨, 東面而征西夷怨. 曰:『奚爲後我?』武王之伐殷也, 革車三百兩, 虎賁三千人. 王曰:『無畏! 寧爾也, 非敵百姓也.』若崩厥角稽首. 征之爲言正也, 各欲正己也, 焉用戰?」

082(6-9)
당세와 피세

무릇 베나 가죽의 옷감은 입으려 들지 않고, 모발毛髮을 풀어헤친 채, 높은 산에 올라 나무 열매나 따먹으며, 살펴보는 것도 우유優游한 얼굴은 보지 않으려 하고, 듣는 것도 인의仁義의 복잡함은 듣지 않으려 하며, 홀홀忽忽히 마치 미치광이처럼 생동하며 밀어도 나가지 않고 끌어도 다가오지 않으며, 당세當世에는 그 성인의 공을 입으려 들지 않고 후대에도 그 재능이 드러나 보이지 않으며, 임금이 엎어져도 부축하려 들지 않고, 적막하여 이웃도 없으며, 썰렁한 채 홀로 잠자리에 든다면, 이를 일러 피세避世라 할 수는 있으나 이러한 자들은 도를 품고 있다고는 말할 수 없다.

그러므로 자신의 몸을 죽이면서까지 난을 피한다면 이는 좋은 계책이 아니며, 도를 품었다고 하면서 세상을 피한다면 이는 충성스럽지 못한 짓이다.

夫播布革, 亂毛髮, 登高山, 食木實, 視之無優游之容, 聽之無仁義之亂, 忽忽若狂癡, 推之不往, 引之不來, 當世不蒙其功, 後代不見其才, 君傾而不扶, 國危而不持, 寂寞而無隣, 寥廓而獨寐, 可謂避世, 非謂懷道者也.
故殺身以避難, 則非計也, 懷道而避世, 則不忠也.

【播布革】'播'는 '棄'와 같음. 베나 가죽 등의 옷감을 포기함. 신선술을 구하겠다고 세속의 평상적인 옷이나 먹을거리 등을 전혀 달리함을 말함.
【木實】나무 열매. 이를 먹을거리로 여김.
【優游】유유자적함. 雙聲連綿語.
【忽忽】정신이 없이 자신의 일에만 빠져 황홀함.
【寥廓】넓게 확 트인 모습. 썰렁함.
【避世】세상의 업무를 도피하고 은거함.
【計】계책.

참고 및 관련 자료

1. 《淮南子》脩務訓

或曰:「無爲者, 寂然無聲, 漠然不動, 引之不來, 推之不往, 如此者內得道之像.」

2. 《論語》憲問篇

子曰:「賢者辟世, 其次辟地, 其次辟色, 其次辟言.」

083(6-10)
혼탁한 세상에 살더라도

이 까닭으로 군자는 혼란한 세상에 살더라도 도덕에 합치되고자 하며, 미약한 것일지라도 좋은 말은 채집하며, 실날같은 악일지라도 이를 끊어 버리며, 부자의 예를 닦아 이것이 군신 사이의 질서에 미치게 하나니 이것이 곧 천지의 통도通道로서 성인이 잃지 않아야 한다고 여긴 것이다.

그러므로 은거한다 해도 도를 위한 것이며, 이를 베풂에는 문장으로 나타내고 시詩를 가슴에 품어 이를 뜻으로 삼으며, 입으로 말을 하면 훌륭한 말이 되고, 바른 것과 편벽된 것을 바로잡아 주며, 둔한 재주는 숫돌에 갈 듯 연마시켜주며, 문채를 조탁하고 의심되는 일은 지정해 주고, 막힌 것은 통하게 하여 순리에 따르며 사실 여부를 분별해 주며, 정황에 따라 그 이익을 얻도록 하여 그 본성대로 하여 다스림을 삼는 것이다.

是以君子居亂世, 則合道德, 採微善, 絶纖惡, 脩父子之禮, 以及君臣之序, 乃天地之通道, 聖人之所不失也.

故隱之則爲道, 布之則爲文, 詩在心爲志, 出口爲辭, 矯以雅僻, 砥礪鈍才, 雕琢文彩, 抑定狐疑, 通塞理順, 分別然否, 以情得以利, 而性得以治.

【出口爲辭】'出口成辭'와 같음. 원문은 '出口爲辭文'으로 되어 있으나 '文'자는 연자임. 俞樾의 《新語平議》에 "謹按: '文'字衍. 「隱之則爲道, 布之則爲詩」, 兩句相對. 「在心爲志, 出口爲辭」, 則承詩而言"이라 하였고, 唐晏의 《陸子新語校注》에는 "案: 〈毛詩序〉: 「在心爲志, 發言爲詩」. 此必古說有然者. 又案此與上文不接, 疑其間必有誤"라 함.

【以雅僻】 唐晏의 《陸子新語校注》에는 "案原誤, 當作'正邪僻'"이라 함.

【鈍才】 우둔한 사람.

【彩】 원문은 '邪'로 되어 있으나, 〈子彙本〉에는 '彩'로 되어 있어 이에 따라 고침.

【抑定狐疑】 '抑止狐疑'여야 한다고 보기도 함. 唐晏의 《陸子新語校注》에 "'定', 疑當作'止'"라 함. 굳건히 결정을 하여 망설임을 없앰. '狐疑'는 여우는 의심이 많아 결단을 내리지 못하고 망설임을 비유함.

084(6-11)

때는 기다리는 것

미세하고 막막하여 소리가 없지만 이를 도로써 통제하고, 살펴보아도 징조가 없고, 숨어 있어서 아득히 넓고 넓으며, 그 행동은 보이지 않으며, 그 어짊도 베풀 수가 없으며, 담연湛然하여 무엇인지 깨달을 수도 없지만 오래 지나게 되면 서로 다른 모습으로 드러나는 것이다.

논하는 것과 생각하는 것 모두는 천지의 순환을 따르는 것으로서, 행동으로 옮기면 곧 추기樞機에 응하고 굽어보고 쳐다보며, 나아가고 물러남이 모두가 도와 더불어 그에 의지하며, 이를 자신의 몸에 간직한 채 우유優遊히 때를 기다리는 것이다.

綿綿漠漠, 以道制之, 察之無兆, 遁之恢恢, 不見其行, 不覩其仁, 湛然未悟, 久之乃殊.

論思天地, 動應樞機, 俯仰進退, 與道爲依, 藏之於身, 優遊待時.

【緜緜漠漠】 아주 미약하여 전혀 소리를 내지 않음. '緜緜'은 미약함을 뜻하며 '漠漠'은 소리가 없음을 말함.

【兆】 사물의 발생이나 드러나기 전의 징조.

【恢恢】 드넓어 아득함. 《老子》(73)에 "天網恢恢, 疏而不失"이라 함.

【覩】 '施'자의 오기. 唐晏의 《陸子新語校注》에 "疑當作'施'"라 함.

【湛然】 물이 담담히 흐르는 모습. 혹 아주 두터운 모습을 의미한다고도 함.

【論思】 언론과 사고.

【樞機】 사물의 관건이 되는 중요한 틀. 《周易》 繫辭(上)에 "言行君子之樞機"라 함.

【爲依】 본래 이 두 글자는 누락되어 있으나 宋翔鳳의 〈校本〉에 "道字下本缺二字, 別本作'爲依', 〈子彙本〉作'爲俱', '爲依'與韻協"이라 하여 이에 의해 보입했음.

【優遊】 유유자적하며 아무런 서두름이 없음. 雙聲連綿語.

참고 및 관련 자료

1. 《周易》 繫辭(上) 「言行君子之樞機」

1) 韓康伯 注: "樞機, 制動之主."

2) 孔穎達 疏: "樞謂戶樞, 機謂弩牙. 言戶樞之轉, 或明或暗; 弩牙之發, 或中或否, 猶言行之動, 從身而發, 以及於物, 或是或非也."

085(6-12)
순리대로

그러므로 도란 폐기됨도 없고 흥기함도 없는 것이며, 이를 담고 있는 그릇 역시 훼손됨도 없고 만들어짐도 없는 것이다.

공자는 "지극한 도와 요체가 되는 도라는 것이 있어 천하에 순응하는 것이다" 하였으니 이는 덕이 행해지면 이것이 그 아래로 순리대로 내려감을 말한 것이다.

故道無廢而不興, 器無毁而不治.
孔子曰:「有至德要道以順天下.」言德行而其下順之矣.

【孔子曰】 이는《孝經》開宗明義章의 구절임.
【德行而其下順之】 唐晏의《陸子新語校注》에 "此篇譌脫最甚, 上下文往往不貫, 無從取正, 後之讀者詳之矣"라 하여 탈간이 매우 심한 부분이라 하였음.

참고 및 관련 자료

1. 《孝經》 開宗明義

仲尼居. 曾子侍. 子曰:「先王有至德·要道, 以順天下, 民用和睦, 上下無怨. 汝知之乎?」曾子避席曰:「參不敏, 何足以知之?」子曰:「夫孝, 德之本也. 敎之所由生也. 復坐! 吾語汝. 身體髮膚, 受之父母, 不敢毁傷, 孝之始也; 立身行道, 揚名於後世, 以顯父母, 孝之終也. 夫孝, 始於事親, 中於事君, 終於立身. 〈大雅〉云:『無念爾祖? 聿脩厥德.』」

Ⅱ. 下卷

7. 자질 資質 (086-098)

8. 지덕 至德 (099-108)

9. 회려 懷慮 (109-116)

10. 본행 本行 (117-123)

11. 명계 明誡 (124-133)

12. 사무 思務 (134-145)

〈人形銅燈〉(戰國 齊) 1957 山東 諸城 출토

7. 자질資質

'자질資質'이란 똑똑한 자와 재능 있는 자를 제대로 알아보지 못하는 것은 군주를 모시고 있는 신하들이 제대로 알려주지 않기 때문이며, 공경자제들 중에 아무런 재능이 없으면서도 높은 지위를 누리고 있게 되면 끝내 정치에 성공하지 못함을 말하고 있다. 따라서 군주는 어진 이를 찾아 자신의 보좌로 삼아야 한다는 주장을 편 것이다. 한편 일부 판본에는 '資賢'으로 되어 있으나 王利器는 여러 증거를 들어 '資質'이 옳은 것으로 보았음.

○ 黃震은 "資質言質美者在遇合"이라 하였고, 戴彦升은 "資質篇慮賢才之不見知, 而歸責於觀聽之臣不明, 謂公卿子弟·貴戚黨友無過人之才, 才尊重之位, 此終漢世之弊也"라 하였으며, 唐晏은 "此篇義主求賢以自輔"라 함.

〈流民圖〉(明) 周臣 미국 하와이 호놀룰루 미술대학 소장

086(7-1)
훌륭한 재목들

본바탕이 훌륭한 자는 사물에 통달하는 것으로써 고귀함을 삼고, 재능이 뛰어난 자는 그 재능을 드러내어야 능력이 있는 것이다. 어찌하여 이렇게 말할 수 있겠는가? 무릇 면楩, 남枏, 예장豫章은 천하의 이름난 재목이다. 이들은 깊은 산 속에 자라며 계곡 곁에서 생산된다. 똑바로 서 있을 때면 큰 산의 그 많은 나무들 중에 으뜸이요, 베어져 쓰러지면 만세를 이어갈 기둥이 된다. 산의 물에 띄워 어둡고 컴컴하던 그 산 속을 나와 강수와 하수의 길을 이용하여 서울 아래에 도달하게 되면, 이를 도끼와 연장으로 다듬어 그 문채의 아름다움을 펴서 드러내 보이게 되는 것이다.

質美者以通爲貴, 才良者以顯爲能. 何以言之? 夫楩枏豫章, 天下之名木, 生於深山之中, 産於溪谷之傍, 立則爲太山衆木之宗, 仆則爲萬世之用. 浮於山水之流, 出於冥冥之野, 因江·河之道, 而達於京師之下, 因於斧斤之功, 舒其文彩之好.

【通】 세상에 널리 통용되어 쓰임.
【楩枏】 나무 이름. 모두 녹나무의 일종. 枏은 楠으로도 표기함. 이는 뛰어난 인재를 비유한 것임.
【豫章】 역시 나무 이름. 훌륭한 재목감으로 널리 쓰임. 역시 뛰어난 인재를 비유한 것임.
【名木】 훌륭한 재목감이라는 뜻.
【太山】 큰 산. 泰山.
【宗】 높이 여김. 마루로 여김.
【京師】 도읍, 수도를 뜻함.
【斧斤】 도끼.

참고 및 관련 자료

1. 《公羊傳》 桓公 9년

京師者何? 天子之居也. 京者何? 大也; 師者何? 衆也; 天子之居, 必以衆大之辭言之.

2. 《白虎通》 京師

京師者何謂也? 千里之邑號也. 京, 大也; 師, 衆也; 天子所居, 故以大衆言之. 明什倍諸侯, 法日月經千里. 《春秋傳》曰: 「京師, 天子之居也.」

3. 《獨斷》(上)

天子所居曰京師, 京, 水也, 地下之衆者, 地上之衆者, 莫過於人. 京, 大; 師, 衆也. 故曰京師.

087(7-2)
제왕의 물건

그 목질이 매우 단단하고 아름다우며, 결이 곧고 조밀하면서도 널리 통하니 벌레나 거미도 능히 뚫고 들어가지 못하며, 물의 습기도 능히 그 나무를 상하게 하지 못한다. 높이 솟으면서도 부드럽고 연하며 땅에 묻혀도 견실하고 강하며, 기름기가 없음에도 광택은 윤기가 나고, 조각을 하지 않아도 무늬를 이루며, 위로는 제왕이 쓰는 물건이 되고 아래로는 공경에게 하사하는 물건으로도 쓰이되 일반 서민들에게는 이 나무로 물건을 만들어 쓰지 못하게 되어 있다.

精捍直理, 密緻博通, 虫蠍不能穿, 水濕不能傷; 在高柔軟, 入地堅彊; 無膏澤而光潤生, 不刻畫而文章成; 上爲帝王之御物, 下則賜公卿, 庶賤不得以備器械.

【精捍】 정밀하고 견정함. 목질이 매우 단단하여 훌륭한 재목감이 됨을 말함.
【刻畫】 파고 조각하여 그림을 새겨 넣을 수 있음.
【公卿】 제후의 대부. 높은 벼슬.

088(7-3)
쓰이지 않는 재목

이 나무로 막아 관문과 국경의 다리를 만들고, 산비탈을 막고 아홉 구덩이의 제방을 막으며 높고 높은 산에 엎어져 있으며 어둡고 아득한 냇물을 가로막기도 한다. 그 나무는 하늘을 덮고 죽 뻗어나가 틈이 없을 정도이다. 돌은 높고 높으며 바위는 깎아지른 듯하여 길을 뚫을 수 없는 곳에 있어 넓은 길이라 해도 배나 수레도 다닐 수 없고, 좁은 길이라면 사람이 메고 나올 수도 없는 오솔길이다. 장사꾼도 이르지 못하고 공인이나 장인조차도 들여다볼 수 없는 곳이며, 지혜로운 자도 발견하지 못하고 보는 자도 알지 못한다면, 그 공은 버려지고 덕은 사라지고 말아 나무는 썩고 말라서 죽어 버린다. 그리하여 백 길 구렁텅이로 나뒹굴며 척연惕然이 홀로 말라 뻣뻣해지니, 바로 이러한 때라면 길가에 버려진 말라죽은 버드나무만도 못한 것이 되고 만다.

閉絶以關梁, 及隘於山阪之阻, 隔於九阬之隄, 仆於嵬崔之山, 頓於窅冥之溪; 樹蒙籠蔓延而無間, 石崔嵬嶄岩而不開, 廣者無舟車之通, 狹者無步檐之蹊, 商賈所不至, 工匠所不窺, 知者所不見, 見者所不知, 功棄而德亡, 腐朽而枯傷, 轉於百仞之壑, 惕然而獨僵, 當斯之時, 不如道傍之枯楊.

【關梁】 關은 국경의 관문, 梁은 국경을 넘을 수 있는 다리. 수륙의 중요한 길목을 뜻함.

【山阪】 산의 경사진 비탈길.

【九沆】 '九坑'과 같음. 많은 구덩이와 구렁텅이. 험악한 길이나 지형을 말함.

【嵬崔】 높고 우뚝하여 험한 모습을 표현하는 疊韻連綿語.

【窅冥】 窈冥과 같음. 깊고 어두움.

【蒙籠】 초목이 무성하여 어두컴컴한 상황을 표현하는 疊韻連綿語. '蒙蘢'으로도 표기함. 《漢書》 晁錯傳 "草木蒙蘢"의 顔師古 주에 "蒙蘢, 覆蔽之貌也"라 함.

【嶄岩】 '巉巖', '嶄嵒' 등 여러 표기가 있으며 산이 험준한 모습을 표현하는 疊韻連綿語. 《文選》 班孟堅 〈西都賦〉의 李善 주에 "嶄巖, 高峻之貌也"라 함.

【步檐】 짐을 지고 걸어감. '檐'은 '擔'의 이체자로 봄.

【惕然而獨僵】 능력 있는 자가 때를 만나지 못하여 힘들게 살아가는 모습을 뜻함.

089(7-4)
버드나무

버드나무는 이리저리 뒤얽혀 구불구불하여 뒤틀림이 서로 다르지만, 그런데도 큰 도시의 넓은 땅에 태어나 큰 장인의 이름난 공인이 가까이 있다면, 이를 재목으로 삼아 자르고 다듬고, 곱자와 그림쇠로 그 길이와 폭을 재어, 그중 견실한 것으로는 썩은 나무를 보수하고, 짧은 것으로는 길이를 보탤 때 이어주고, 큰 것은 항아리 수리하는 데에 쓰고, 작은 것은 술잔 고치는 데에 사용하여, 여기에다가 단청과 옻칠을 하고 밝은 빛이 나도록 발라, 위로는 태뢰太牢를 준비할 때 쓰고, 봄가을로 학교의 행사에 예를 갖추는 그릇으로 사용한다.

그러한 나무와 같은 인재들은 옷에는 문채를 넣어 화려하게 꾸미고 바르게 설 때 그 예를 갖추어 긍지를 가진 장엄한 모습을 보이며, 관대冠帶는 모습을 바르게 가지며, 술을 대할 때는 술잔을 예에 맞추어 돌리며, 경사卿士들이 지위대로 줄을 서며, 궁당宮堂에 포진하니, 멀리서 이를 보면 눈이 부실 정도요, 가까이에 있는 사람은 그 향기가 코를 진동할 정도가 되는 것이다.

㯺㯺詰屈, 委曲不同, 然生於大都之廣地, 近於大匠之名工, 則材器制斷, 規矩度量, 堅者補朽, 短者續長, 大者治鐏小者治觴, 飾以丹漆, 斁以明光, 上備太牢, 春秋禮庠. 褒以文彩, 立禮矜莊, 冠帶正容, 對酒行觴, 卿士列位, 布陳宮堂, 望之者目眩, 近之者鼻芳.

【纍纍】 많은 고사목이 뒤얽혀 헤쳐 나가기 어려운 모습을 뜻하는 疊語.

【詰屈】 '길굴'로 읽으며 '佶屈'로도 표기함. 屈曲과 같음. 구불구불한 모습을 표현하는 雙聲連綿語.

【大都】 큰 도시.

【大匠】 훌륭한 목수장이.

【鐏·觴】 둘 모두 술을 담는 그릇. 큰 것을 '鐏', 작은 것을 '觴'이라 함.

【斁】 '두'로 읽으며 칠하여 빛이 나도록 함.

【太牢】 소, 양, 돼지를 잡아 지내는 큰 제사나 연회. 아주 성대한 제사 의식이나 잔치를 뜻함.

【矜莊】 긍지를 지녀 장엄함을 지킴.

【行觴】 술잔을 올림.

【卿士】 경, 대부, 사 따위의 벼슬.

090(7-5)
녹나무와 가래나무

그러므로 일이란 닫아 버리면 끊어지고, 차례를 정해 주면 통하며, 억제하면 잠겨 버리고, 흥을 돋구어 주면 드날리게 마련이다.

그 좋은 재목의 나무가 나는 곳에 녹나무나 가래나무가 곁에 난다고 해도 이는 고목이 된 버드나무보다 천하다. 그 두 나무는 덕과 아름다움이 결코 그토록 차이가 나지 않는 것이 아니고, 재능과 힘이 그토록 크게 현격하지 않음이 아니건만, 어떤 나무는 말라죽어 멀리서 버려지며, 어떤 나무는 종묘의 그릇이 되어 그 가치를 인정받으니, 이는 바로 그를 알아주는 자와 통하는가 그렇지 않은가에 있을 뿐이니, 그 원리는 바로 이와 같은 것이다.

故事閉之則絶, 次之則通, 抑之則沉, 興之則揚; 處地楩梓, 賤於枯楊, 德美非不相絶也, 才力非不相懸也, 彼則枯槁而遠棄, 此則爲宗廟之器者, 通與不通, 亦如是也.

【閉】 원래 '閑'자로 되어 있으나 〈唐本〉과 〈彙函本〉 등에 의해 고침.

【次】 차례, 순서, 순차를 정해 줌.

【處地】 출산지. 그 물건이 나오는 지역. 여기서는 훌륭한 나무가 나는 곳에 함께 나 있는 녹나무나 가래나무를 낮추어 한 표현임.

【枯楊】 마른 버드나무. 하찮은 것임을 비유함. 비천한 소인들이 등용됨을 말함.

【宗廟之器】 瑚璉을 뜻함. 《論語》 公冶長篇에 "子貢問曰: 「賜也何如?」 子曰: 「女, 器也.」 曰: 「何器也?」 曰: 「瑚璉也.」"라 함.

【亦如是也】 《群書治要》와 宋翔鳳의 〈校本〉에는 "人亦猶此"라 하였고, 唐晏의 《陸子新語校注》에는 "以上以木爲材, 喩人之材; 以下專言人才之用與否"라 함.

091(7-6)
버려진 인재

무릇 궁한 시골에 사는 백성으로서 쟁기를 잡고 농사일에나 매달린 선비라 해도, 혹 어디에도 얽매일 수 없는 재능을 품고, 그 자신이 요堯, 순舜이나 고요皐陶와 같은 미덕을 가진 채 벼리를 몸에 지녔고, 만세를 다스릴 능력을 마음에 품고 있건만, 그런데도 세상에 등용되지 않는 자가 있으니, 이는 □□에 통하지 (못하기) 때문이다.

夫窮澤之民, 據犁嗃報之士, 或懷不羈之才, 身有堯·舜·皐陶之美, 綱紀存乎身, 萬世之術藏於心, 然身不用於世者, □□之通故也.

【據犂】 농업에 종사함을 말함.

【嗃報】《群書治要》에는 '接耜'로 되어 있으며, 宋翔鳳의 〈校本〉에도 이를 따름. 따라서 앞의 '據犁'와 같은 표현으로 농사에 종사함을 말하는 것으로 봄.

【不羈之才】 얽매임이 없는 높은 경지의 고원한 기상을 가진 재능.

【皐陶】 사람 이름. 성은 偃. '咎繇'로도 표기하며 '고요'로 읽음. 舜임금의 신하로 刑獄의 일을 담당하였음. 《尙書》 皐陶謨 참조.

【萬世之術】 만세를 두고 표준이 될 장구한 계책.

【□□之通故也】 〈彙函本〉, 〈別解本〉에는 "才之不通故也"로 되어 있고, 〈金丹本〉에는 "不通故也"로, 그리고 〈折中本〉에는 "莫爲之通也"고 되어 있음. 한편 宋翔鳳의 〈校本〉에는 "無紹介通之者也"라 하였고, 注에 "本作'然身不用於世者□□之通故也', 依《治要》改; 別本作'不容於世者, 無使之通故也.'"라 함. 이들의 재능을 조정의 군주와 소통시켜 주는 자가 없기 때문임을 말함.

092(7-7)
공경귀척의 자제들

무릇 공경公卿들의 자제나 귀척貴戚들의 당우黨友들은, 비록 남보다 뛰어난 재능이 없다 해도, 그럼에도 높고 중요한 지위에 오르게 되니, 이는 그를 도와 주는 자는 강한 자요, 그의 단점을 감싸주는 자는 교묘하니, 현달하지 않을 수가 없는 것이다.

夫公卿之子弟·貴戚之黨友, 雖無過人之才, 然在尊重之位者, 輔助者强, 飾之者巧, 靡不達也,

【黨友】 같은 목적을 실행하기 위하여 모인 이들.
【飾之者】 교묘한 말로 그들의 과실을 엄폐하고 보호해 줌.

093(7-8)
편작과 무당

옛날 편작扁鵲이 송宋나라에 살 때, 송나라 임금에게 죄를 얻어 할 수 없이 위衛나라로 도망하게 되었다.

그러자 위나라 사람 중에 병이 들어 곧 죽게 된 자가 있어, 편작이 그의 집에 들러 이를 고쳐 주겠노라 하였다.

그런데 병자의 아버지가 편작에게 이렇게 말하는 것이었다.

"내 아들의 병은 매우 위독하여 장차 뛰어난 의사를 모셔 고치려 하오. 그대는 능히 고칠 수 없소."

그러고는 그를 물려 써보려고도 하지 않았다. 이에 신령한 무당으로 하여금 아들의 병을 고쳐 복을 빌도록 하였으며, 그 무당은 편작을 마주하고는 그에게 귀신 쫓는 주술을 늘어놓았다. 그 병자는 마침내 죽고 말았으니, 신령하다는 그 무당은 결국 아들을 고치지 못하였던 것이다.

昔扁鵲居宋, 得罪於宋君, 出亡之衛.

衛人有病將死者, 扁鵲至其家, 欲爲治之.

病者之父謂扁鵲曰:「吾子病甚篤, 將爲迎良醫治, 非子所能治也.」

退而不用, 乃使靈巫求福請命對扁鵲而咒, 病者卒死, 靈巫不能治也

【扁鵲】 戰國시대 명의. 원래 이름은 秦越人. 渤海郡 鄭 땅 사람. 盧國이라는 곳 출신으로 盧醫라고도 불렸음. 長桑君에게 의술을 배워 齊, 趙 지역을 거쳐 秦나라에 들어갔을 때, 당시 秦나라 太醫 李醯가 자신의 의술이 그에게 미치지 못함을 알고 몰래 죽여 버림. 여기의 고사는《史記》扁鵲列傳에는 실려 있지 않음.

【出亡之衛】 宋나라를 떠나 衛나라로 달아남.

【治】 唐晏의《陸子新語校注》에 "疑衍, 否則下有'之'字"라 함.

【靈巫】 영험한 무당. 고대 무당은 신을 내려 사람의 병을 고쳤음.

【請命】 목숨을 청함. 다른 사람을 위하여 대신 목숨을 바침.

【咒】 무당이 귀신을 쫓아내어 병을 고치는 口訣. 呪文.

【不能治也】 唐晏의《陸子新語校注》에 "案此事別無所考見"이라 함.

참고 및 관련 자료

1.《史記》扁鵲傳

扁鵲者, 渤海郡鄭人也, 姓秦氏, 名越人. 少時爲人舍長. 舍客長桑君過, 扁鵲獨奇之. 常謹遇之, 長桑君亦知扁鵲非常人也. 出入十餘年, 乃呼扁鵲私坐, 閒與語曰:「我有禁方, 年老, 欲傳與公, 公毋泄.」扁鵲曰:「敬諾.」乃出其懷中藥予扁鵲:「飮是以上池之水, 三十日當知物矣.」乃悉取其禁方書盡與扁鵲. 忽然不見, 殆非人也. 扁鵲以其言飮藥三十日, 視見垣一方人. 以此視病, 盡見五藏癥結, 特以診脈爲名耳. 爲醫或在齊, 或在趙. 在趙者名扁鵲.

2.《漢書》藝文志 方技略 經方

「《泰始》·《黃帝》·《扁鵲》·《兪拊方》二十三卷」注: 應劭曰:「黃帝時醫也.」

094(7-9)
넓은 곳에 두어야 할 물건

무릇 편작은 천하의 명의였음에도 능히 영험하다는 무당과는 경쟁도 해 보지 못하였으니, 알고 알지 못하는 것의 차이였던 것이다.

그러므로 일이란 멀리서 구하다가는 가까이 있는 것을 잃게 되며, "넓은 곳에 두어야 할 물건을 좁은 곳에 두려다가 일을 그르치고 만다" 하였으니 이를 두고 한 말이다.

夫扁鵲天下之良醫, 而不能與靈巫爭用者, 知與不知也. 故事求遠而失近, 廣藏而狹棄, 斯之謂也.

【求遠而失近】 먼 곳에서 찾다가 가까운 곳의 가치를 잃음. 《孟子》 離婁(上)에 "道在邇而求之遠"이라 함.

【廣藏而狹棄】 棄는 '藏'의 뜻. 넓은 곳에 두어야 할 것을 좁은 곳에 두어, 그 위치를 바르게 정하지 못함을 뜻함. 이는 당시 格言으로 보임.

095(7-10)

궁지기와 진헌공

옛날 궁지기宮之奇가 우虞나라 임금을 위해 계책을 세워, 진晉 헌공獻公이 계략으로 보낸 벽옥璧玉과 말을 거절하여 하양夏陽의 길을 빌려 주지 않고자 하였으니, 이 어찌 금석金石과 같은 훌륭한 계책이 아니었던가!

그러나 우나라 임금이 이를 듣지 않았으니, 이는 그 진괴한 보물에 미혹해서 그랬던 것이다.

昔宮之奇爲虞公畫計, 欲辭晉獻公璧馬之賂, 而不假之夏陽之道, 豈非金石之計哉!

然虞公不聽者, 惑於珍怪之寶也

【宮之奇】 춘추시대 虞나라 대부. 宮奇. 宮子奇. 晉나라가 荀息이 虢을 치고자 길을 빌려 달라 하였을 때 반대하였으나, 虞나라 임금이 어리석어 빌려 주자, 나라가 망할 것을 예견하고 그 나라를 떠남. 脣亡齒寒의 고사와 관련이 있는 賢大夫.

【畫計】 畫는 劃과 같음. 계획과 계책.

【夏陽之道】《左傳》에는 '下陽'으로 되어 있음. 지명. 虞나라의 지명.
【金石之計】 나라를 안전하게 할 중요한 계책.

참고 및 관련 자료

1. **《公羊傳》** 僖公 2年

虞師, 晉師滅夏陽, 虞, 微國也, 曷爲序乎大國之上, 使虞首惡也, 曷爲使虞首惡, 虞受賂, 假滅國者道, 以取亡焉, 其受賂奈何, 獻公朝諸大夫, 而問焉, 曰, 寡人夜者寢而不寐, 其意也何, 諸大夫有進對者, 曰, 寢不安與, 其諸侍御有不在側者與, 獻公不應, 荀息進, 曰, 虞郭見與, 獻公揖而進之, 遂與之入, 而謀, 曰, 吾欲攻郭, 則虞救之, 攻虞, 則郭救之, 如之何, 願與子慮之, 荀息對曰, 君若用臣之謀, 則今日取郭而明日取虞爾, 君何憂焉, 獻公曰, 然則奈何, 荀息曰, 請以屈産之乘, 與垂棘之白璧, 往, 必可得也, 則寶出之內藏, 藏之外府, 馬出之內廐, 繫之外廐爾, 君何喪焉, 獻公曰, 諾, 雖然, 宮之奇存焉, 如之何, 荀息曰, 宮之奇知, 則知矣, 雖然, 虞公貪而好寶, 見寶必不從其言, 請終以往, 於是終以往, 虞公見寶, 許諾, 宮之奇果諫, 記曰, 脣亡則齒寒, 虞郭之相救, 非相爲賜, 則晉今日取郭, 而明日虞從而亡爾, 君請勿許也, 虞公不從其言, 終假之道以取郭, 還四年, 反取虞, 虞公抱寶牽馬而至, 荀息見, 曰, 臣之謀何如, 獻公曰子之謀則已行矣, 寶則吾寶也, 雖然, 吾馬之齒亦已長矣, 蓋獻之也, 夏陽者何, 郭之邑也, 曷爲不繫于郭, 國之也, 曷爲國之, 君存焉爾.

2. **《穀梁傳》** 僖公 2年

虞師, 晉師滅夏陽, 非國而曰滅, 重夏陽也, 虞無師, 其曰師何也, 以其先晉, 不可以不言師也, 其先晉何也, 爲主乎滅夏陽也, 夏陽者, 虞虢之塞邑也, 滅夏陽而虞虢擧矣, 虞之爲主乎滅夏陽何也, 晉獻公欲伐虢, 荀息曰, 君何不以屈産之乘, 垂棘之璧而借道乎虞也, 公曰, 此晉國之寶也, 如受吾幣而不借吾道, 則如之何, 荀息曰, 此小國之所以事大國也, 彼不借吾道, 必不敢受吾幣, 如受吾幣而借吾道, 則是我取之中府而藏之外府, 取之中廏而置之外廏也, 公曰, 宮之奇存焉, 必不使受之也, 荀息曰, 宮之奇之爲人也, 達心而懦, 又少長於君, 達心則其言略, 懦則不能彊諫, 少長於君則君輕之, 且夫玩好在耳目之前而患在一國之後, 此中知以上乃能慮之, 臣料虞君, 中知以下也, 公遂借道而伐虢, 宮之奇諫曰, 晉國之使者, 其辭卑, 而幣重, 必不便於虞, 虞公弗聽, 遂受其幣而借之道, 宮之奇諫曰, 語曰, 脣亡則齒寒, 其斯之謂與, 挈其妻子以奔曹, 獻公亡虢, 五年而後擧虞, 荀息牽馬操璧而前, 曰, 璧則猶是也, 而馬齒加長矣.

3.《左傳》僖公 2年

晉荀息請以屈產之乘與垂棘之璧, 假道於虞以伐虢. 公曰:「是吾寶也.」對曰:「若得道於虞, 猶外府也.」公曰:「宮之奇存焉.」對曰:「宮之奇之爲人也, 懦而不能强諫. 且少長於君, 君暱之; 雖諫, 將不聽.」乃使荀息假道於虞, 曰:「冀爲不道, 入自顚軨, 伐鄍三門. 冀之旣病, 則亦唯君故. 今虢爲不道, 保於逆旅, 以侵敝邑之南鄙. 敢請假道, 以請罪于虢.」虞公許之, 且請先伐虢. 宮之奇諫, 不聽, 遂起師. 夏, 晉里克, 荀息帥師會虞師, 伐虢, 滅下陽. 先書虞, 賄故也.

4.《左傳》僖公 5年

晉侯復假道於虞以伐虢. 宮之奇諫曰:「虢, 虞之表也; 虢亡, 虞必從之. 晉不可啓, 寇不可翫. 一之謂甚, 其可再乎? 諺所謂『輔車相依, 脣亡齒寒』者, 其虞, 虢之謂也.」公曰:「晉, 吾宗也, 豈害我哉?」對曰:「大伯, 虞仲, 大王之昭也; 大伯不從, 是以不嗣. 虢仲, 虢叔, 王季之穆也, 爲文王卿士, 勳在王室, 藏於盟府. 將虢是滅, 何愛於虞? 且虞能親于桓, 莊乎? 其愛之也, 桓, 莊之族何罪? 而以爲戮, 不唯逼乎? 親以寵逼, 猶尙害之, 況以國乎?」公曰:「吾享祀豐絜, 神必據我.」對曰:「臣聞之, 鬼神非人實親, 惟德是依. 故周書曰:『皇天無親, 惟德是輔.』又曰:『黍稷非馨, 明德惟馨.』又曰:『民不易物, 惟德緊物.』如是, 則非德, 民不和, 神不享矣. 神所馮依, 將在德矣. 若晉取虞, 而明德以薦馨香, 神其吐之乎?」弗聽, 許晉使. 宮之奇以其族行, 曰:「虞不臘矣. 在此行也, 晉不更擧矣.」八月甲午, 晉侯圍上陽.

5.《韓非子》十過篇

奚謂顧小利? 昔者, 晉獻公欲假道於虞以伐虢. 荀息曰:「君其以垂棘之璧與屈產之乘, 賂虞公, 求假道焉, 必假我道.」君曰:「垂棘之璧, 吾先君之寶也; 屈產之乘, 寡人之駿馬也. 若受吾幣不假之道, 將奈何?」荀息曰:「彼不假我道, 必不敢受我幣. 若受我幣而假我道, 則是寶猶取之內府而藏之外府也, 馬猶取之內廐而著之外廐也. 君勿憂.」君曰:「諾.」乃使荀息以垂棘之璧與屈產之乘賂虞公而求假道焉. 虞公貪利其璧與馬而欲許之. 宮之奇諫曰:「不可許. 夫虞之有虢也, 如車之有輔. 輔依車, 車亦依輔, 虞·虢之勢正是也. 若假之道, 則虢朝亡而虞夕從之矣. 不可, 願勿許.」虞公弗聽, 逐假之道. 荀息伐虢之還. 反處三年, 興兵伐虞, 又剋之. 荀息牽馬操璧而報獻公, 獻公說曰:「璧則猶是也. 雖然,馬齒亦益長矣.」故虞公之兵殆而地削者, 何也? 愛小利而不慮其害. 故曰: 「顧小利, 則大利之殘也.」

6.《呂氏春秋》權勳

昔者, 晉獻公使荀息假道於虞以伐虢, 荀息曰: 「請以垂棘之璧與屈産之乘, 以賂虞公, 而求假道焉, 必可得也.」獻公曰: 「夫垂棘之璧, 吾先君之寶也. 屈産之乘, 寡人之駿也. 若受吾幣而不吾假道, 將奈何?」荀息曰: 「不然. 彼若不吾假道, 必不吾受也. 若受我而假我道, 是猶取之內府而藏之外府也, 猶取之內皁而著之外皁也. 君奚患焉?」獻公許之. 乃使荀息以屈産之乘爲庭實, 而加以垂棘之璧, 以假道於虞而伐虢. 虞公濫於寶與馬而欲許之. 宮之奇諫曰: 「不可許也. 虞之與虢也, 若車之有輔也, 車依輔, 輔亦依車, 虞, 虢之勢是也. 先人有言曰: 『脣竭而齒寒.』夫虢之不亡也恃虞, 虞之不亡也亦恃虢也. 若假之道, 則虢朝亡而虞夕從之矣. 奈何其假之道也?」虞公弗聽, 而假之道. 荀息伐虢, 克之. 還反伐虞, 又克之. 荀息操璧牽馬而報. 獻公喜曰: 「璧則猶是也, 馬齒亦薄長矣.」故曰: 「小利, 大利之殘也.」

7.《史記》晉世家

是歲也, 晉復假道於虞以伐虢. 虞之大夫宮之奇諫虞君曰: 「晉不可假道也, 是且滅虞.」虞君曰: 「晉我同姓, 不宜伐我.」宮之奇曰: 「太伯·虞仲, 太王之子也, 太伯亡去, 是以不嗣. 虢仲·虢叔, 王季之子也, 爲文王卿士, 其記勳在王室, 藏於盟府. 將虢是滅, 何愛於虞? 且虞之親能親於桓·莊之族乎? 桓·莊之族何罪, 盡滅之. 虞之與虢, 脣之與齒, 脣亡則齒寒.」虞公不聽, 遂許晉. 宮之奇以其族去虞. 其冬, 晉滅虢, 虢公醜奔周. 還, 襲滅虞, 虜虞公及其大夫井伯百里奚以媵秦穆姬, 而修虞祀. 荀息牽曩所遺虞屈産之乘馬奉之獻公, 獻公笑曰: 「馬則吾馬, 齒亦老矣!」

8.《淮南子》人間訓

何謂與之而反取之? 晉獻公欲假道於虞以伐虢. 遺虞垂棘之璧與屈産之乘, 虞公惑於璧與馬, 而欲與之道. 宮之奇諫曰: 「不可. 夫虞之與虢, 若車之有輪. 輪依於車, 車亦依輪. 虞之與虢, 相恃而勢也. 若假之道, 虢朝亡而虞夕從之矣」虞公弗聽. 遂假之道. 荀息伐虢, 遂克之. 還反伐虞, 又拔之. 此所謂與之而反取者也.

9.《新序》善謀(上)

虞·虢, 皆小國也. 虞有夏陽之阻塞, 虞·虢共守之, 晉不能禽也. 故晉獻公欲伐虞·虢, 荀息曰: 「君胡不以屈産之乘, 與垂棘之璧, 假道於虞?」公曰: 「此晉國之寶也. 彼受吾璧, 不借吾道, 則如之何?」荀息曰: 「此小之所以事大國也. 彼不借吾道, 必不敢受吾幣; 受吾幣而借吾道, 則是我取之中府, 置之外府; 取之中廐, 置之外廐.」公曰:「宮之奇存焉, 必不使受也.」荀息曰:「宮之奇知固知矣. 雖然, 其爲人也, 通心而懦, 又少長於君. 通心則其言之略, 懦則不能强諫; 少長於君, 則君輕之. 且夫玩好在耳目之前, 而患在一國之後, 中知以上, 乃能慮之. 臣料虞君, 中知之下也.」公遂借道而伐虢. 宮之奇諫曰:「晉之使者, 其幣重, 其辭卑, 必不便於虞. 語曰:『脣亡則齒寒』矣. 故虞·虢之相救, 非相爲賜也. 今日亡虢; 而明日亡虞矣.」公不聽, 遂受其幣而借之道, 旋歸. 四年, 反取虞. 荀息牽馬抱璧而前曰:「臣之謀如何?」獻公曰:「璧則猶是, 而吾馬之齒加長矣.」晉獻公用荀息之謀而禽虞, 虞不用宮之奇謀而亡. 故荀息非霸王之佐, 戰國幷兼之臣也; 若宮之奇則可謂忠臣之謀也.

096(7-11)
포구의 덕행

포구鮑丘의 덕행은 결코 이사李斯나 조고趙高보다 높지 않은 것이 아니었건만, 그럼에도 숭려嵩廬 아래에 엎드려 숨어 살면서 세상에 등용되지 않았으니, 이는 말솜씨 뛰어난 신하들이 해코지를 하였기 때문이다.

鮑丘之德行, 非不高於李斯·趙高也, 然伏隱於嵩廬之下, 而不錄於世, 利口之臣害之也.

【鮑丘】 戴彦升의《陸子新語校注》序에 이를 고증하여 包丘子, 즉 浮丘伯이라 하였음. 浮丘伯은 秦漢 사이 유학자로 齊나라 사람이며 荀子의 제자.《詩》를 전공하여 전수했던 인물. 참고란을 볼 것.

【李斯】 秦나라의 大臣. 秦나라 통일정책에 기여하였으며, 大篆을 小篆으로 통일하기도 함. 趙高의 압박에 굴하여 정의를 실행하지 못하였음.《史記》 李斯列傳 참조. 〈上秦皇逐客書〉의 문장으로도 유명함.

【趙高】 秦나라의 宦官, 모사꾼이며 정치가. 秦始皇이 죽자, 扶蘇를 자결토록 하고 胡亥를 세워 二世黃帝로 옹립한 다음 전권을 휘둘러 가혹한 정치를

펴다가 결국 패가망신함. '指鹿爲馬'의 고사로도 유명함.《史記》秦始皇本紀 참조.

【嵩廬】'嵩'은 '蒿'의 오자. 쑥대로 대강 얽어 지은 집. 아주 가난함을 뜻함.

【錄】 채용됨. 등용됨.

【利口】 말솜씨에 뛰어남. 巧言令色과 같음.《論語》陽貨篇 참조.

참고 및 관련 자료

1.《鹽鐵論》毁學

昔李斯與包丘子俱事荀卿, 旣而李斯入秦, 遂取三公, 據萬乘之權, 以制海內, 功侔伊望, 名巨太山; 而包丘子不免於甕牖蒿廬, 如潦歲之鼃, 口非不衆也, 卒死於溝壑而已.

2.《論語》陽貨篇

子曰:「惡紫之奪朱也, 惡鄭聲之亂雅樂也, 惡利口之覆邦家者.」

〈集解〉: 孔曰:「利口之人, 多言少實, 苟能悅媚時君, 傾覆國家.」

097(7-12)
욕구를 이겨내지 못하고

대체로 사람이란 훌륭한 것을 훌륭하다 알지 못하는 것이 아니요, 학문이 자신에게 유익한 것이고 게으름이나 놀이는 일에 무익한 것이라는 것을 알지 못하는 것이 아니다. 그런데도 그렇게 하면서 정욕을 풀어놓아 제멋대로 하고 있으니, 이는 사람이란 능히 자신의 욕구를 이겨내지 못하기 때문이다.

凡人莫不知善之爲善, 惡之爲惡, 莫不知學問之有益於己, 怠戱之無益於事也; 然而爲之者, 情欲放溢, 而人不能勝其志也.

【怠戱】 게으르기만 하며 놀이만 좋아함.
【放溢】 제멋대로 풀어놓음.
【不能勝其志】 여기서의 지는 志趣, 嗜好나 趣向. 이를 이겨내지 못하고 게으르거나 태만하며 학문에 힘쓰지 못하게 됨을 말함.

098(7-13)
임금의 보좌

임금도 어진 이를 찾아 자신의 보조로 삼고 어진 이를 가까이하여 자신의 보필로 삼아야 한다는 것을 알지 못하는 것이 아니건만, 그럼에도 어질고 성스러운 자가 혹 논밭 시골에 묻혀 있어 나라의 대사에 참여하지 못하게 되는 것은, 그를 살피고 소문을 듣고 해야 할 신하가 밑에서 밝지 못하여 그를 가로막고 기롱을 하는 자의 말이 임금에게 들어가기 때문이다. 그를 가로막아 기롱하는 말이 임금 귀에 모여들면 충성되고 어진 선비는 들에 버려지게 마련이며, 충성되고 어진 신하가 들에 버려지면 아첨하는 신하가 당을 지어 조정을 차지하게 되며, 아첨하는 신하가 조정을 차지하게 되면 아랫사람이 임금에게 충성을 다할 수 없으며, 아랫사람이 임금에게 충성을 다하지 못하면 윗사람으로서 아래 사정에 대하여 밝을 수가 없다. 윗사람이 아랫사람에게 밝을 수가 없으니 이 까닭으로 천하가 기울고 엎어지게 되는 것이다.

人君莫不知求賢以自助, 近賢以自輔; 然賢聖或隱於田里, 而不預國家之事者, 乃觀聽之臣不明於下, 則閉塞之譏歸於君; 閉塞之譏歸於君, 則忠賢之士棄於野;

忠賢之士棄於野, 則佞臣之黨存於朝, 佞臣之黨存於朝, 則下不忠於君; 下不忠於君, 則上不明於下; 上不明於下, 是故天下所以傾覆也.

【預】'與'와 같음. 參預함. 참여함.
【觀聽之臣】눈과 귀를 가지고 있는 신하.
【傾覆】엎어버림. 나라가 망함.

8. 지덕至德

'지덕至德'은 지극한 덕이라는 뜻이다. 이 편에서는 진晉 여공厲公, 제齊 장공莊公, 초楚 영왕靈王, 송宋 양공襄公 등의 예를 들어, 덕을 가지고 정치를 행하면 사람들이 모여들지만, 형벌만 믿고 정치를 행하면 백성들은 흩어진다는 논리를 강하게 펴고 있다. 따라서 통치자는 먼저 덕을 닦아 나라를 다스려야 하며, 지극한 덕으로 하면 백성을 얻을 수 있음을 주장한 내용이다.

○ 黃震은 "至德言善治者不尙刑"이라 하였고, 戴彦升은 "至德·懷慮二篇, 稱晉厲·齊莊·楚靈·宋襄·魯莊, 蓋著古成敗之國, 而警乎馬上得天下之言也"라 하였으며, 唐晏은 "此篇主脩德"이라 함.

〈梅花一枝圖〉

099(8-1)
부국강병

무릇 나라를 부강하게 하고 권위를 강하게 하여 땅을 넓히고 먼 곳을 정복하고자 한다면, 반드시 백성에게 믿음을 얻어야 한다. 그리고 공을 세워 명예를 드날려 그 이름을 길이 남기고 그 영광을 전하며 그 영화를 빛내고자 한다면, 반드시 자신에게서 그 모든 것을 취해야 하는 법이다.

夫欲富國彊威, 辟地服遠者, 必得之於民; 欲立功興譽, 垂名流光顯榮華者, 必取之於身.

【富國彊威】'彊'자는 '疆'자로 잘못 표기되어 있음. '彊'은 '强'과 같음. 부국강병과 같음. 경제와 국방 외교에 있어서 대국으로 발전함을 말함.

【得之於民】모두 백성으로부터 신임을 얻은 뒤에야 취할 수 있음. 백성이 그 근본임을 말함.

100(8-2)
만승지국

그러므로 만국의 큰 나라를 쥐고 백성의 생명을 담당하며, 산택의 풍요함을 차지하고 많은 무리의 힘을 주관하고 있는데도, 그 공이 자신에게 있지 아니하고 그 이름이 후세에 전해지지 않는다면, 이는 이치를 통섭함이 잘못되었기 때문이다.

故據萬乘之國, 持百姓之命, 苞山澤之饒, 主士衆之力, 而功不存乎身, 名不顯於世者, 乃統理之非也.

【苞】'包'와 같음. 包括함.
【主】主持함. 管掌함.
【存乎】원본은 '在於'로 되어 있으나 宋翔鳳 〈校本〉에 "本作'在於', 依《治要》改"라 함.

101(8-3)
형벌만 믿고

천지의 본성과 만물의 유별이란, 도리대로 일을 처리하는 자에게는 많은 무리가 그에게 모여들지만, 형벌을 믿고 처리하는 자에게는 백성들이 그를 두려워하게 된다. 백성들이 모여들면 그 곁에 이들이 있게 되지만, 백성들이 두려워하면 그들은 국경 밖으로 떠나고 말 것이다.

그러므로 형벌을 만드는 자는 그 형벌이 가볍기를 바라지 아니하며, 덕으로 하는 자는 그 덕이 더욱 중하기를 싫어하지 않는다. 형벌을 행하는 자는 그 형벌이 너무 가벼울까 걱정하고, 상을 내리는 자는 그 상이 너무 후한 것을 싫어한다. 그러므로 이렇게 하면, 가까운 자는 더욱 가까이 다가오고 멀리 소원한 자도 역시 다가오게 될 것이다.

天地之性, 萬物之類, 懷道者衆歸之, 恃刑者民畏之; 歸之則附其側, 畏之則去其域.

故設刑者不厭輕, 爲德者不厭重, 行罰者不患薄, 布賞者不患厚, 所以親近而致疎遠也.

【儀道】 기존의 도의에 따라 그 원칙을 삼음.
【去其域】 그 疆域(국가)을 떠남.
【設刑者不厭輕】 형벌로 나라를 다스리는 자는 그 형벌을 가볍게 할수록 좋음.
【行罰者不患薄】 형벌을 행하는 자는 그 형벌이 가벼울수록 더욱 좋아함.

참고 및 관련 자료

1. 《鹽鐵論》 周秦篇

故高皇帝約秦苛法, 慰怨毒之民, 而長和睦之心, 唯恐刑之重而德之薄也.

102(8-4)
형벌을 중시하다가는

무릇 형形, 刑을 중시하는 자는 그 자신도 노고로우며, 일이 많은 자는 마음이 늘 번거롭게 마련이다. 마음이 번거로우면 형벌을 마구 휘둘러도 바르게 설 수가 없으며, 몸이 노고로우면 온갖 사단이 모두 뒤틀려 아무것도 성취할 수 없게 된다.

夫形重者則身勞, 事衆者則心煩; 心煩者則刑罰縱橫而無所立, 身勞者則百端迴邪而無所就.

【形】 '刑'자의 오기. 그러나 '形', 즉 몸으로 보아도 가능할 듯함.
【縱橫】 제멋대로 행함을 말함.
【迴邪】 그릇되게 시행함.

103(8-5)
아무 일도 없는 듯이

이 까닭으로 군자의 다스림은 든든하게 그대로 있어 마치 아무 일이 없는 듯이 하며, 적막하여 흙덩어리처럼 소리가 없는 듯이 하며, 관부官府에는 관리가 없는 듯이 하고, 마을이나 촌락에는 백성이 없는 듯이 한다.

그렇게 되면 마을에는 소송이 골목까지 이어지지 아니하고, 늙은이나 어린이는 가정에서 근심스러운 일이 없게 된다. 가까이 있는 자는 아무런 이의를 달 바가 없게 되고, 멀리 있는 자는 아무런 말을 듣지 않고 살아도 된다.

우역郵驛에는 급한 일로 밤에 다녀야 하는 관리가 없게 되고, 고을에는 밤에 이름을 부르며 사람을 찾아야 할 일이 없게 된다.

개도 밤에는 짖지 아니하고, 까마귀도 밤에 울 일이 없게 된다.

이렇게 되면 늙은이는 집 안에서 편히 쉬어도 되고, 장정은 밭에서 농사일에 바쁘기만 하면 되며, 조정에 있는 자는 임금에게 충성을 다하고, 집 안에 있는 자는 어버이에게 효성을 다하면 된다.

是以君子之爲治也, 塊然若無事, 寂然若無聲, 官府若無吏, 亭落若無民.

閭里不訟於巷, 老幼不愁於庭; 近者無所議, 遠者無所聽.

郵驛無夜行之吏, 鄕閭無夜名之征.

犬不夜吠, 烏不夜鳴, 老者息於堂.

丁壯者耕耘於田, 在朝者忠於君, 在家者孝於親.

【塊然】 안온함. 평안함.

【亭落】 鄕村. 亭은 고대 행정의 최소 단위. 落은 部落. 周廣業의 《意林》 주에 "《漢書》: 秦制, 十里一亭. 《廣雅》: 落, 居也. 李賢曰: 今人謂院爲落"이라 함.

【閭里不訟於巷】 '閭里' 역시 행정 단위. '巷'은 마을의 골목. '시골 마을에 송사로 인해 골목이 시끄러운 일이 없다'의 뜻.

【郵驛】 고대 驛站. 문서를 전달하는 중간 基點. 걸어서 전달하는 것을 郵, 말을 타고 전달하는 것을 驛이라 함.

【丁壯】 軍役과 勞役에 종사하는 나이의 젊은 남자.

104(8-6)
벽옹과 상서

이에 착한 이를 상 주고, 악한 자를 벌 주며, 이를 잘 다듬어 나갈 수 있고, 벽옹辟雍과 상서庠序의 학교 제도를 일으켜 이들을 잘 가르칠 수 있게 된다.

그런 다음에 현우賢愚에 대한 평가가 달라지게 되며, 염비廉鄙가 서로 다른 등급으로 구분되며, 장유長幼가 서로 다른 예절을 이루며, 상하가 차이가 있게 되고, 강약强弱이 서로 도와 주며, 대소小大가 서로 품어 주고, 존비尊卑가 서로 일을 분담하며, 마치 기러기가 줄을 서서 가듯 서로 따르게 되어, 말을 하지 않아도 말이 되며, 화를 내지 않아도 위엄이 세워진다. 이렇게 되면 어찌 견고한 갑옷이나 날카로운 무기 또는 엄중한 형벌이나 각박한 법률에 의지하여 아침저녁으로 절박하고 절박하게 서두른 뒤에야 행해지는 그런 짓을 하겠는가?

於是賞善罰惡而潤色之, 興辟雍庠序而教誨之, 然後賢愚異議, 廉鄙異科, 長幼異節, 上下有差, 强弱相扶, 小大相懷, 尊卑相承, 雁行相隨, 不言而信, 不怒而威, 豈恃堅甲利兵, 深刑刻法, 朝夕切切而後行哉?

【辟雍庠序】 주나라 때 귀족 자제의 교육 기관으로서의 최고 學府인 대학. 당시 대학은 다섯 곳에 두었으며 남쪽을 '成均', 북쪽을 '上序', 동쪽을 '東庠', 서쪽을 '瞽宗', 중앙을 '辟雍'이라 하였음. 辟雍은 '辟廱,' '辟雝', '壁廱' 등으로도 표기함.

【賢愚】 똑똑함과 어리석음의 분류.

【異議】 서로 다른 평가를 받음.

【廉鄙】 청렴함과 비루함.

【科】 품류, 등급.

【節】 예절.

【雁行】 차례로 줄을 서서 행렬을 만듦.

【堅甲利兵】 堅强한 군대.

【切切】 절박하고 절박하게 서두름. 목적을 달성하고자 온갖 짓을 다함.

105(8-7)
나라를 망친 임금들

옛날 진晉 여공厲公, 제齊 장공莊公, 초楚 영왕靈王, 송宋 양공襄公은 큰 나라의 권한을 쥐고, 그 많은 백성을 거느린 위세를 가지고 군대를 내몰아 마구 휘저으며 제후들을 능멸하였다.

그리하여 밖으로는 상대 나라에게 교만을 부렸으며, 안으로 백성을 못살게 굴었다.

그러자 이웃나라들은 밖에서 이들 나라와 원수를 맺었고, 안에서는 신하들의 원성이 쌓여갔다. 이러한 상황에서 금석金石과 같은 훌륭한 공을 세우고자 한다거나, 대가 끊어지지 않을 계책을 세운다 한들 어찌 어렵지 않겠는가?

昔晉厲·齊莊·楚靈·宋襄秉大國之權, 杖衆民之威, 軍師橫出, 陵轢諸侯.

外驕敵國, 內克百姓. 鄰國之讐結於外, 臣下之怨積於內. 而欲建金石之功, 繼不絶之世, 豈不難哉?

【晉厲】 춘추시대 晉나라 厲公. 景公의 아들 壽曼(州滿). 경공의 뒤를 이어 왕이 되었으며, 6년 楚나라를 鄢陵에서 패배시키고 제후에게 위세를 떨쳐 패업을 이루고자 하였으나, 8년 欒書와 中行偃이 난을 일으켜 유폐당하였다. 그 이듬해 죽임을 당함. B.C.580~B.C.573년까지 8년간 재위하였으며 悼公이 뒤를 이음. 《史記》 晉世家 참조.

【齊莊】 춘추시대 齊나라 莊公. 靈公의 아들로 이름은 光. 영공의 뒤를 이어 왕이 되었으나, 崔杼의 난에 의해 죽임을 당함. B.C.553-B.C.548년까지 6년간 재위하였으며 景公이 뒤를 이음. 《史記》 齊太公世家 참조.

【楚靈】 춘추시대 楚나라 靈王. 이름은 圍. 郟敖 4년(B.C.541) 겹오를 죽이고 자립하여 왕위에 오름. 한때 吳나라를 위협하기도 하였으나 뒤에 公子 棄疾·比·黑肱 등이 난을 일으켜 도읍을 공격하자 乾谿에서 급히 돌아왔다. 그러나 무리가 이반하자 자살함. B.C.540~B.C.529년까지 12년간 재위하였으며 平王이 뒤를 이음. 《史記》 楚世家 참조.

【宋襄】 춘추시대 宋나라 襄公. 이름은 兹甫. 宋 桓公의 뒤를 이어 스스로 齊 桓公을 이은 패자라 여기며, 楚나라와 泓에서 싸웠으나 패하여 중상을 입고 이듬해에 죽음. B.C.650~B.C.637년까지 14년간 재위하였으며 成公이 뒤를 이음. 宋襄之仁의 고사를 낳았으며 《史記》에는 春秋五霸에 넣기도 하였음. 《史記》 宋微子世家 참조.

【杖】 기댐. 의지함. 〈彙函本〉에는 '仗'으로 되어 있음.

【陵轢】 억누르고 깔아뭉개며 횡포를 부림. 雙聲連綿語.

【克】 못살게 굶. '剋'과 같음.

【金石之功】 쇠붙이나 돌에 새길 정도의 위대한 공적.

【繼】 원문에는 '終傳'으로 되어 있으나 《群書治要》에 의해 고침. 宋翔鳳 〈校本〉에 "本作'終傳', 依《治要》改"라 함.

106(8-8)
송양공

그러므로 송 양공은 홍수泓水의 싸움에서 죽고 세 임금은 모두 신하의 손에 죽고 말았으니, 이 모두는 군사를 가볍게 여기고 마구 휘두르고 위력을 숭상하였기 때문에 이 지경에 이르게 된 것이다.

그 때문에 《춘추春秋》에 이들의 일을 중시하여 기록하였던 것이니 혀를 차면서 애처롭게 여기는 일이다.

이 세 임금은 모두가 자신이 강성하다고 여길 때 나라를 잃고 말았으며, 그 형벌을 급히 쓰다가 스스로를 적해하고 만 것이니, 이는 지난날의 경계이며 앞으로의 일에 스승으로 삼을 만한 사례이다.

故宋襄死於泓水之戰, 三君弑於臣子之手, 皆輕用師而尚威力, 以致於斯.

故《春秋》重而書之, 嗟嘆而傷之.

是三君皆強其盛而失國, 急其刑而自賊, 斯乃去事之戒, 來事之師也.

【泓水之戰】송 양공이 스스로 패자가 되겠다고 하자, 초나라가 이에 반발, 결국 홍수에서 전투를 벌여 송나라가 크게 패함. 이때 입은 중상으로 이듬해 양공은 세상을 뜨고 말았음. 참고란을 볼 것.

【三君】唐晏의《陸子新語校注》에 "《穀梁傳》成公二十八年: '晉弑其君州蒲. 稱國以弑君, 惡甚也.' 又襄公二十五年: '齊弑其君光.'《傳》: '莊公失言, 淫于崔氏.' 又昭公十有三年: '楚公子比自晉歸于楚, 弑其君虔于乾谿.'《傳》: '弑君者日, 不日, 比不弑也.'"라 함.

【致】원문에는 '至'로 되어 있으나《群書治要》에 의해 고침.

【賊】적해함. 살해함.

【去事】지나간 일. 來事에 상대되는 말.

참고 및 관련 자료

1.《左傳》僖公 22년

楚人伐宋以救鄭. 宋公將戰, 大司馬固諫曰:「天之弃商久矣, 君將興之, 弗可赦也已.」弗聽. 冬十一月己巳朔, 宋公及楚人戰于泓. 宋人旣成列, 楚人未旣濟. 司馬曰:「彼衆我寡, 及其未旣濟也, 請擊之.」公曰:「不可.」旣濟而未成列, 又以告. 公曰:「未可.」旣陳而後擊之, 宋師敗績. 公傷股. 門官殲焉. 國人皆咎公. 公曰:「君子不重傷, 不擒二毛.」古之爲軍也, 不以阻隘也. 寡人雖亡國之餘, 不鼓不成列.」子魚曰:「君未知戰. 勍敵之人, 隘而不列, 天贊我也; 阻而鼓之, 不亦可乎? 猶有懼焉. 且今之勍者, 皆吾敵也. 雖及胡耉, 獲則取之, 何有於二毛? 明耻·教戰, 求殺敵也. 傷未及死, 如何勿重? 若愛重傷, 則如勿傷; 愛其二毛, 則如服焉. 三軍以利用也, 金鼓以聲氣也. 利而用之, 阻隘可也; 聲盛致志, 鼓儳可也.」

2.《左傳》僖公 23년

夏五月, 宋襄公卒, 傷於泓故也.

3.《史記》宋微子世家

八年, 齊桓公卒, 宋欲爲盟會. 十二年春, 宋襄公爲鹿上之盟, 以求諸侯於楚, 楚人許之. 公子目夷諫曰:「小國爭盟, 禍也.」不聽. 秋, 諸侯會宋公盟于盂. 目夷曰:「禍其在此乎? 君欲已甚, 何以堪之!」於是楚執宋襄公以伐宋. 冬, 會于亳, 以釋宋公. 子魚曰: 「禍猶未也.」 十三年夏, 宋伐鄭. 子魚曰: 「禍在此矣.」 秋, 楚伐宋以救鄭. 襄公將戰, 子魚諫曰: 「天之棄商久矣, 不可.」 冬, 十一月, 襄公與楚成王戰于泓. 楚人未濟, 目夷曰: 「彼衆我寡, 及其未濟擊之.」 公不聽. 已濟未陳, 又曰: 「可擊.」 公曰: 「待其已陳.」 陳成, 宋人擊之. 宋師大敗, 襄公傷股. 國人皆怨公. 公曰: 「君子不困人於阨, 不鼓不成列.」 子魚曰: 「兵以勝爲功, 何常言與! 必如公言, 卽奴事之耳, 又何戰爲?」 楚成王已救鄭, 鄭享之; 去而取鄭二姬以歸. 叔瞻曰: 「成王無禮, 其不沒乎? 爲禮卒於無別, 有以知其不遂霸也.」

107(8-9)
노장공

노魯 장공莊公은 일년 중에 세 번이나 큰 토목공사를 벌였다. 그리고 산림과 초택의 이익을 독점하였고, 사냥이나 땔나무·채소 따위의 산업에 대해서도 백성들과 경쟁을 벌였다. 그러면서 자신의 서까래와 기둥은 조각과 단청을 화려하게 하여 눈이 부시고 흐드러질 정도였다.

이를 위해 백성들에게는 10분의 2나 되는 세금을 징수하였지만, 그 잘못된 욕심에 재정이 부족하였고, 쓸데없는 완호물玩好物로써 자신의 부인들 눈을 즐겁게 하느라 재정은 교만과 사치에 탕진되고 말았으며, 인력은 급하지도 않은 데에 피로에 지치고 말았다.

이렇게 위에서는 재용에 곤핍하게 되고 아래로는 굶주림에 시달리게 되자, 결국 장손진臧孫辰을 제齊나라에 보내어 식량을 꾸어달라고 요청하는 꼴이 되고 말았다.

창고가 텅 비고 바깥사람들이 이를 알게 되자, 이에 송宋·진陳·위衛·제齊나라들이 공략에 나섰다. 이리하여 어진 신하는 도망쳐 사라지고, 적신賊臣들은 난을 일으켜 자반子般은 죽음을 당하여 노나라는 위태해지고 말았다.

魯莊公一年之中, 以三時興築作之役, 規虞山林草澤之利, 與民爭田漁薪菜之饒, 刻桷丹楹, 眩曜靡麗.

收民十二之稅, 不足以供邪曲之欲, 饍不用之好, 以快婦人之目, 財盡於驕淫, 人力罷於不急.

上困於用, 下飢於食, 乃遣臧孫辰請滯積於齊.

倉廩空匱, 外人知之, 於是爲宋·陳·衛·齊所伐, 賢臣出, 叛臣亂, 子般殺, 而魯國危.

【魯莊公】 춘추시대 魯나라 군주. 이름은 同. 桓公의 아들. B.C.693~B.C.662년까지 32년간 재위함.

【三時】 春夏秋 세 계절을 가리키며 이는 농사철인데도 인력을 동원하여 토목공사를 벌였음. 참고란을 볼 것.

【虞】 虞人. 山澤을 관리하는 관직. 원문에는 '固'로 되어 있으나 《群書治要》에 의해 고침.

【田漁薪菜】 '田'은 농사, '漁'는 어업, '薪'은 땔감을 구하는 일, '菜'는 채소 따위의 식품. 일용 재물이 풍부함을 말함.

【刻桷丹楹】 건물의 기둥과 서까래 등에 무늬를 새기고 단청을 함.

【十二之稅】 백성들로부터 생산량의 20%를 거두는 조세제도. 중한 세금제도임을 말함.

【邪曲】 원문은 '回邪'로 되어 있으나 《群書治要》에 의해 고침.

【饍不用之好】 쓸모 없는 완상품을 수선하는 데에 비용을 들임. '饍'은 '繕'의 오자로 보임. 孫貽讓의 《札迻》에는 "案此當作'繕不用之好', 謂修繕無用之翫好也. 前〈無爲〉篇云: '繕雕琢刻畫之好.' 文例與此正同. 《治要》所引, 亦有挩誤"라 함.

【快】 원래 이 글자는 누락되어 있으나 《群書治要》에 의해 보입함.

【人力罷於不急】 宋翔鳳의 〈교본〉에 《群書治要》를 근거로 "力疲於不急"으로 고쳤음.

【臧孫振】 臧文仲. 姓은 臧孫이며, 이름은 辰, 字는 仲, 謚號는 文. 춘추시대 魯나라의 대부. 莊公·閔公·僖公·文公 등 네 임금을 섬기며 宗法을 지켰음. 백성을 진휼한 일로 널리 칭송을 받았으나 미신을 믿어 웃음거리가 되기도 하였음.

【滯積】 貯積과 같음. 《國語》 魯語 참조.

【宋陳衛齊】 노나라가 이 네 나라의 공격을 받았다는 일은 기록에 없음. 당안의 《陸子新語校注》에 "事不見《春秋》, 疑是《穀梁》舊說"이라 함.
【叛臣】 賊臣과 같음.
【魯國危】 원래 '魯□□'로 되어 있으나 《群書治要》에 의해 보입함.

참고 및 관련 자료

1. 《穀梁傳》 莊公 31년

三十有一年, 春, 築臺于郎. 夏, 四月, 薛伯卒. 築臺于薛. 六月, 齊侯來獻戎捷, 齊侯來獻捷者, 內齊侯也, 不言使, 內與同, 不言使也, 獻戎捷, 軍得曰捷, 戎菽也. 秋, 築臺于秦, 不正罷民三時, 虞山林藪澤之利, 且財盡則怨, 力盡則懟, 君子危之, 故謹而志之也, 或曰, 倚諸桓也, 桓外無諸侯之變, 內無國事, 越千里之險, 北伐山戎, 爲燕辟地, 魯外無諸侯之變, 內無國事, 一年罷民三時, 虞山林藪澤之利, 惡內也.

2. 《國語》 魯語(上)

魯饑, 臧文仲言於莊公曰: 「夫爲四鄰之援, 結諸侯之信, 重之以婚姻, 申之以盟約, 固國之艱急是爲. 鑄名器, 藏寶財, 固民之殄病是待. 今國病矣, 君盍以名器請糴于齊!」 公曰: 「誰使?」 對曰: 「國有饑饉, 卿出告糴, 古之制也. 辰也備卿, 辰請如齊.」 公使往. 從者曰: 「君不命吾子, 吾子請之, 其爲選事乎?」 文仲曰: 「賢者急病而讓夷, 居官者當事不避難, 在位者恤民之患, 是以國家無違. 今我不如齊, 非急病也. 在上不恤下, 居官而惰, 非事君也.」 文仲以鬯圭與玉磬如齊告糴, 曰: 「天災流行, 戾于弊邑, 饑饉荐降, 民羸幾卒, 大懼乏周公·太公之命祀, 職貢業事之不共而獲戾. 不腆先君之敝器, 敢告滯積, 以紓執事, 以救弊邑, 使能共職. 豈唯寡君與二三臣實受君賜, 其周公·太公及百辟神祇實永饗而賴之!」 齊人歸其玉而予之糴.

3. 《論語》 公冶長篇

子曰: 「臧文仲居蔡, 山節藻梲, 何如其知也?」

4. 《論語》 衛靈公篇

子曰: 「臧文仲其竊位者與! 知柳下惠之賢而不與立也.」

108(8-10)
공자아와 경보

공자公子 아牙와 경보慶父의 무리들이 상하의 질서를 깨뜨리고 남녀의 분별을 어지럽히더니, 뒤이은 임금도 제대로 안정을 취하지 못하자, 역란을 부리는 자들은 두려울 게 없었다.

이에 제齊 환공桓公이 대부 고자高子를 파견하여 희공僖公을 세우고 그 부인을 주살해 버렸으며, 경보를 축출하고 계자季子를 불러들였다. 그런 다음에야 사직이 다시 보존되었으며, 자손들이 생업을 찾을 수 있었다. 이 어찌 미약한 자라 이르지 않을 수 있겠는가?

그러므로 위엄을 부리되 스스로 강하지 못한 자는 도리어 자신이 망하고, 법을 세우되 제대로 명석하게 하지 못하면 도리어 자신이 상처를 입는다 하였으니, 노魯 장공莊公을 두고 한 말이리라.

그 때문에 《춘추春秋》 곡穀에는 (……이하 결.)

公子牙·慶父之屬, 敗上下之序, 亂男女之別, 繼位者無所定, 逆亂者無所懼.

於是齊桓公遣大夫高子立僖公而誅夫人, 逐慶父而還季子, 然後社稷復存, 子孫反業, 豈不謂微弱者哉?

故爲威不强還自亡, 立法不明還自傷, 魯莊公之謂也. 故《春秋》穀(以下缺)

【公子牙】 이 구절의 내용은《史記》魯周公世家에 자세히 실려 있음.
【還自亡】 도리어 스스로 망함. '還'은 副詞로 '도리어'의 뜻.
【下缺】 이 아래 구절은 누락되어 알 수 없음. 戴彦升의《意林》附注에 "至德篇末 '故春秋穀' 似引《傳》說魯莊公事而缺其文"이라 하였고, 唐晏《陸子新語校注》에는 "闕文下, 當是引《穀梁》說也"라 함.

참고 및 관련 자료

1.《史記》魯周公世家

三十二年, 初, 莊公築臺臨黨氏, 見孟女, 說而愛之, 許立爲夫人, 割臂以盟. 孟女生子斑. 斑長, 說梁氏女, 往觀. 圉人犖自牆外與梁氏女戲. 斑怒, 鞭犖. 莊公聞之, 曰:「犖有力焉, 遂殺之, 是未可鞭而置也.」斑未得殺. 會莊公有疾. 莊公有三弟, 長曰慶父, 次曰叔牙, 次曰季友. 莊公取齊女爲夫人曰哀姜. 哀姜無子. 哀姜娣曰叔姜, 生子開. 莊公無適嗣, 愛孟女, 欲立其子斑. 莊公病, 而問嗣於弟叔牙. 叔牙曰:「一繼一及, 魯之常也. 慶父在, 可爲嗣, 君何憂?」莊公患叔牙欲立慶父, 退而問季友. 季友曰:「請以死立斑也.」莊公曰:「曩者叔牙欲立慶父, 柰何?」季友以莊公命命牙待於鍼巫氏, 使鍼季劫飮叔牙以鴆, 曰:「飮此則有後奉祀; 不然, 死且無後.」牙遂飮鴆而死, 魯立其子爲叔孫氏. 八月癸亥, 莊公卒, 季友竟立子斑爲君, 如莊公命. 侍喪, 舍于黨氏. 先時慶父與哀姜私通, 欲立哀姜娣子開. 及莊公卒而季友立斑, 十月己未, 慶父使圉人犖殺魯公子斑於黨氏. 季友奔陳. 慶父竟立莊公子開, 是爲湣公. 湣公二年, 慶父與哀姜通益甚. 哀姜與慶父謀殺湣公而立慶父. 慶父使卜齮襲殺湣公於武闈. 季友聞之, 自陳與湣公弟申如邾, 請魯求內之. 魯人欲誅慶父. 慶父恐, 奔莒. 於是季友奉子申入, 立之, 是爲釐公. 釐公亦莊公少子. 哀姜恐, 奔邾. 季友以賂如莒求慶父, 慶父歸, 使人殺慶父, 慶父請奔, 弗聽, 乃使大夫奚斯行哭而往. 慶父聞奚斯音, 乃自殺. 齊桓公聞哀姜與慶父亂以危魯, 及召之邾而殺之, 以其尸歸, 戮之魯. 魯釐公請而葬之.

9. 회려懷慮

‘회려懷慮’는 ‘염려를 품다’의 뜻으로 오로지 충성된 마음 하나로 일을 하는 자는 성공하지만 그렇지 않은 자는 결국 실패하고 만다는 내용이다. 통치자들이라면 사욕을 버리고 마음을 하나로 전일專一시켜 오로지 백성을 생각하고 덕으로 일을 처리할 것을 주장한 내용이다.

○ 黃震은 “懷厲言立功當專一”이라 하였고, 唐晏은 “此篇義主窒欲”이라 함.

〈觀月圖〉

109(9-1)
망설이는 자

생각을 굳히지 못하는 자는 계책을 세울 수 없고, 양 끝을 잡고 망설이는 자는 위엄을 결정할 수 없다.

그러므로 밖을 다스리는 자는 반드시 그 안부터 조정하는 법이며, 먼 곳까지 평정하는 자는 반드시 가까운 곳부터 바로잡는다.

천하의 벼리를 바르게 펴고 사방 팔극八極까지 몸소 힘쓰는 자라면, 그 근심의 대상을 집안일 따위에는 두지 않는다. 그런가 하면 기품과 성품을 기르고 닦으며 정신을 통달하여 수명을 연장시키고자 하는 자라면, 그 뜻을 쓸데없는 외물의 부림에 두지 않는다. 영토를 거머쥐고 그 백성을 자식처럼 여기며 나라를 다스리고 많은 무리를 다스리는 자라면, 자신의 사사로운 이익을 도모해서는 안 된다. 이익을 위해 돈벌이 산업에 치중하게 되면, 교화가 시행되지 않으며 정령政令을 선포해도 따라주지 않기 때문이다.

懷異慮者不可以立計, 持兩端者不可以定威.
故治外者必調內, 平遠者必正近.

綱維天下, 勞身八極者, 則憂不存於家; 養氣治性, 思通精神, 延壽命者, 則志不役於外; 據土子民, 治國治衆者, 不可以圖利; 治産業, 則敎化不行, 而政令不從.

【懷異慮】 엉뚱한 염려를 품고 있음. 결정을 내리지 못하고 허둥대거나 망설임.
【兩端】 양쪽 끝을 잡고 결정을 내리지 못함.
【養氣】 기와 의지를 잘 함양하여 수명을 연장하고자 함.
【據土】 토지를 근거로 함. 영토를 가지고 있음. 군주나 지도자를 말함.
【子民】 그 백성을 자식처럼 아껴 훌륭한 통치를 이루고자 함.

참고 및 관련 자료

1. 《論語》 子路篇

子曰: 「其身正, 不令而行; 其身不正, 雖令不從.」

110(9-2)
소진과 장의

소진蘇秦과 장의張儀 그 몸은 높은 지위에 올랐고, 그 이름은 세상에 널리 알려져 여섯 나라의 재상이 되어 여섯 임금을 섬기면서 그 위세가 산동山東에 떨쳤다.

그러나 그들은 제후들에게 온갖 유세를 하면서 나라마다 그 말이 달랐고, 사람마다 그 생각이 달라, 소진은 약한 나라들이 합하여 강한 진나라를 제압하고자 하였고, 장의는 연횡설을 견지하고 합종을 제어하고자 하였다. 그러나 안으로 굳건한 계책이 없었고, 그들 자신도 한 가지에만 명분을 정할 수 없어, 그 공과 업적을 마치지 못한 채 결국 중도에 폐기되고 말았다. 그리하여 그 몸은 평범한 보통 사람의 손에 죽어 천하의 웃음거리가 되고 말았던 것이다. 이렇게 된 이유는 바로 그 언사가 일관되지 못하였고, 정서와 욕구가 마구 풀어져 확정적이지 못하였기 때문이다.

蘇秦·張儀, 身尊於位, 名顯於世, 相六國, 事六君, 威振山東.

橫說諸侯, 國異辭, 人異意, 欲合弱而制彊, 持橫而御縱, 內無堅計, 身無定名, 功業不平, 中道而廢, 身死於凡人之手, 爲天下所笑者, 乃由辭語不一, 而情欲放佚故也.

【蘇秦】 전국시대 유명한 유세가. 종횡가. 東周 洛陽 사람으로 자는 季子. 燕나라에 유세하여 秦나라에 대항할 六國合縱의 정책을 수립함. 趙나라에 이르러 武安君에 봉해졌으며 그 뒤 여섯 나라 재상을 동시에 수행함. 張儀의 連橫說과 함께 전국시대 국제무대에서 그 이름을 떨침. 《戰國策》 및 《史記》 蘇秦列傳 참조.

〈蘇秦〉 《東周列國志》 石印本 삽화

【張儀】 전국시대 蘇秦과 함께 鬼谷子에게 縱橫術을 배워 連橫術로 소진과 맞섰던 인물. 魏나라 사람으로 秦나라에 들어가 惠王에게 발탁되어 재상이 되었으며 武信君에 봉해짐. 연횡술은 산동 여섯 나라가 각기 진나라와 우호관계를 맺어 화를 피하여야 한다는 주장. 《戰國策》 및 《史記》 張儀列傳 참조.

【六國】 戰國七雄 중에 서쪽 秦나라를 상대한 동쪽의 여섯 나라. 즉 齊·楚·燕·韓·魏·趙. 소진은 합종책으로 이 여섯 나라의 동시 재상이 되었으며, 장의는 연횡설을 주장하여 이 여섯 나라로 하여금 개별적으로 서쪽 진나라에 복속할 것을 유세하였음.

【山東】 전국시대 중국의 서쪽 진나라와 나머지 동쪽 여섯 나라를 구분하던 명칭으로 흔히 崤山의 동쪽, 혹은 華山의 동쪽 또는 函谷關의 동쪽 일대를 가리킴. 關東이라고도 부름.

【合弱而制彊】 약한 나라들이 서로 연합전선을 형성하여 강한 진나라를 제압함. 소진의 합종설을 말함.

【持橫而御縱】 여섯 나라가 각기 개별적으로 연횡책을 견지하고 종횡술을 억누름. 모두가 秦나라에 복속하도록 하던 장의의 연횡책.

【無定名】 반드시 한 가지에만 매달릴 수 없음을 말함.

【平】 혹 '卒'자가 아닌가 함. 宋翔鳳 〈校本〉에 "按疑作卒"이라 함.

참고 및 관련 자료

1.《戰國策》秦策(上)

「臣爲王慮, 莫若善楚. 秦·楚合而爲一, 臨以韓, 韓必授首. 王襟以山東之險, 帶以河曲之利, 韓必爲關中之候(侯). 若是, 王以十成鄭, 梁氏寒心, 許·鄢陵嬰城, 上蔡·召陵不往來也. 如此, 而魏亦關內候(侯)矣. 王一善楚, 而關內二萬乘之主注地於齊, 齊之右壤可拱手而取也. 是王之地一任兩海, 要絶天下也. 是燕·趙無齊·楚, 無燕·趙也. 然後危動燕·趙, 持齊·楚, 此四國者, 不待痛而服矣.」

111(9-3)
관중과 환공

그러므로 관중管仲이 환공桓公의 재상이 되어 자신의 절의를 굽혀 임금으로 모시면서 오로지 한 마음으로 하였다. 몸은 자신의 일 이외에는 신경을 쓰지 않았고, 마음은 기울거나 기댈 생각은 전혀 하지 않았다. 그 나라를 바르게 세우고 천하를 제압하며 그 임금을 존중하고 제후를 굴복시켜 권위가 해내에 행해졌으며, 교화가 중원 여러 나라에 퍼져나갔다. 도를 잃은 자는 주벌하고 의를 바로잡은 자는 드러내었으며, 하나의 일을 들어 바르게 하자 천하가 그를 따랐으며, 하나의 정령을 내자 제후들이 모두 복종하였다.

그러므로 성인은 하나의 정치를 잡아 백성을 먹줄로 바르게 하듯 하며, 하나의 개槩를 쥐고 만민을 평등하게 한다 하였으니, 그럼으로써 함께 일관된 치적을 이루었으며 명확한 통일을 성취하였던 것이다.

故管仲相桓公, 詘節事君, 專心一意, 身無境外之交, 心無欹斜之慮, 正其國而制天下, 尊其君而屈諸侯, 權行於海內, 化流於諸夏, 失道者誅, 秉義者顯, 擧一事而天下從, 出一政而諸侯靡.

故聖人執一政以繩百姓, 持一槩以等萬民, 所以同一治而明一統也.

【管仲】 管子. 齊 桓公의 재상이 되어 그의 패업을 도운 인물. 이름은 夷吾, 자는 仲, 혹 敬仲. 潁上(지금의 安徽) 사람으로 齊나라에 난이 일어나자 公子 糾를 모시고 魯나라로 피신. 鮑叔牙는 小白(桓公)을 모시고 莒로 피신. 뒤에 소백이 돌아와 왕위에 오르자 포숙아의 추천으로 재상에 오름. 이러한 일로 管鮑之交의 고사를 낳기도 함. 《左傳》, 《史記》 管晏列傳 및 《列子》 등 참조. 그의 언행을 다룬 《管子》가 전함.

【詘節】 '굴절'로 읽으며 '屈節'과 같음. 절의를 굽혀 상대를 모심. 管仲이 앞서 公子 糾를 모셔 齊 桓公과는 적이었으나, 실패하자 자신을 굽혀 환공을 모셨음을 말한 것.

【無境外之交】 齊나라 사람 이외의 다른 제후들과는 교류를 하지 않음.

【㩻斜】 기대거나 비뚤게 기욺. 그러나 文廷式의 《純常子枝語》에 "奇衺之異文"이라 하였으며, 아첨을 떨며 윗사람을 속임을 말한다 하였음.

【正其國而制天下】 '而'자는 원문에 '如'로 되어 있으나 〈子彙〉, 〈彙函〉, 〈品節〉, 〈金丹〉본 등에는 모두 '而'자로 되어 있음.

【諸夏】 周나라 때 분봉한 中原의 여러 제후국들을 가리킴.

【政】 政事. 政治. 정치와 행정.

【諸侯靡】 제후들이 서로 따르고 복종함.

【槩】 곡식 등의 말이나 되로 잴 때 위를 평평하게 하는 기구.

【一統】 統一. 천하를 통일함. 통일된 질서를 세움.

참고 및 관련 자료

1. 《論語》 憲問篇

子路曰:「桓公殺公子糾, 召忽死之, 管仲不死. 曰: 未仁乎?」子曰:「桓公九合諸侯, 不以兵車, 管仲之力也. 如其仁, 如其仁.」

2.《戰國策》齊策(下)

「且吾聞, 傚小節者不能行大威, 惡小恥者不能立榮名. 昔管仲射桓公中鉤, 簒也; 遺公子糾而不能死, 怯也; 束縛桎桔(梏), 辱身也; 此三行者, 鄕里不通也, 世主不臣也. 使管仲終窮抑, 幽囚而不出, 慚恥而不見, 窮年沒壽, 不免爲辱人賤行矣. 然而管子并三行之過, 據齊國之政, 一匡天下, 九合諸侯, 爲五伯首, 名高天下, 光照鄰國. 曹沫爲魯君將, 三戰三北, 而喪地千里. 使曹子之足不離陳, 計不顧後, 出必死而不生, 則不免爲敗軍禽將. 曹子以敗軍禽將, 非勇也; 功廢名滅, 後世無稱, 非知也. 故去三北之恥, 退而與魯君計也, 曹子以爲遭. 齊桓公有天下, 朝諸侯. 曹子以一劍之任, 劫桓公於壇位之上, 顔色不變, 而辭氣不悖. 三戰之所喪, 一朝而反之, 天下震動驚駭, 威信吳·楚, 傳名後世. 若此二公者, 非不能行小節, 死小恥也, 以爲殺身絕世, 功名不立, 非知也. 故去忿恚之心, 而成終身之名; 除感忿之恥, 而立累世之功. 故業與三爭流, 名與天壤相候也. 公其圖之!」燕將曰:「敬聞命矣!」因罷兵到讀(韇·櫝)而去. 故解齊國之圍, 救百姓之死, 仲連之說也.

〈管仲〉(管夷吾)《三才圖會》

112(9-4)
초영왕

그러므로 하늘이 '일一'을 얻으면 큰 도리를 이루게 되며, 사람이 '일'을 얻으면 윤리를 성취하게 된다.

초楚 영왕靈王은 천 리나 되는 넓은 영토를 가지고, 백 개나 되는 읍邑을 향유하고 있었지만, 인의를 먼저하고 도덕을 숭상해야 함에도 그렇게 하지 않은 채 기이한 기교만 좋아하며, □□□, 음양을 □하며, 괴이한 물건에만 미혹하여 건계乾谿에 누대를 지으면서 그 높이를 백 길로 세워, 하늘에 흘러가는 구름까지 올라, 천문天文을 훔쳐보고자 하였다. 그러나 마침내 그 자신은 기질棄疾의 손에 죽고 말았다.

故天一以大成數, 人一以□成倫.

楚靈王居天里之地, 享百邑之國, 不先仁義而尚道德, 懷奇伎, □□□, □陰陽, 命物怪, 作乾谿之臺, 立百仞之高, 欲登浮雲, 窺天文, 然身死於棄疾之手.

【天一】《老子》39장에 "昔之得一者, 天得一以淸, 地得一以寧"이라 한 것을 말함. 一은 萬數의 시작이며 道의 종지임을 뜻하여 '道'를 대신하는 말.

【奇伎】 특이한 재능.

【物怪】 괴이한 사물. 괴자는 원작에는 '恠'으로 되어 있으나 孫詒讓의 《扎迻》에 "案: '恠'當作'怪', 形近而誤"라 함.

【乾谿之臺】 누대 이름. 그러나 章華臺의 오기로 봄. 唐晏의 《陸子新語校注》에 "按: 左傳國語皆作章華臺, 此作乾谿臺, 乾谿在下蔡, 章華臺故址在華容, 相去甚遠, 此誤合之, 由穀梁無章華臺故"라 함. 章華臺는 지금의 湖北 監利縣 서북쪽에 있음.

【百仞】 백 길. 지극히 높음을 말함.

【窺天文】 하늘의 日月星辰을 관찰함. 고대 제왕(天子)만이 靈臺를 설치하고 천문을 관찰할 수 있었으나, 여기서는 楚 靈王이 천문을 관찰한 것은 천자의 일을 참월한 것으로 제후의 예에 맞지 않음을 지적한 것.

【死於棄疾之手】 棄疾은 楚 靈王의 아우. 宋翔鳳의 《新語校注》에 "本缺'疾之手'三字, 依別本補"라 함.

참고 및 관련 자료

1. 《老子》 39장

昔之得一者. 天得一以淸, 地得一以寧, 神得一以靈, 谷得一以盈, 萬物得一以生, 侯王得一以爲天下貞. 其致之.

2. 《史記》 楚世家

十二年春, 楚靈王樂乾谿, 不能去也. 國人苦役. 初, 靈王會兵於申, 僇越大夫常壽過, 殺蔡大夫觀起. 起子從亡在吳, 乃勸吳王伐楚, 爲閒越大夫常壽過而作亂, 爲吳閒. 使矯公子棄疾命召公子比於晉, 至蔡, 與吳·越兵欲襲蔡. 令公子比見棄疾, 與盟於鄧. 遂入殺靈王太子祿, 立子比爲王, 公子子晳爲令尹, 棄疾爲司馬. 先除王宮, 觀從從師于乾谿, 令楚衆曰:「國有王矣. 先歸, 復爵邑田室. 後者遷之.」楚衆皆潰, 去靈王而歸. 靈王聞太子祿之死也, 自投車下, 而曰:「人之愛子亦如是乎?」侍者曰:「甚是.」王曰:「余殺人之子多矣, 能無及此乎?」右尹曰:「請待於郊以聽國人.」王曰:「衆怒不可犯.」曰:「且入大縣而乞師於諸侯.」

王曰:「皆叛矣.」又曰:「且奔諸侯以聽大國之慮.」王曰:「大福不再, 祇取辱耳.」於是王乘舟將欲入鄢. 右尹度王不用其計, 懼俱死, 亦去王亡. 靈王於是獨傍偟山中, 野人莫敢入王. 王行遇其故鋗人, 謂曰:「爲我求食, 我已不食三日矣.」鋗人曰:「新王下法, 有敢饟王從王者, 罪及三族, 且又無所得食.」王因枕其股而臥. 鋗人又以土自代, 逃去. 王覺而弗見, 遂飢弗能起. 芋尹申無宇之子申亥曰:「吾父再犯王命, 王弗誅, 恩孰大焉!」乃求王, 遇王飢於釐澤, 奉之以歸. 夏五月癸丑, 王死申亥家, 申亥以二女從死, 幷葬之. 是時楚國雖已立比爲王, 畏靈王復來, 又不聞靈王死, 故觀從謂初王比曰:「不殺棄疾, 雖得國猶受禍.」王曰:「余不忍.」從曰:「人將忍王.」王不聽, 乃去. 棄疾歸. 國人每夜驚, 曰:「靈王入矣!」乙卯夜, 棄疾使船人從江上走呼曰:「靈王至矣!」國人愈驚. 又使曼成然告初王比及令尹子晳曰:「王至矣! 國人將殺君, 司馬將至矣! 君蚤自圖, 無取辱焉. 衆怒如水火, 不可救也.」初王及子晳遂自殺. 丙辰, 棄疾卽位爲王, 改名熊居, 是爲平王.

113(9-5)
노장공과 자규

노魯 장공莊公은 중앙의 좋은 영토를 차지하고 있었으며, 성인 주공의 후손이었건만 주공의 업을 제대로 닦지도 못한 채 선대의 몸만 이어받아 권력을 숭상하고 위세에 의지하였다. 수많은 인구의 힘을 가지고 있었고 남보다 뛰어난 강한 면도 있었지만, 능히 자규子糾 하나 보호해 주지 못하여, 결국 나라는 침략을 당하고 영토는 빼앗겨 수사洙泗로 국경을 정하는 약소국이 되고 말았다.

魯莊公據中土之地, 承聖人之後, 不修周公之業, 繼先人之體, 尚權杖威, 有萬人之力, 懷兼人之强, 不能存爲子糾, 國侵地奪, 以洙泗爲境.

【魯莊公】 춘추시대 노나라 군주. B.C.693~B.C.662년까지 32년간 재위함.

【中土】 노나라 관할이었던 冀州를 가리킴.

【承聖人之後】 魯나라는 周公(姬旦)이 봉을 받았던 곳이므로 성인, 즉 주공의 후손임을 말한 것.

【繼先人之體】 선조의 혈통을 이어왔음을 뜻함.
【有萬人之力】 만 명을 제압할 힘을 가지고 있음. 그러나 노 장공이 힘이 세었다는 기록은 없음. 唐晏의 《陸子新語校注》에 "按: 莊公以善射聞, 不聞其多力, 此亦可備異聞"이라 함.
【兼人】 재주나 힘이 남보다 훨씬 뛰어남을 표현하는 말.
【不能存立子糾】 능히 子糾를 보호해 내지 못함.
【洙泗】 洙水와 泗水. 魯나라 도읍 曲阜 근처를 흐르는 물. 魯나라 영토가 매우 좁아졌음을 말함.

참고 및 관련 자료

1. 《公羊傳》 莊公 9년

九月, 齊人取子糾殺之, 其取之何? 內辭也, 脅我, 使我殺之也. 其稱子糾何? 貴也, 其貴奈何? 宜爲君者也.

2. 《穀梁傳》 莊公 9년

九月, 齊人取子糾殺之. 外不言取. 言取, 病內也, 取, 易辭也, 猶曰取其子糾而殺之云爾, 十室之邑, 可以逃難, 百室之邑, 可以隱死, 以千乘之魯而不能存子糾, 以公爲病矣.

114(9-6)
시서를 익혀야

무릇 세속의 사람들은 《시詩》《서書》를 익혀, 인의仁義를 실행하고 성인의 도를 존중하며 경예經藝의 심오함을 끝까지 궁구해야 하건만 그렇게 하지 않고 이에 증험되지 않은 논리를 펴고, 그렇게 될 수 없는 일을 배우며, 천지의 물건들을 만들려 하며, 재이災異의 변화를 설명하려 들고, 선왕先王의 법을 뒤틀고, 성인의 뜻을 왜곡하며, 학자들의 마음을 현혹시키고, 많은 이들의 지향하는 바를 옮겨버리고, 하늘을 손가락질하고 땅을 마구 구획하며, 세상일에 시비를 밥먹듯이 하며, 사악한 변고로써 사람을 동요시키며 기괴한 것으로써 사람을 놀라게 하니, 이를 듣는 자는 마치 그를 신처럼 여기고 그를 보는 사람은 마치 기이한 사람으로 여기게 된다.

그러나 오히려 그러한 논리일수록 곤액에 처한 자를 구제해 내지도 못하고, 그 몸을 제도하지도 못할 뿐 아니라 혹 죄에 걸려들고 법에 □□ 되고 말아, 허물을 뒤집어쓰고 죽음을 면치 못하고 만다.

그러므로 일이란 법도에서 생겨나는 것이 아니며, 도란 천지에 근본을 두고 있는 것도 아니다. 가히 말로는 할 수 있으나 이를 실행할 수는 없으며, 가히 들을 수는 있으나 남에게 전할 수는 없으며, 가히 약간 즐길 수는 있으나 크게 쓸 수는 없는 대상이다.

夫世人不學《詩》·《書》, 行仁義, 尊聖人之道, 極經藝之深, 乃論不驗之語, 學不然之事; 圖天地之形, 說災變之異; 乖先王之法, 異聖人之意; 惑學者之心, 移衆人之志; 指天畫地, 是非世事; 動人以邪變, 驚人以奇怪; 聽之者若神, 視之者如異.

然猶不可以濟於厄而度其身, 或觸罪□□法, 不免於辜戮.

故事不生於法度, 道不本於天地, 可言而不可行也, 可聽而不可傳也, 可小翫而不可大用也.

【尊】 이 글자는 원본에 없음. 宋翔鳳의 《新語校本》에 "本缺一字, 依別本補"라 함.

【經藝】 여러 經書를 뜻함. 藝는 漢나라 때까지 '經'을 '藝'라 하였음.

【不驗】 증험해 내지 못함. 근거로 삼을 典據가 없음.

【不然】 논리로 보아 그렇게 될 수 없는 일.

【乖先】 혹 '弃先'으로도 표기된 판본도 있으며 이는 원본에는 없음. 宋翔鳳의 《新語校本》에 "本缺二字, 依〈子彙〉補, 別本乖作弃"라 함.

【指大畫地】 위로 천문을 살피고 아래로 지리를 굽어봄. 천자의 일을 뜻함.

【視之者若異】 唐晏의 《陸子新語校注》에 "按: 世謂讖緯之說, 起自哀平, 今據陸生所言, 則戰國以來有之矣. 故'亡秦者胡', 及《孔子閉房記》, 沙丘之說, 皆讖也"라 함.

【濟於厄】 危難이나 災厄에서 구제해 줌.

【度其身】 그로 하여금 일생을 살 수 있도록 함. '度'는 '渡'의 뜻이며 앞의 제자와 합해 '濟渡'의 의미임.

【□□】 宋翔鳳 《新語校本》에 "〈抄本〉作缺一字"라 함.

【辜戮】 酷刑의 일종. 四肢를 해체하는 嚴酷한 형벌.

【小】 원본에는 이 글자가 없음. 宋翔鳳의 《新語校本》에 "別本作小"라 함.

참고 및 관련 자료

1.《淮南子》氾論訓

不用之法, 聖王弗行; 弗驗之語, 聖王弗聽.

2.《鹽鐵論》相刺篇

今儒者釋耒耜而學不驗之語.

115(9-7)
하나를 잡고

그러므로 사물 중에 가히 그럴 수 있는 것이라 해서 꼭 도道에 합당한 것은 아닐 수 있으며, 도에 합당하다고 해서 꼭 사물이 그렇게 되는 것도 아니다.

이 까닭으로 사물을 통제하는 자는 가히 □할 수 있는 것은 아니며, 도를 만들어 내는 자는 가히 통하지 못할 수도 있다.

눈은 밝은 것을 정밀하게 보기 위한 것이며, 귀란 듣는 임무가 위주이며, 입이란 맛을 변별하는 기능을 가진 것이며, 코는 향기를 맡는 기관이며, 손은 물건을 쥐는 역할을 하며, 발은 걷는 일을 하니 각기 한 가지씩의 본성을 받아가지고 있어 동시에 두 가지를 수행할 수는 없는 것이다. 그런데 두 가지를 한꺼번에 수행하고자 하면 마음이 미혹해지고 길이 두 갈래라면 어디로 걸어가야 할지 막막하게 된다.

그러나 마음을 바르게 하여 한결같이 견실하며 시간이 오래 흘러도 이를 잊지 아니한다면 위에 있어도 일탈하지 않게 되며 아래에 있어도 상해를 입지 않는다.

'일一'을 잡고 사물을 통제한다면 비록 그 수가 적다 해도 반드시 많아질 것이나, 마음이 일탈되고 정서가 흩어진다면 비록 높이 올랐다 해도 틀림없이 무너지고 말 것이다. 마찬가지로 몸에서 기氣가 새어나가 병이 생기면 그 수명은 장수할 수 없을 것이며, 엎어지고 넘어져 단서를 제대로 잡지 못한다면 길을 잃어 더 이상 앞으로 나아갈 수가 없게 되는 것이다.

故物之所可, 非道之所宜; 道之所宜, 非物之所可.

是以制事者不可□, 設道者不可通.

目以精明, 耳以主聽, 口以別味, 鼻以聞芳, 手以之持, 足以之行, 各受一性, 不得兩兼; 兩兼則心惑, 二路者行窮.

正心一堅, 久而不忘, 在上不逸, 爲下不傷.

執一統物, 雖寡必衆; 心佚情散, 雖高必崩; 氣泄生疾, 壽命不長; 顚倒無端, 失道不行.

【精明】 精密하고 明察함.

【口以別味】 입은 맛을 변별하기 위해 있는 것임.

【聞芳】 聞은 '냄새나 향기 따위를 맡다'의 뜻. 향기를 맡음.

【兩兼則心惑】 다른 판본에는 '兼則心惑'으로 되어 있음. 兪樾의 《新語平議》에 "樾謹按: '兩兼則心惑', 與'二路者行窮'相對成文"이라 함.

【二路】 한 가지에 전념하지 못함을 말함.

【執一】 마음을 한 가지에 전념함을 말함. '一'을 잡고 흔들리지 않음.

【心佚情散】 마음과 정신이 분산되어 한 가지에 집중할 수 없음.

【無端】 사물의 단서를 잡지 못함.

참고 및 관련 자료

1. 《尸子》 分篇

執一以靜, 令名自正, 令事自定. ……執一之道, 去智與巧.

2. 《呂氏春秋》 執一篇

王者執一而爲萬物正. ……天子必執一, 所以摶之也. 一則治, 兩則亂.

116(9-8)
감각과 부합되는 기

그러므로 사람의 기氣가 감각과 부합하게 되면 맑고 깨끗하며 밝고 빛이 날 것이며, 그때의 본심은 겉으로 드러날 것이다.

염담과 화창함이 조화를 이루어 선량하면, 그것이 조밀한 자는 견고해질 것이며, 그것이 안정된 자라면 자상해질 것이다. 뜻이 안정되고 마음이 평온하면 혈맥이 이로써 강건해지는 것이다.

정치를 맡고 있으면서 □의 두 가지를 도모하게 되면 자칫 그 중용의 도를 잃게 된다. 이 까닭으로 전투하는 병사는 농사를 짓지 아니하며 조정의 선비는 상업에 매달리지 않으니 이는 사악한 것이 곧은 것에게 간악한 짓을 하지 않도록 하기 위함이요, 둥근 것이 모난 것을 어지럽히지 않고자 함이다. 위배되고 지독한 것이 서로 얽히게 되면 더욱 오류를 일으켜 바로잡을 수가 없게 되기 때문이다.

따라서 다스려지기를 원하는 군주라면, 이익의 문은 닫아버리는 법이니, 덕을 쌓는 집안에게는 반드시 재앙이 없게 된다.

이익이 끊어지면 도가 드러나게 되며, 무력으로 할 일을 없애 버리면 덕이 흥하게 된다. 이것이 바로 나라를 오래 지속시킬 수 있는 도이며, 언제나 항상 실천에 옮겨야 할 법인 것이다.

故氣感之符, 清潔明光, 情素之表.

恬暢和良: 調密者固, 安靜者祥; 志定心平, 血脈乃彊.

秉政圖□兩, 失其中方.

戰士不耕, 朝士不商, 邪不奸直, 圓不亂方, 違戾相錯, 撥刺難匡.

故欲理之君, 閉利門; 積德之家, 必無災殃.

利絶而道著, 武讓而德興, 斯乃持久之道, 常行之法也.

【情素】 충심, 본심.

【血脈乃彊】 생명력이 왕성하고 신체가 건장함.

【圖□】 嚴可均의 《新語》 輯本 注에는 "圖兩中間無缺"이라 하여 □는 빠진 글자가 아니라 하였음.

【違戾】 사물의 이치에 어긋남.

【撥刺】 孫詒讓의 《札迻》에 "按: 撥, 癶之借字, 刺當作剌, 說文癶部云: '癶, 足剌癶也. 讀若撥.' 刀部: '剌, 戾也.' 《淮南子》修務云: '琴或撥剌枉撓.' 高注云: '撥剌, 不正也.' 程榮本剌作刺, 尤譌"라 함. '발랄(撥剌)'은 첩운연면어이며 더 큰 오류를 일으킴을 뜻함.

【理】 '治'와 같음. 唐代 李治의 이름을 피휘하여 '理'로 쓴 것.

【讓】 자신이 가진 것을 남에게 줌. 그러나 唐晏의 《陸子新語校注》에는 "讓, 當作攘"이라 함.

참고 및 관련 자료

1. 《周易》 文言傳(下)

積善之家, 必有餘慶; 積不善之家, 必有餘殃. 臣弑其君, 子弑其父, 非一朝一夕之故, 其所由來者漸矣! 由辯之不早辯也. 易曰: 「履霜, 堅氷至」, 蓋言順也.

10. 본행本行

'본행本行'은 실행을 근본으로 삼되 治國의 요체는 道와 德이요, 言行의 기본은 仁과 義임을 밝힌 것이다.

특히 본편에서는 존비와 귀천의 구분을 명확히 하는 尺度도, 역시 인의와 도덕임을 강조하고 있다.

○ 黃震은 "本行言立行本仁義"라 하였고, 戴彦升은 "本行篇大旨在貴德賤財"라 하였으며, 唐晏은 "此篇義主本諸身而加乎民"이라 함.

〈駿馬圖〉 宋 李公麟(畫)

117(10-1)
도덕과 인의

다스림에는 도와 덕이 최상이며, 행동에는 인과 의가 근본이다.

그러므로 높은 자리에 있으면서 덕이 없는 자는 폐출시켜야 하며, 재물에 부유하면서 의義가 없는 자는 형벌을 가해야 하며, 천한 신분이되 덕을 좋아하는 자는 존중을 받아야 하고, 가난하지만 의로움을 지닌 자는 영예를 누려야 한다.

단간목은 수레 없이 발로 걸어다니는 선비였지만 도를 닦고 덕을 행하여, 위魏 문후文侯가 그가 사는 마을을 지날 때면 수레에서 식軾을 하였던 것이다.

治以道德爲上, 行以仁義爲本.

故尊於位而無德者黜, 富於財而無義者刑, 賤而好德者尊, 貧而有義者榮.

段干木徒步之士, 脩道行德, 魏文侯過其閭而軾之.

【治以道】 宋翔鳳의 《新語校本》에 "本缺二字, 依《治要》增, 又多一字"라 함.
【黜】 廢黜시킴. 黜陟함.
【段干木】 전국시대 魏나라 사람으로 어릴 때 가난하여 西河를 떠돌다가 卜子夏에게 배웠으며, 그 뒤 田子方, 李克, 崔璜, 吳起 등과 함께 魏나라에 머물 때 네 사람은 모두 장수가 되었으나, 단간목만은 은거하며 벼슬하지 않음. 이에 魏 文侯가 그를 찾아가자 담을 넘어 피함. 문후는 할 수 없이 그의 집에 軾을 하고 돌아섰다 함. 참고란을 볼 것.
【徒步】 보행. 평민을 말함. 고대 벼슬을 하면 그에 맞는 수레가 있었으며, 평민의 경우 보행으로 다녀 평민을 대신하는 말로 쓰임.
【軾】 수레에서 내리지 않은 채 수레 앞의 횡목을 잡고 예를 표하는 고대 예법.

참고 및 관련 자료

1. 《呂氏春秋》 期賢篇

魏文侯過段干木之閭而軾之, 其僕曰: 「君胡爲軾?」 曰: 「此非段干木之閭歟? 段干木蓋賢者也, 吾安敢不軾? 且吾聞段干木未嘗肯以己易寡人也, 吾安敢驕之? 段干木光乎德, 寡人光乎地, 段干木富乎義, 寡人富乎財.」 其僕曰: 「然則君何不相之?」 於是君請相之, 段干木不肯受. 則君乃致祿百萬, 而時往館之. 於是國人皆喜, 相與誦之曰: 「吾君好正, 段干木之敬, 吾君好忠, 段干木之隆.」 居無幾何, 秦興兵欲攻魏, 司馬唐諫秦君曰: 「段干木賢者也, 而魏禮之, 天下莫不聞, 無乃不可加兵乎!」 秦君以爲然, 乃按兵輟不敢攻之. 魏文侯可謂善用兵矣. 嘗聞君子之用兵, 莫見其形, 其功已成, 其此之謂也. 野人之用兵也, 鼓聲則似雷, 號呼則動地, 塵氣充天, 流矢如雨, 扶傷輿死, 履腸涉血, 無罪之民其死者量於澤矣, 而國之存亡·主之死生猶不可知也, 其離仁義亦遠矣.

2. 《淮南子》 脩務訓

段干木辭祿而處家, 魏文侯過其閭, 而軾之. 其僕曰: 「君何爲軾?」 文侯曰: 「段干木在, 是以軾.」 其僕曰: 「段干木布衣之士, 君軾其閭, 不已甚乎?」 文侯曰: 「段干木不趍勢利, 懷君子之道. 隱處窮巷, 聲施千里. 寡人敢勿軾乎? 段干木光于德, 寡人光于勢. 段干木富于義, 寡人富于財, 勢不若德尊, 財不若義高. 干木雖以己易寡人, 不爲, 吾日悠悠, 慙于影. 子何以輕之哉?」 其後秦將起兵伐魏, 司馬庾諫曰:「段干木賢者, 其君禮之, 天下莫不知; 諸侯莫不聞. 擧兵伐之, 無乃妨於義乎?」於是秦乃偃兵, 輟不攻魏.

3.《高士傳》(中)「段干木」

段木者, 晉人也. 少貧且賤, 心志不遂. 乃治淸節遊西河, 師事卜子夏與田子方·李克·翟璜·吳起等. 居于魏, 皆爲將, 唯干木守道不仕. 魏文侯欲見, 就造其門, 段干木踰墻而避文侯. 文侯以客禮待之. 出過其廬而軾, 其僕問曰:「干木, 布衣也. 君軾其廬, 不已甚乎?」文侯曰:「段干木, 賢者也. 不移勢利, 懷君子之道. 隱處窮巷, 聲馳千里, 吾敢不軾乎? 干木先乎德; 寡人先乎勢; 干木富乎義; 寡人富乎財. 勢不若德貴, 財不若義高. 又請爲相不肯, 後卑已. 固請見.」文侯立倦不敢息. 夫文侯名過齊桓公者, 蓋能尊段干木, 敬卜子夏, 友田子方故也.

4.《新序》(5)

魏文侯過段干木之閭而軾, 其僕曰:「君何爲軾?」曰:「此非段干木之閭乎? 段干木蓋賢者也, 吾安敢不軾? 且吾聞段干木未嘗肯以己易寡人也, 吾安敢高之? 段干木光乎德, 寡人光乎地; 段干木富乎義, 寡人富乎財. 地不如德, 財不如義. 寡人當事之者也.」遂致祿百萬, 而時往問之. 國人皆喜, 相與誦之曰:『吾君好正, 段干木之敬; 吾君好忠, 段干木之隆.』居無幾何, 秦興兵欲攻魏, 司馬唐且諫秦君曰:「段干木, 賢者也. 而魏禮之, 天下莫不聞, 無乃不可加兵乎?」秦君以爲然, 乃案兵而輟, 不攻魏. 文侯可謂善用兵矣. 夫君子善用兵也, 不見其形, 而攻已成, 其此之謂也. 野人之用兵, 鼓聲則似雷, 號呼則動天, 塵氣充天, 流矢如雨. 扶傷擧死, 履腸涉血, 無罪之民, 其死者已量於澤矣, 而國之存亡, 主之死生, 猶未可知也, 其離仁義亦遠矣.

118(10-2)
진채에서의 곤액

부자夫子가 진陳나라와 채蔡나라 국경 사이에서 곤액에 처해 있을 때, 콩밥이나 나물국조차도 거르지 않고 먹을 수 있는 상황이 아니었다.

그런가 하면 그를 따르던 제자들조차 소매까지 낡은 베옷에 다 낡은 도포로써 추위를 피할 수도 없었다. 이에 처참한 상태로 곤액에 굴복하여 스스로 그렇게 견딜 수밖에 없었다.

그러나 공자는 도道로써 이에 대처하였고, 제자들은 의義로써 이를 견뎌 내었다.

그리하여 포의布衣의 선비로부터 위로는 □ 천자, 그리고 아래로는 많은 서민에 이르기까지 자신의 몸을 노고롭게 하면서도 윗사람을 바로잡을 수 있었던 것이다.

夫子陳蔡之厄, 豆飯菜羹, 不足以接餧, 二三子布弊縕袍, 不足以避寒, 倥傯屈厄, 自處甚矣.

然而夫子當於道, 二三子近於義.

自布衣之士, 上□天子, 下齊庶民, 而累其身而匡上也.

【夫子】 '선생님'에 대한 칭호. 여기서는 孔子를 가리킴.

【陳蔡】 공자가 제자들을 데리고 여러 나라를 周遊할 때 陳나라와 蔡나라 사이에서 크게 고통을 당한 사건. 여러 典籍에 널리 실려 있으며, 이는 공자가 楚나라의 초빙을 받아 가는 도중 이 두 나라를 지날 때 그 나라 대부들이 초나라가 공자를 등용하면 자신들에게 불리할 것으로 여겨, 이들을 에워싸고 움직이지 못하도록 한 것임. 참고란을 볼 것.

【接餒】 영접하여 饑餓에서 구제해 냄.

【二三子】 공자가 제자들을 부를 때 쓰는 말.

【弊】 소매(袂)와 같음.

【縕袍】 布衣와 같음.

【倥傯】 곤고한 모습을 표현하는 疊韻連綿語.

【屈厄】 곤액에 처함.

【當於道】 도에 합당함.

【而累其身】 '而'자는 '乃'자의 오기로 봄. 唐晏《陸子新語校注》에 "此字有誤"라 함.

【匡】 糾正함, 輔助함. 바로잡음.

참고 및 관련 자료

1. 《孔子家語》 在厄篇

楚昭王聘孔子, 孔子往, 拜禮焉, 路出于陳·蔡, 陳·蔡大夫相與謀曰:「孔子聖賢, 其所刺譏, 皆中諸侯之病, 若用於楚, 則陳·蔡危矣.」遂使徒兵距孔子, 孔子不得行, 絶糧七日, 外無所通, 藜羹不充, 從者皆病, 孔子愈慷慨講誦, 弦歌不衰, 乃召子路而問焉曰:「《詩》云:『匪兕匪虎, 率彼曠野.』吾道非乎? 奚爲至於此?」子路慍, 作色而對曰:「君子無所困, 意者, 夫子未仁與? 人之弗吾信也; 意者, 夫子未智與? 人之弗吾行也. 且由也昔者聞諸夫子:『爲善者天報之以福, 爲不善者天報之以禍.』今夫子積德懷義, 行之久矣, 奚居之窮也?」子曰:「由! 未之識也. 吾語汝: 汝以仁者爲必信也, 則伯夷·叔齊不餓死首陽; 汝以智者爲必用也, 則王子比干不見剖心; 汝以忠者爲必報也, 則關龍逢不見刑; 汝以諫者爲必聽也, 則伍子胥不見殺. 夫遇不遇者, 時也; 賢不肖者, 才也. 君子博學深謀, 而不遇時者衆矣, 何獨丘哉? 且芝蘭生於深林, 不以無人而不芳; 君子修道立德, 不謂窮困而改節. 爲之者人也, 生死者命也, 是以晉重耳之有霸心,生於曹·衛; 越王句踐之有霸心, 生於會稽. 故居下而無憂者, 則思不遠; 處身而常逸者, 則志不廣, 庸知其終始乎?」子路出, 召子貢, 告如子路, 子貢曰: 「夫子之道至大, 故天下莫能容夫子, 夫子盍少貶焉?」子曰: 「賜! 良農能稼, 不必能穡; 良工能巧, 不能爲順; 君子能修其道, 綱而紀之, 不必其能容. 今不修其道而求其容, 賜! 爾志不廣矣, 思不遠矣.」子貢出, 顔回入, 問亦如之, 顔回曰: 「夫子之道至大, 天下莫能容; 雖然夫子推而行之, 世不我用, 有國者之醜也, 夫子何病焉? 不容然後見君子.」孔子欣然歎曰: 「有是哉! 顔氏之子. 吾亦使爾多財, 吾爲爾宰.」

2.《荀子》宥坐篇

孔子南適楚, 厄於陳蔡之間, 七日不火食, 藜羹不糂, 弟子皆有飢色. 子路進問之曰: 「由聞之: 爲善者天報之以福, 爲不善者天報之以禍, 今夫子累德積義, 懷美, 行之日久矣, 奚居之隱也?」孔子曰: 「由不識, 吾語汝. 女以知者爲必用邪? 王子比干不見剖心乎! 女以忠者爲必用邪? 關龍逄不見刑乎! 女以諫者爲必用邪? 伍子胥不磔姑蘇東門外乎! 夫遇不遇者, 時也; 賢不肖者, 材也; 君子博學深謀不遇時者多矣! 由是觀之, 不遇世者衆矣! 何獨丘也哉? 且夫芷蘭生於深林, 非以無人而不芳. 君子之學, 非爲通也, 爲窮而不困, 憂而意不衰也, 知禍福終始而心不惑也. 夫賢不肖者, 材也; 爲不爲者, 人也; 遇不遇者, 時也; 死生者, 命也. 今有其人不遇其時, 雖賢, 其能行乎? 苟遇其時, 何難之有? 故君子博學深謀, 修身端行以俟其時.」

3.《說苑》雜言篇

孔子困於陳·蔡之間, 居環堵之內, 席三經之席, 七日不食, 藜羹不糝, 弟子皆有飢色, 讀詩書治禮不休. 子路進諫曰: 「凡人爲善者, 天報以福, 爲不善者, 天報以禍. 今先生積德行, 爲善久矣. 意者, 尙有遺行乎? 奚居隱也!」孔子曰: 「由, 來, 汝不知. 坐, 吾語汝. 子以夫知者, 無不知乎? 則王子比干何爲剖心而死? 以諫者, 爲必聽耶? 伍子胥何爲抉目於吳東門? 子以廉者, 爲必用乎? 伯夷·叔齊何爲餓死於首陽山之下? 子以忠者, 爲必用乎? 則鮑莊何爲而肉枯? 荊公子高終身不顯, 鮑焦抱木而立枯, 介子推登山焚死? 故夫君子博學深謀, 不遇時者, 衆矣, 豈獨丘哉! 賢不肖者, 才也, 爲不爲者, 人也, 遇不遇者, 時也, 死生者, 命也; 有其才不遇其時, 雖才不用, 苟遇其時, 何難之有! 故舜耕歷山, 而逃於河畔, 立爲天子, 則其遇堯也. 傅說負壤土, 釋板築, 而立佐天子, 則其遇武丁也. 伊尹, 有莘氏媵臣也, 負鼎俎調五味, 而佐天子, 則其遇成湯也. 呂望行年五十賣食於棘津, 行年七十屠牛朝歌, 行年九十爲天子師, 則其遇文王也. 管夷吾束縛膠目,居檻車中, 自車中起爲仲父, 則其遇齊桓公也. 百里奚自賣取五羊皮, 伯氏牧羊, 以爲卿大夫, 則其遇秦穆公也. 沈尹名聞天下, 以爲令尹, 而讓孫叔敖, 則其遇楚莊王也. 伍子胥前多功, 後戮死, 非其智益衰也, 前遇闔廬, 後遇夫差也. 夫驥厄罷鹽車, 非無驥狀也, 夫世莫能知也; 使驥得王良造父, 驥無千里之足乎? 芝蘭生深林, 非爲無人而不香. 故學者, 非爲通也, 爲窮而不困也, 憂不衰也, 此之禍福之始, 而心不惑也, 聖人之深念, 獨知獨見. 舜亦賢聖矣, 南面治天下, 惟其遇堯也; 使舜居桀紂之世, 能自免於刑戮固可也, 又何官得治乎? 夫桀殺關龍逢, 而紂殺王子比干, 當是時, 豈關龍逢無知, 而比干無惠哉? 此桀紂無道之世然也. 故君子積學修身端行, 以須其時也.」

4.《論語》衛靈公篇

衛靈公問陳於孔子. 孔子對曰:「俎豆之事, 則嘗聞之矣; 軍旅之事, 未之學也.」明日遂行. 在陳絶糧, 從者病, 莫能興. 子路慍見曰:「君子亦有窮乎?」子曰:「君子固窮, 小人窮斯濫矣.」

5.《韓詩外傳》(7)

孔子困於陳蔡之間, 卽三經之席, 七日不食, 藜羹不糝, 弟子有飢色, 讀詩書, 習禮樂不休. 子路進諫曰:「爲善者, 天報之以福, 爲不善者, 天報之以禍. 今夫子積德累仁, 爲善久矣, 意者尙有遺行乎, 奚居之隱也?」孔子曰:「由來! 汝小人也, 未講於論也. 居, 吾語汝. 子以知者爲無罪乎, 則王子比干何爲刳心而死? 子以義者爲聽乎, 則伍子胥何爲抉目而懸吳東門? 子以廉者爲用乎, 則伯夷叔齊何爲餓於首陽之山? 子以忠者爲用乎, 則鮑叔何爲而不用, 葉公子高終身不仕, 鮑焦抱木而立, 子推登山而燔? 故君子博學深謀, 不遇時者衆矣. 豈獨丘哉? 賢不肖者, 材也; 遇不遇者時也. 今無有時, 賢安所用哉? 故虞舜耕於歷山之陽, 立爲天子, 其遇堯也. 傅說負土而版築, 以爲大夫, 其遇武丁也. 伊尹故有莘氏僮也, 負鼎操俎調五味, 而立爲相, 其遇湯也. 呂望行年五十, 賣食棘津, 年七十屠於朝歌, 九十乃爲天子師, 則遇文王也. 管夷吾束縛自檻車, 以爲仲父, 則遇齊桓公也. 百里奚自賣五羊之皮, 爲秦伯牧牛, 擧爲大夫, 則遇秦繆公也. 虞丘名聞於天下, 以爲令尹, 讓於孫叔敖, 則遇楚莊王也. 伍子胥前功多, 後戮死, 非知有盛衰也, 前遇闔閭, 後遇夫差也. 夫驥罷鹽車, 此非無形容也, 莫知之也. 使驥不得伯樂, 安得千里之足? 造父亦無千里之手矣. 夫蘭茝生於茂林之中, 深山之間, 不爲人莫見之故不芬. 夫學者非爲通也. 爲窮而不困, 憂而志不衰, 先知禍福之終始而心無惑焉. 故聖人隱居深念, 獨聞獨見. 夫舜亦賢聖矣, 南面而治天下, 惟其遇堯也. 使舜居桀紂之世, 能自免於刑戮之中, 則爲善矣, 亦何位之有? 桀殺關龍逢, 紂殺王子比干, 當此之時, 豈關龍逢無知, 而王子比干不慧乎哉? 此皆不遇時也. 故君子務學, 脩身端行而須其時者也. 子無惑焉.」詩曰:『鶴鳴九皐, 聲聞於天.』

6.《史記》孔子世家

孔子遷于蔡三歲, 吳伐陳. 楚救陳, 軍于城父. 聞孔子在陳蔡之閒, 楚使人聘孔子. 孔子將往拜禮, 陳蔡大夫謀曰:「孔子賢者, 所刺譏皆中諸侯之疾. 今者久留陳蔡之閒, 諸大夫所設行皆非仲尼之意. 今楚, 大國也, 來聘孔子. 孔子用於楚, 則陳蔡用事大夫危矣.」於是乃相與發徒役圍孔子於野. 不得行, 絶糧. 從者病, 莫能興. 孔子講誦弦歌不衰. 子路慍見曰:「君子亦有窮乎?」孔子曰:「君子固窮, 小人窮斯濫矣.」

7.《十八史略》(1)

楚使人聘之, 陳蔡大夫謀曰:「孔子用於楚, 則陳蔡危矣.」相與發徒, 圍之於野. 孔子曰:「詩云:『匪兕匪虎, 率彼曠野』, 吾道非邪? 吾何爲於是?」子貢曰:「夫子道至大, 天下莫能容.」顔回曰:「不容何病? 然後見君子.」楚昭王興師迎之, 乃得至楚, 將封以書社地七百里, 令尹子西不可.

8.《莊子》山水篇

孔子圍於陳蔡之間, 七日不火食. 大公任往弔之曰:「子幾死乎?」曰:「然.」「子惡死乎?」曰:「然.」任曰:「予嘗言不死之道. 東海有鳥焉, 其名曰意怠. 其爲鳥也, 翂翂翐翐, 而似无能; 引援而飛, 迫脅而棲; 進不敢爲前, 退不敢爲後; 食不敢先嘗, 必取其緖. 是故其行列不斥, 而外人卒不得害, 是以免於患. 直木先伐, 甘井先竭. 子其意者飾知以驚愚, 修身以明汙, 昭昭乎如揭日月而行, 故不免也. 昔吾聞之大成之人曰:『自伐者无功, 功成者墮, 名成者虧.』孰能去功與名而還與衆人! 道流而不明居, 德行而不名處; 純純常常, 乃比於狂; 削迹捐勢, 不爲功名. 是故无責於人, 人亦无責焉. 至人不聞, 子何喜哉?」孔子曰:「善哉!」辭其交遊, 去其弟子, 逃於大澤; 依裘褐, 食杼栗; 入獸不亂群, 入鳥不亂行. 鳥獸不惡, 而況人乎!

119(10-3)
공자의 주유천하

공자는 주실周室이 쇠미해지며 예의가 실행되지 않는 것을 불쌍히 여겨 이처럼 곤액과 좌절, 엎어지고 쓰러지면서 제후들을 찾아 유세하면서 제왕의 도를 바로잡고 천하의 정치를 주나라의 제자리로 되돌리고자 하였다.

그러나 그 자신은 그러한 위치에 서 있지도 않았고, 세상에는 그의 주장을 들어 줄 왕도 없었다. 그리하여 천하를 주유하였지만, 그의 욕구에 뜻을 합의해 주는 이도 없어 결국 대도大道는 묻힌 채 펴지지 못했으며, 그의 날개는 꺾여 제대로 펴 볼 수 없게 되고 말았다. 이에 □□□으로부터 그 교화를 깊이 전해주는 것으로써 그 시작과 끝을 맺고 말았다.

그리하여 지난 일을 추술하여 앞으로 다가올 세상을 바르게 하고자 기년紀年에 맞추어 기록을 시작하는 것으로써 그에게 주어진 천명을 깨닫게 되었으며, 육경六經을 산정하여 이를 드러내는 것으로써 유가의 학술을 중히 여기도록 한 것이다.

그 내용은 선과 악이 서로 간섭하지 못하도록 하며, 귀한 자와 천한 자가 서로 모욕하지 못하도록 하며, 강한 자와 약한 자가 서로 능멸하지 못하도록 하며, 어진 이와 불초한 자가 서로 그 지위를 넘어서지 못하게 하며, 과정을 정하여 서로 질서가 있도록 하여 만세를 두고 □□하며, □하되 이것이 끊어지지 아니하여 그 공적이 전하여 쇠함이 없도록 하고자 한 것이다.

이리하여 《시詩》, 《서書》, 《예禮》, 《악樂》이 각기 그 위치를 얻게 되어 이에 천도가 제자리를 잡을 수 있었으며, 대의大義가 실행되도록 한 것이니 어찌 □□의 위엄을 세운 것이 아니겠는가?

及閔周室之衰微, 禮義之不行也, 厄挫頓仆, 歷說諸侯, 欲匡帝王之道, 反天下之政.

身無其立, 而世無其王, 周流天下, 無欲合意, 大道隱而不舒, 羽翼摧而不申, 自□□□, 深授其化, 以厚終始.

追治去事, 以正來世; 按紀圖錄, 以知性命; 表定六藝, 以重儒術.

善惡不相干, 貴賤不相侮, 强弱不相凌, 賢與不肖不得踰, 科第相序, 爲萬□□, □而不絶, 功傳而不衰.

《詩》·《書》·《禮》·《樂》, 爲得其所, 乃天道之所立, 大義之所行也, 豈以□□威耶?

【閔】 '閔'은 '憫'과 같음. 연민. 불쌍히 여김. 긍휼히 여김.

【歷說】 여러 곳을 遊歷하면서 遊說함.

【立】 '位'자의 통가. 宋翔鳳《新語校本》에 "按: 立與位通"이라 하였고, 文廷式의 《純常子枝語》에도 "立, 古位字"라 함.

【周流】 각지를 두루 유랑함.

【羽翼】 조류에게 깃과 날개가 있어야 하듯이 자신을 보필하는 좌우를 뜻함. 공자의 제자들이 각기 등용되어 공자를 돕게 되었음을 말함.

【厚終始】 孫詒讓의 《札迻》에 "案: 此言孔子作《春秋》也. '厚'當爲'序', 漢隷序厚二字形近, 故傳寫多互譌. ……序終始, 謂序次十二公之事也"라 함.

【追治去事】 지난 일을 정리하여 다스림. 공자가 《춘추》를 저술하였음을 말함.
【圖錄】 圖籙으로도 표기하며 圖讖說을 말함. 符命이나 占驗의 책으로 공자를 의탁하여 쓴 漢代의 緯書類. 《後漢書》 方術傳(謝夷吾)에 "推考星度, 綜校圖錄"이라 함.
【以知性命】 공자가 《周易》을 찬술하였음을 말함.
【以重儒術】 宋翔鳳 《新語校本》에 "本缺'衆儒術'三字. 依別本補"라 하였고, 唐晏의 《陸子新語校注》에는 "此總言詩書禮樂"이라 함.
【干】 간섭함, 저촉함, 干犯.
【科第】 科程을 考覈하여 상하 순서를 정함.
【□□□】 3글자 이상이 누락된 것으로 봄. 唐晏의 《陸子新語校注》에 "所缺不止三字"라 함.
【詩書禮樂】 공자가 衛나라에서 魯나라로 돌아와 雅頌을 바르게 정리하였음을 말함. 참고란을 볼 것.
【豈以□□威耶】 그 위대한 위엄을 세운 것이 아니겠는가의 뜻이 들어 있을 것으로 추측됨.

참고 및 관련 자료

1. 《論語》 子罕篇

子曰:「吾自衛反魯, 然後樂正, 雅頌各得其所.」

2. 《論衡》 儒增篇

書說: 孔子不能容於世, 周流游說七十餘國, 未嘗得安.

120(10-4)
주지육림

무릇 사람의 아름다운 모습이란, 그 지분脂粉으로 능히 화장을 한다고 되는 것이 아니며, 큰 노기의 위세는 기나 힘이 센 것으로 능히 그렇게 할 수 있는 것이 아니다.

성인은 하늘의 위엄을 타고 하늘의 기운과 합하며, 하늘의 공력을 이어받고, 하늘의 모습을 상징하는 것이다. 그러한 공功으로 하지 않는다면 어찌 어려운 것이 아니겠는가?

걸桀이나 주紂처럼 술로 못을 만들어 가히 배를 띄울 수 있고, 술지게미로 언덕을 만들어 거기에 올라 가히 멀리 볼 수 있을 정도라면, 그렇게 하고서도 어찌 재정이 빈곤한 왕이었다고 하겠는가?

사해의 권위를 통제하고 구주九州의 민중을 주관하면서 어찌 그 힘이 약했다고 할 수 있겠는가?

그럼에도 그 공을 능히 스스로 보존하지 못하였고, 그 권위를 능히 스스로 지켜내지 못하였으니, 이는 빈약해서가 아니라 도덕이 그 자신에게 없었기 때문이며, 인의가 천하에 가해지지 않았기 때문이었다.

夫人之好色, 非脂粉所能飾; 大怒之威, 非氣力所能行也.

聖人乘天威, 合天氣, 承天功, 象天容, 而不與爲功, 豈不難哉?

夫酒池可以泛舟, 糟丘可以望達, 豈貧於財哉?

統四海之權, 主九州之衆, 豈弱於力哉?

然功不能自存, 威不能自守, 非爲貧弱, 乃道德不存乎身, 仁義不加於天下也.

【好色】美色.

【怒】노함. 노기를 품음. 여기서는 '奮發하다'의 뜻.

【天威】하늘의 위엄.

【天氣】자연계의 陰陽, 風雨, 晦明 등의 질서와 현상.

【天功】하늘의 功用. 하늘이 하는 일.

【豈不難哉】唐晏의《陸子新語校注》에 "文選注引作「聖人承天威, 承天功, 與之爭功, 豈不難哉!」"라 함.

【酒池可以泛舟】술로 못을 만들어 그 깊이와 양이 가히 배를 띄울 수 있을 정도임.

【糟丘】술지게미를 쌓아 산처럼 큰 구릉을 이룸. 많은 술을 빚었음을 말함.《新序》등에 자세히 실려 있음.

【四海】중국 천지. 천하의 다른 말.

【九州】舜임금 때 홍수가 범람하자 舜이 禹를 추천하여 물을 다스렸으며, 이에 禹는 治水의 편리를 위해 天下를 九州로 나누었다 함. 九州는 冀州·兗州·靑州·徐州·揚州·荊州·豫州·梁州·雍州임.《尙書》禹貢 참조.

【力】다른 판본에는 '武力'으로 보았음.

참고 및 관련 자료

1.《新序》節士篇

桀爲酒池, 足以運舟; 糟丘, 足以望七里, 一鼓而牛飮者三千人.

2.《韓詩外傳》(2)

昔者, 桀爲酒池糟隄, 縱靡靡之樂, 而牛飮者三千. 羣臣皆相持而歌:『江水沛兮! 舟楫敗兮! 我王廢兮! 趣歸於亳, 亳亦大兮!』又曰:『樂兮樂兮! 四牡驕兮! 六轡沃兮! 去不善兮, 善何不樂兮!』

3.《韓詩外傳》(4)

桀爲酒池, 可以運舟. 糟丘, 足以望十里. 而牛飮者三千人. 關龍逢進諫曰:「古之人君, 身行禮義, 愛民節財, 故國安而身壽. 今君用財若無窮, 殺人若恐弗勝, 君若弗革, 天殃必降, 而誅必至矣. 君其革之!」立而不去朝. 桀囚而殺之. 君子聞之曰:「天之命矣!」 詩曰:『昊天大憮, 予愼無辜!』

4.《列女傳》『夏桀末姬』

末喜者, 夏桀之妃也. 美於色, 薄於德, 亂孽無道. 女子行, 丈夫心, 佩劍帶冠. 桀旣棄禮義, 淫於婦人, 求美女, 積之於後宮. 收倡優·侏儒·狎徒, 能爲奇偉戲者, 聚之於旁, 造爛漫之樂, 日夜與末喜及宮女飮酒, 無有休時. 置末喜於膝上, 聽用其言, 昏亂失道, 驕奢自恣. 爲酒池, 可以運舟, 一鼓而牛飮者三千人, 觭其頭而飮之於酒池, 醉而溺死者, 末喜笑之以爲樂. 龍逢進諫曰:「君無道, 必亡矣.」桀曰:「日有亡乎? 日亡而我亡.」不聽, 以爲妖言而殺之. 造瓊室瑤臺, 以臨雲雨. 殫財盡幣, 意尙不饜. 召湯, 囚之於夏臺, 已而釋之. 諸侯大叛. 於是湯受命而伐之, 戰於鳴條, 桀師不戰, 湯遂放桀, 與末喜·嬖妾同舟, 流於海, 死於南巢之山. 詩曰:『懿厥哲婦, 爲梟爲鴟.』此之謂也. 頌曰:『末喜配桀, 維亂驕揚. 桀旣無道, 又重其荒. 姦軌是用, 不恤法常. 夏后之國, 遂反爲商.』

121(10-5)
의롭지 못한 부귀

그러므로 재물에 명찰하면서 도에는 어두운 자는 무리가 그를 쳐 없앨 일을 꾸밀 것이며, 힘에는 과단하나 의에는 빈약한 자라면 무력을 가진 자가 그를 없앨 일을 도모할 것이다.

따라서 군자는 의에 돈독히 하면서 이익에는 힘쓰지 않는 것이며, 일에는 민첩하게 하되 말에는 삼감을 두는 것이니 □□하는 바는 공덕功德을 넓히는 것이다.

그러므로 "의롭지 못하면서 부유하고 게다가 귀해지기까지 하는 것이란 나에게 있어서 뜬구름과 같도다"라 한 것이다.

故察於財而昏於道者, 衆之所謀也; 果於力而寡於義者, 兵之所圖也.

故君子篤於義而薄於利, 敏於事而愼於言, 所□□廣功德也.

故曰:「不義而富且貴, 於我如浮雲.」

【察於財】 재물을 계산하는 데에 명철함.

【果於力】 무력을 사용하는 데에 과감함.

【篤於義】 의를 실천하는 데에 독실함.

【敏於事而愼於言】《論語》學而篇의 구절. 〈集解〉에 "孔曰: 敏, 疾也"라 하였고, 〈疏〉에 "敏, 疾也, 言當敏疾於所學, 事業則有成功. 〈說命〉曰: 「敬遜務時敏, 厥脩乃來」是也. 學有所得, 又當愼言說之"라 함. 참고란을 볼 것.

【□□廣】 원래는 3글자가 누락되어 있으나 그중 '廣'자는 《群書治要》에 의해 보입함.

【不義而富且貴】《論語》述而篇의 구절. 〈疏〉에 "富與貴雖人之所欲, 若富貴而以不義者, 於我如浮雲. 言非己之有也"라 함.

참고 및 관련 자료

1. 《論語》學而篇

子曰: 「君子食無求飽, 居無求安, 敏於事而愼於言, 就有道而正焉, 可謂好學也已.」

2. 《論語》述而篇

子曰: 「飯疏食飮水, 曲肱而枕之, 樂亦在其中矣. 不義而富且貴, 於我如浮雲.」

122(10-6)
사치의 폐해

무릇 벽옥璧玉을 가슴에 품고, 환패環佩를 허리에 차며, 훌륭한 보물을 옷으로 삼고, 진괴한 물건을 소장하며, 옥두玉斗로 술을 푸며, 황금 항아리에 조각을 하는 등 사치는 소인배의 눈에게 과시를 보이기 위한 것일 뿐이다.

높은 누대가 백 길이나 되고, 황금으로 성을 치장하고 그림으로 무늬를 넣으며, □의 발에 조각과 장식을 하는 것은 백성의 힘을 지치게 하는 것일 뿐 약한 자를 일으켜 주고 망해 가는 자를 존속시켜 주는 그런 것이 아니다.

그러므로 성인은 궁실은 낮게 짓고 대신 도덕은 높이 여겼으며, 의복은 조악하였지만 인의를 실천하기에는 온갖 정성을 쏟았다. 그 행동에 손해가 나는 짓을 하면서 대신 자신의 용모를 더 아름답게 꾸미는 일은 하지 않았으며, 덕을 손상하는 일이 있더라도 자신의 모습을 더 아름답게 꾸미겠다고 하지는 않았다. 나라에는 쓸데없는 일을 벌여 백성을 괴롭히는 일이 없도록 하였으며, 집안에는 아무런 쓸모가 없는 보물을 저장하는 일을 하지 않았다.

이로써 백성의 힘과 노역을 줄여 주었으며, 나라에 바쳐야 할 공물이나 산물을 줄여 주었던 것이다.

夫懷璧玉, 要環佩, 服名寶, 藏珍怪, 玉斗酌酒, 金罍刻鏤, 所以夸小人之目者也: 高臺百仞, 金城文畫, □簾雕飾, 所以疲百姓之力, 非所以扶弱存亡者也.

故聖人卑宮室而高道德, 惡衣服而謹仁義, 不損其行以增其容, 不虧其德以飾其身, 國不興無事之功, 家不藏無用之器.

所以稀力役而省貢獻也.

【要】'腰'의 본자. 허리.

【環佩】佩玉과 같음. 옥을 허리에 참.

【玉斗】酒器의 일종.

【金罍】역시 酒器의 일종으로 형태는 尊과 같으며 금으로 장식하고 여러 가지 무늬를 넣은 것.

【夸小人之目】宋翔鳳의《新語》校本에 "此三十字, 本作「夫身帶璧玉, 庸環佩, 服府藏珍□□□□酌, 舍銀刻鏤, 可以夸小人, 非所以厚於己而濟於事也.」今依《治要》改.《意林》引此云:「玉斗酌酒, 金椀刻鏤, 所以夸小人, 非厚己也.」"라 함.

【金城文畫】金城은 金城湯池의 줄인 말. 매우 견고한 성. 文畫는 아름답게 장식한 그림. '文'은 '紋'과 같음. 宋翔鳳의《新語》校本에 "本作「□□□□簾雕飾」, 依《治要》改, 無缺字"라 함. 한편《文選》〈嘯賦〉주에 "〈七啓〉注引同作「高臺百仞, 文軒彫窗.」"이라 함.

【增】宋翔鳳은《治要》에 의해 '好'자로 고쳤음.

【無事之功】無事는 평안함을 말함. 백성들을 군사나 정치로 인해 고통받지 않도록 한 공을 말함.

【力役】勞役과 같음.

【貢獻】지방의 백성들이 각종 생산품을 조정에 바침.

123(10-7)
이익을 뒤로하고

벽옥璧玉이나 주기珠璣가 윗사람에게 바쳐지지 않았다면, 완상품이나 기호품은 그 아래 사람들도 당연히 이를 헌신짝처럼 여기게 되었을 것이며, 조각한 물건이나 아름답게 물들인 그림 따위는 임금에게 바쳐지지 않았으니, 그렇다면 백성들로서도 당연히 음란한 기예나 교묘한 음악이 성행될 리가 없다.

무릇 농상農桑의 본업을 버리고, 산이나 바다로 들어가 주기를 채집하며 아름다운 옥을 찾고, 모래바닥이나 골짜기를 뒤져 비취翡翠를 잡고, 대모瑇瑁를 □하며, 물소나 코끼리를 생포하느라 근력을 소모하고, 베나 돈을 흩어 써서 귀와 눈의 즐거움을 끝까지 다하며, 음란하고 사악한 마음을 즐기고자 한다면, 이 어찌 잘못이 아니겠는가? 도를 앞세우고 이익을 뒤로하며, 덕을 가까이하고 색을 멀리하는 자를 아직 보지 못하였도다!

璧玉珠璣, 不御於上, 則翫好之物棄於下; 雕刻綪畫, 不納於君, 則淫伎曲巧絶於民.

夫釋農桑之事, 入山海, 採珠璣, 求瑤琨; 探沙谷,捕翡翠, □瑇瑁, 摶犀象, 消簕力, 散布泉, 以極耳目之好, 以快淫邪之心, 豈不謬哉? 未見先道而後利, 近德而遠色者也!

【珠璣】 珠寶와 같음. 진귀한 보물이나 구슬 따위.
【御】 바침. 進獻함.
【翫好之物】 완상용으로 쓰이는 물건들.
【綪畫】 청은 원래 풀이름으로 적색 염료로 사용함.
【淫伎】 과도하게 기교를 부림.
【曲巧】 정당하지 못한 기교. 부려서는 안 될 기교나 재주.
【瑤琨】 옥 이름.
【翡翠】 원래 파랑새를 뜻하며 뒤에 푸른색의 아름다움을 지칭하는 말로도 쓰임.
【瑇瑁】 거북과 같으며 바다 생물. 그 갑각을 장식용으로 사용함. '玳瑁'로도 표기함.
【犀象】 물소와 코끼리. 그 뿔과 상아를 조각하여 장식용으로 사용함.
【簕力】 筋力과 같음.
【布泉】 화폐. 돈.

11. 명계明誡

'명계明誡'는 아주 분명하고 명확한 경계警誡라는 뜻이다. 본 편에서는 군주란 경계해야 할 일이 무엇인지를 분명하게 인식하여 혼란의 싹은 미리 예방하고 도와 덕으로써 다스려야 함을 강조하고 있다.

○ 黃震은 "明誡言君臣當謹言行"이라 하였고, 戴彦升은 "明誡篇陳天文蟲災之變, 謂天道因乎人道, 開言春秋五行·陳災異封事者之先"이라 하였으며, 唐晏은 "此篇義主于去惡"이라 함.

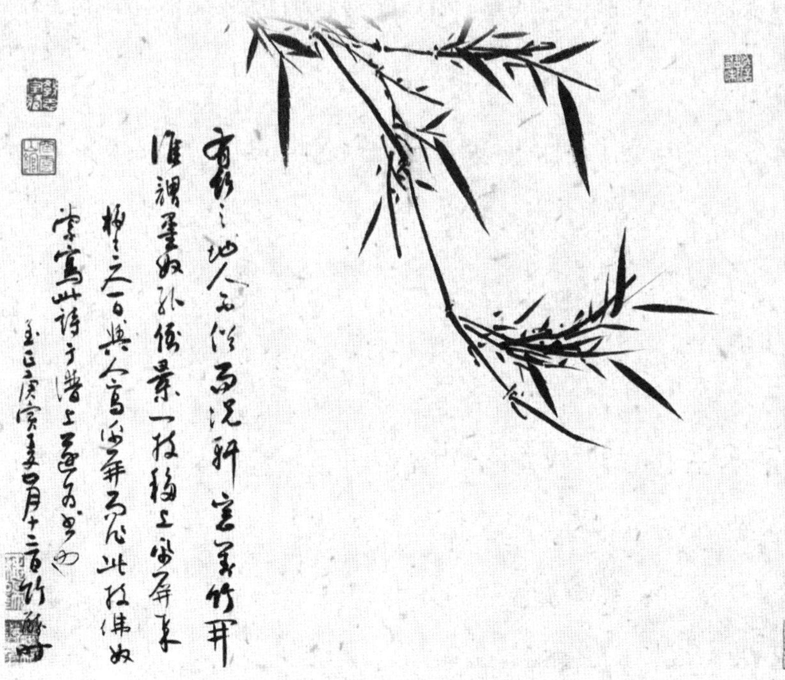

〈墨竹譜〉(元, 吳鎭)

124(11-1)
칠십 리 땅으로 일어선 탕임금

임금은 덕에 분명하여야 가히 멀리 뻗어 나갈 수 있으며, 신하는 믿음에 독실하여야 가히 큰 일을 이룰 수 있다. 어찌 이렇게 말할 수 있겠는가?

탕湯은 70리밖에 되지 않은 작은 땅을 근거로 제왕의 지위에 올랐으며, 주공周公은 스스로 삼공三公의 직책밖에 오르지 않았지만, 그의 덕은 오제五帝에 비견되고 있다. 이는 바로 입으로는 선한 말을 하였고, 몸은 선한 도를 실행했기 때문에 하고자 한 일을 이룰 수 있었던 것이다.

君明於德, 可以及遠; 臣篤於信, 可以致大. 何以言之? 湯以七十里之野, 而升帝王之位; 周公自立三公之官, 比德於五帝; 斯乃口出善言, 身行善道之所致也.

【君明於德】 원래는 '君□□政'으로 되어 있으나 《群書治要》에 의해 고침.

【及遠】《群書治要》에는 '及於遠'으로 되어 있음.

【篤於信】《群書治要》에는 '篤於義'로 되어 있음.

【湯以七十里】 殷나라 시조 成湯은 겨우 70 리밖에 되지 않은 땅에서 일어나 천하를 차지함.《孟子》 公孫丑(上)의 구절. 참고란을 볼 것.

【周公自立】 원본에는 '周公以□□□'로 되어 있으나,《群書治要》에는 '周公自立三公之官'으로 되어 있음.

【五帝】 고대 전설시대의 제왕들. 각기 설이 일치하지 않으나《史記》 五帝本紀에 의해 伏羲氏, 神農氏, 黃帝 軒轅氏, 唐堯, 虞舜을 들고 있음. 宋翔鳳의《신어》 교본에는《治要》를 근거로 '五帝三王'으로 하였음.

【善言】 훌륭한 말. 높고 아름다운 언론이나 주장.

【善道】 인의도덕에 표준이 되며 치국의 근간이 되는 훌륭한 도.

참고 및 관련 자료

1.《孟子》 公孫丑(上)

孟子曰:「以力假仁者霸; 霸必有大國. 以德行仁者王; 王不待大. 湯以七十里, 文王以百里. 以力服人者, 非心服也, 力不贍也; 以德服人者, 中心悅而誠服也; 如七十子之服孔子也. 詩云:『自西自東, 自南自北, 無思不服.』此之謂也.」

〈商王〉(成湯)《三才圖會》

125(11-2)
요순과 걸주

안위安危의 효험이나 길흉의 징조는 모두가 한결같이 그 자신에게서 나오는 것이며, 존망의 이유나 성패의 징험은 모두가 하나같이 그 행동에서 비롯되는 것이다.

요순堯舜은 해와 달을 바꾸지 않았으나 그토록 흥하였고, 걸주桀紂는 별자리가 전혀 바뀌지 않았음에도 그렇게 망하고 말았으니 천도天道란 바뀌지 않으나 사람의 도리는 바뀌는 것이다.

安危之効, 吉凶之符, 一出於身; 存亡之道, 成敗之驗, 一起於行.

堯舜不易日月而興, 桀紂不易星辰而亡, 天道不改而人道易也.

【符】 다른 판본에는 '徵'으로 되어있음.

【存亡】《群書治要》에 의해 補入해 넣음.

【驗】《群書治要》에는 '事'로 되어 있음.
【一起於行】宋翔鳳은 '一起於善行'으로 보았음.
【天道】자연의 섭리. 하늘의 바른 도리.
【人道】사람으로서 사회를 이루어 살면서 지켜야 할 도덕 규범.

참고 및 관련 자료

1.《荀子》天論篇

天行有常, 不爲堯存, 不爲桀亡, 應之以治則吉, 應之以亂則凶. 强本而節用, 則天下不能貧; 養備而動時, 則天不能病; 修道而不貳, 則天不能禍. 故, 水旱不能使之饑渴, 寒暑不能使之疾, 妖怪不能使之凶. 本荒而用侈, 則天不能使之富; 養略而動罕, 則天不能使之全; 倍道而妄行, 則天不能使之吉. 故, 水旱未至而饑, 寒署未薄而疾, 妖怪未至而凶. 受時與治世同, 而殃禍與治世異, 不可以怨天, 其道然也. 故明於天人之分, 則可謂至人矣.

126(11-3)
사해의 기강

무릇 천지의 정치를 잡고 사해의 기강을 조정하는 자는 몸 하나 굽히고 펼 때에도 절도를 잃어서는 안 되며, 행동 하나하나에도 도에서 멀어져서는 안 된다.

오류나 착오가 그 입에서 나오면, 그 혼란은 만 리 먼 곳까지 영향을 미치는 것인데, 하물며 형벌이 죄 없는 자가 감옥에 갇힌다거나 무고한 자를 죽이는 일이 시중에서 벌어진다면 어떠하겠는가?

그러므로 세태가 쇠망하고 도가 사라지는 것은 하늘이 그렇게 하는 것이 아니라, 바로 나라의 임금 된 자가 그런 일을 저지를 때 그렇게 되는 것이다.

夫持天地之政, 操四海之綱, 屈申不可以失度, 動作不可以離道.

謬誤出於口, 則亂及萬里之外, 況刑及無罪於獄, 而殺及無辜於市乎?

故世衰道亡, 非天之所爲也, 乃國君者有所取之也.

【屈申】 굽히고 펴는 행동. 사람의 움직임이나 행동을 말함. 다른 판본에는 '周旋'으로 되어 있으며 이 역시 같은 뜻임.

【失度】 常度를 잃음. '度'는 일부 판본에는 '法'으로 되어 있음.

【離道】 도에서 멀어짐. 근본의 바른 도리를 잃어버림.

【出於口】 宋翔鳳은 '出口'로 보았음.

【況刑及無罪於獄】 宋翔鳳은 이 구절을 《群書治要》에 의해 '何況刑無罪於獄'으로 고쳤음.

【殺及】 宋翔鳳의 《新語》校本에는 '誅'로 되어 있음.

【無辜】 죄나 잘못이 없음.

【亡】 宋翔鳳은 '改'자로 보았음.

127(11-4)
정치와 변고

악한 정치는 악한 기운에서 발생하며, 악한 기운은 재앙이나 이변에서 생겨난다. 독사나 벌레는 그러한 기운에 따라 생겨나며, 아름다운 무지개 같은 것들은 정치에 의해 그런 모습이 나타난다.

아래 인간 세상에서 다스림의 도가 실추되면 위에서는 천문의 도度가 그렇게 나타나며, 악한 정치가 백성들에게 행해지면 곤충의 재앙이 땅에서 일어난다.

어진 임금이 지혜로우면 그러한 변고를 알아차리고 고쳐 나가고, 그 유형에 따라 시험을 바른 길로 시도하여, 이를 생각하되 변고를 근거로 □□□한다.

惡政生於惡氣, 惡氣生於災異. 蝮蟲之類, 隨氣而生; 虹霓之屬, 因政而見.

治道失於下, 則天文度於上; 惡政流於民, 則蟲災生於地.

賢君智則知隨變而改, 緣類而試, 思之於□□□變.

【生於惡氣】惡氣는 邪氣와 같음.《群書治要》에는 '生惡氣'로 되어 있음.
【生於災異】《群書治要》에는 '生災異'로 되어 있음.
【蝮蟲】뱀이나 전갈 따위의 독충류. 宋翔鳳은《治要》에 의해 '螟蟲'으로 고쳤음.
【虹霓】무지개. 흔히 수컷(雄, 색이 짙은 것)을 虹, 암컷(雌, 색이 옅은 것)을 霓라 하여 구분하기도 함.
【天文】천체와 우주의 운행 등에 관한 현상.
【度】다른 판본에는 '變'으로 되어 있음.
【蟲災生於地】宋翔鳳의 교본에는 '螟蟲生於野'로 되어 있음.

참고 및 관련 자료

1.《論衡》譴告篇

論災異者, 謂古之人君, 爲政失道, 天用災異譴告之也.

2.《淮南子》原道訓

虹霓不出, 賊星不行, 含德之所致也.

128(11-5)
만물을 살핀 성인

성인의 다스림은 그 은혜가 곤충에게까지 미치며, 그 혜택은 초목에게까지 미친다. 천기天氣를 타고 생겨나며, 한서寒暑를 따라 움직이는 이들은 그 어느 것 하나 목을 길게 빼고 잘 다스려지기를 바라지 않는 자가 없고, 귀를 기울여 교화가 이루어지기를 듣고 있지 않는 자가 없다.

성인은 만물을 살피되 빠뜨리는 일이 없어 위로는 해와 달, 별들에게 미치고, 아래로는 조수초목과 곤충, □□□, 익조鷁鳥의 되돌아옴과 날아감 등에 걸쳐 있으며, 오석五石이 운석으로 떨어지는 것까지도 모두 알고 있다. 그 때문에 아주 지극히 섬세하고 미세한 것까지 놓치지 않는 것이다.

聖人之理, 恩及昆蟲, 澤及草木.

乘天氣而生, 隨寒暑而動者, 莫不延頸而望治, 傾耳而聽化.

聖人察物, 無所遺失, 上及日月星辰, 下至鳥獸草木昆蟲□□□鷁之退飛, 治五石之所隕, 所以不失纖微.

【昆蟲】 蟲類 전체를 일컫는 말.

【頸而望治】 목을 빼고 아주 간절히 기다림을 뜻함. 원래 이 구절은 누락되어 있으며 宋翔鳳《新語》校本에 "本缺'頸而望治'四字, 〈子〉彙不缺"이라 함.

【傾耳】 귀를 기울여 들음.

【□□□】 〈子彙本〉과 〈唐晏本〉에는 '□□六'으로 되어 있음.

【鷁】 혹 '鶂'으로 표기된 판본도 있으며 물새 이름.

【退飛】

【五石之所隕】 하늘에서 다섯 개의 운석을 떨어뜨림. 《春秋》에 실려 있음.

【不失纖微】 성인은 아주 미세한 부분까지 놓치지 않음.

참고 및 관련 자료

1. 《春秋》 僖公 16년

春, 王正月, 戊申, 朔, 隕石于宋五. 是月, 六鷁退飛, 過宋都.

129(11-6)
변고에 대한 기록

이를테면 구욕鴝鵒새가 날아오는 것이나 겨울에는 미록麋鹿이 많이 나타나는 것 등에 이르기까지 하였으니 이는 조수의 무리일지라도 □□□하였음을 말한 것이다.

12월에 오얏과 매화가 열매맺는 이상현상과 10월에 서리가 내렸는데도 콩이 시들지 않는다는 기록은, 차고 더운 기운이 그 계절을 잃었음을 말한 것이다.

조수와 초목도 오히려 각기 그 마땅한 바를 지키고자 하여 법으로써 벼리를 삼으며, 수數로써 기강을 삼는데 하물며 사람에게 있어서랴?

至於鴝鵒來, 冬多麋, 言鳥獸之類□□□也. 十有二月李梅實, 十月殞霜不煞菽, 言寒暑之氣, 失其節也. 鳥獸草木, 尚欲各得其所, 綱之以法, 紀之以數, 而況於人乎?

【鴝鵒】 속칭 八哥라는 앵무새의 일종.《春秋》僖公 25년에 “有鸜鵒來巢”라 함.
【冬多麋】《春秋》莊公 17년에 “冬, 多麋”라 함.
【李梅實】 오얏과 매화는 봄에 꽃이 피어 여름에 과실이 맺히는 것인데 겨울에 맺혔음은 災異임을 말한 것임.《春秋》僖公 33년에 “十有二月, ……李梅實”
【殞霜不煞菽】 서리가 내렸음에도 콩이 시들지 않음. 春秋 定公 元年에 “冬, 十月, 殞霜煞菽”이라 하였고, 僖公 33년 12월에는 “十二月, ……殞霜不煞草”라 하여 이 두 구절을 함께 거론한 것임.
【各得其所】 만물이 각기 자신의 本領대로 그 변화를 수행함.
【紀之以數】 曆數로써 다스림. 數는 역수, 즉 季節을 헤아림을 뜻함.

130(11-7)
하늘을 법으로 삼은 성인들

성인은 하늘의 밝은 이치를 이어받고 일월의 바른 운행을 정확히 여기며, 별들의 기울기를 기록으로 하며, 천지의 이익에 근거를 두고 고하高下의 마땅함을 등급으로 삼으며, 산천의 편리함을 설정하고, 사해를 고르게 하며 구주九州를 나누고, 호오好惡를 동등하게 보며 풍속을 하나로 통일시킨다.

《역易》에는 "하늘이 내려주는 상징을 내려주고 길흉을 보여 주니 성인은 이를 법칙으로 삼는다. 하늘이 선한 도리를 나타내니 성인은 이를 얻는다" 하였는데, 이는 성인이 도력圖曆으로써 그 변화와 아래의 쇠미한 시대 풍화風化의 실정을 점쳐서 쇠퇴와 성세를 바로잡고 만물의 기틀을 마련하고 세상을 안정시키니, 그 뒤로는 실행하지 못할 정치가 없게 되었으며 다스려지지 않을 백성이 없게 되었다.

聖人承天之明, 正日月之行, 錄星辰之度, 因天地之利, 等高下之宜, 設山川之便, 平四海, 分九州, 同好惡, 一風俗.

《易》曰:『天垂象, 見吉凶, 聖人則之; 天出善道, 聖人得之.』言御占圖曆之變, 下衰風化之失, 以匡衰盛, 紀物定世, 後無不可行之政, 無不可治之民.

【承天之明】 하늘의 日月星辰 등 광명을 이어받음.
【錄】 採取함. 取錄함. 錄取함.
【設山川之便】 산천의 지세나 마땅함에 맞추어 施設함.
【一風俗】 미풍양속을 고르게 하여 모두 따르게 함.
【易曰】《周易》繫辭傳(上)의 구절. 그러나 唐晏의《陸子新語校注》에는 "按: 今《易》作'天垂象, 見吉凶, 聖人象之; 河出圖, 洛出書, 聖人則之', 陸生所引, 大異於今本"이라 함.
【御占圖曆】 고대 占驗을 거치고 圖錄 등을 살펴 길흉을 처리하고 사물을 다스림.
【紀物定世】 日月星辰과 鳥獸草木 등 만물의 변화와 운동 등을 살펴 歲時의 節氣를 정함.

참고 및 관련 자료

1. 《周易》 繫辭傳(上)

是故法象莫大乎天地; 變通莫大乎四時; 縣象著明莫大乎日月; 崇高莫大乎富貴; 備物致用, 立成器以爲天下利, 莫大乎聖人; 探賾索隱, 鉤深致遠, 以定天下之吉凶, 成天下之亹亹者, 莫大乎蓍龜. 是故天生神物, 聖人則之; 天地變化, 聖人效之; 天垂象, 見吉凶, 聖人象之; 河出圖, 洛出書, 聖人則之. 易有四象, 所以示也; 繫辭焉, 所以告也; 定之以吉凶, 所以斷也.

131(11-8)
땅의 이익을 근거로 삼아

그러므로 "하늘의 명확함을 법으로 삼고, 땅의 이익을 근거로 삼는다" 하였던 것이다. 하늘의 변화를 관찰하여 이를 미루어 만물의 유별을 추측하고, 이를 □□ 사이에 펼쳐 놓으며, 이를 추위와 더위의 절기에 맞추어 놓았고, 이를 풍우의 변화와 같도록 해 놓았던 것이다.

따라서 아주 먼 나라나 풍속이 다른 곳이라 해도 □□□을 알지 못하는 경우가 없게 되었으며, 즐거우면 노래하고 슬프면 울게 되었으니 모두가 성인의 가르침에 의해 하나로 되었기 때문이다.

故曰:『則天之明, 因地之利.』觀天之化, 推演萬事之類, 散之於□□之間, 調之以寒暑之節, 養之以四時之氣, 同之以風雨之化.

故絶國異俗, 莫不知□□□, 樂則歌, 哀則哭, 蓋聖人之敎所齊一也.

【則天之明】《孝經》三才章의 구절. 注에 "法天明以爲常, 因地利以行義"라 함.
【□□】宋翔鳳의 《新語》校本에는 "子彙本作'散見於彌漫之間', 無缺字"라 하여 누락된 것이 아니라 보았음.
【調】協助, 調整의 의미.
【養】陶冶함. 수양함.
【絶國異俗】지극히 멀어 풍속이 전혀 다른 아주 먼 나라.
【莫不知□□】〈彙函本〉과 〈品節本〉에는 "莫不知慕"로 되어 있음.
【齊一】나란히 하여 같게 함. 통일함.

참고 및 관련 자료

1.《孝經》三才章

曾子曰:「甚哉孝之大也.」子曰:「夫孝天之經也地之義也民之行也. 天地之經而民是則之. 則天之明因地之利以順天下是以其敎不肅而成其政不嚴而治. 先王見敎之可以化民也. 是故先之以博愛而民莫遺其親. 陳之於德義而民興行. 先之以敬讓而民不爭. 導之以禮樂而民和睦. 示之以好惡而民知禁.」詩云:『赫赫師尹, 民具爾瞻.』

132(11-9)
월상씨의 공물

무릇 훌륭한 도를 자신에게 지니고 있으면 아무리 먼 곳일지라도 다가오지 않을 자가 없으나, 악한 행동을 □에 드러내면 □□한 자라 해도 떠나버리지 (않을) 자가 없을 것이다.

주공周公이 몸소 예의를 실천하며 후직后稷을 받들어 교사郊祀를 올리자, 월상씨越裳氏가 공물을 받들고 몇 단계의 통역을 거쳐 찾아왔으며, 기린과 봉황 같은 상서로운 동물과 초목이 교화를 따라 이에 응하였던 것이다.

夫善道存於身, 無遠而不至; 惡行著於□, □□而不去. 周公躬行禮義, 郊祀后稷, 越裳奉貢重譯而臻, 麟鳳草木緣化而應.

【善道存於身】 宋翔鳳의 《新語》교본에는 〈治要本〉을 근거로 "善道存乎心也"라 하였음.

【行惡著於□】 宋翔鳳의 《新語》교본에는 "「惡行著乎己, 無近而不去也」, 本作

「惡行著於□□□而不去」, 並依〈治要〉改補. 〈子彙〉作「惡行著於身, 無遠而不去」."라 함. 한편 嚴可均의 《鐵橋漫稿》에는 "子彙此類多以意補"라 함.

【郊祀后稷】 교외의 제사에 后稷도 함께 제사를 올림. 郊祀는 郊外에서 하늘에 올리는 제사이며, 이때 后稷을 함께 배향함을 말함. 后稷은 周나라의 시조 姬棄를 가리킴. 농사법을 널리 퍼뜨린 공으로 農稷지관에 임명되었음. 《史記》 周本紀 참조.

【越裳】 고대 남해 멀리 있던 나라 이름. 이들이 주나라에 성인이 있다 여겨 여러 번의 통역을 거쳐 찾아와 공물을 바침. 《史記》 등을 참조할 것.

【麟鳳】 고대 길상을 상징하던 靈物. 여기서는 周公이 예와 의를 몸소 행하자 나라에 기린과 봉황 같은 영물이 출현하였다는 뜻임.

참고 및 관련 자료

1. 《尙書大傳》 嘉禾篇

成王之時, 有三苗貫桑葉而生, 同爲一穗, 其大盈車, 長幾充箱, 民得而上諸成王.

2. 《尙書大傳》 嘉禾篇

成王時, 有苗異莖而生, 同爲一穟, 人有上之者. 王召周公而問之, 公曰: 「三苗爲一穟, 抑天下共和爲一乎?」 果有越裳氏重譯而來.

3. 《尙書大傳》 嘉禾篇

交阯之南有越裳國. 周公居攝六年, 制禮作樂, 天下和平. 越裳以三象重譯而獻白雉, 曰: 「道路悠遠, 山川阻深, 音使不通, 故重譯而朝.」 成王以歸周公, 公曰: 「德不加焉, 則君子不饗其質, 政不施焉, 則君子不臣其人. 吾何以獲此賜也?」 其使請曰: 「吾受命吾國之黃耇曰: 『久矣天之無烈風澍雨, 意者中國有聖人乎? 有則盍往朝之.』」 周公乃歸之於王, 稱先王之神致以薦於宗廟. 周德旣衰, 於是稍絶.

4. 《韓詩外傳》(5)

成王之時, 有三苗貫桑而生, 同爲一秀, 大幾滿車, 長幾充箱, 民得而上諸成王. 成王問周公曰: 「此何物也?」 周公曰: 「三苗同爲一秀, 意者天下殆同一也.」 比幾三年, 果有越裳氏重九譯而至, 獻白雉於周公. 曰: 「道路悠遠, 山川幽深. 恐使人之未達也, 故重譯而來.」 周公曰: 「吾何以見賜也?」 譯曰: 「吾受命國之黃髮曰:

『久矣天之不迅風疾雨也, 海之不波溢也, 三年於玆矣. 意者中國殆有聖人, 盍往朝之.』於是來也.」周公乃敬求其所以來. 詩曰:『於萬斯年, 不遐有佐.』

5.《十八史略》卷1

交趾南有越裳氏, 重三譯而來, 獻白雉, 曰:「吾受命國之黃耇, 天無烈風淫雨, 海不揚波, 三年矣. 意者中國有聖人乎?」周公歸之王, 薦于宗廟, 使者迷歸路, 周公錫以軿車五乘, 皆爲指南之制. 使者載之, 由扶南林邑海際, 朞年而至國. 故指南車常爲先導, 示服遠人而正四方.

6.《說苑》辨物篇

成王時, 有三苗貫桑而生, 同爲一秀, 大幾盈車, 民得而上之成王, 成王問周公:「此何也?」周公曰:「三苗同秀爲一, 意天下其和而爲一乎?」後三年則越裳氏重譯而朝, 曰:「道路悠遠, 山川阻深, 恐一使之不通, 故重三譯而來朝也.」周公曰:「德澤不加, 則君子不饗其質; 政令不施, 則君子不臣其人.」譯曰:「吾受命於吾國之黃髮,『久矣, 天之無烈風淫雨, 意中國有聖人耶? 有則盍朝之!』」然後周公敬受其所以來矣.

133(11-10)
위후의 아우

은殷나라 폭군 주紂가 무도하게 굴자 미자微子는 골육임에도 이를 버리고 떠나 버렸다. 이처럼 착한 일을 행하면 조수도 즐거워하지만 악한 일을 행하면 그 신하나 자식조차도 두려워하는 것이다.

이 까닭으로 현명한 자는 가히 멀리 있는 자까지 다가오도록 할 수 있으나 비루한 자는 □한 자들이 가까이 오게 된다.

그러므로 《춘추春秋》에는 위후衛侯의 아우 전鱄이 진晉나라로 도망한 것을 기록하되, 전이 골육의 관계를 끊고 대부의 지위를 버렸으며, 선인의 국경을 넘어 다른 나라의 영토에 빌붙어 기한을 참으며 짚신 삼는 일로 먹고 살았음을 그대로 기록하였으니, 이는 그의 현명하지 못함을 밝힌 것이다.

殷紂無道, 微子棄骨肉而亡. 行善則鳥獸悅, 行惡則臣子恐. 是以明者可以致遠, 鄙者可以□近.

故《春秋》書衛侯之弟鱄出奔晉, 書鱄絶骨肉之親, 棄大夫之位, 越先人之境, 附他人之域, 窮涉寒飢, 織履而食, 不明之効也.

【殷紂】 殷나라 末王. 폭군으로 이름이 높았으며 周나라 武王에게 나라를 잃음. 《史記》 殷本紀 참조.

【無道】 이 두 글자는 원래 누락되어 있으나 宋翔鳳의 《新語》교본에 〈治要本〉을 근거로 보입한 것임.

【微子】 殷나라 말 紂임금의 庶兄. 紂의 무도함을 보고 간언하다가 멀리 떠나 버림. 《論語》 微子篇 集解에 "馬曰: 微, 國名; 子, 爵也. 微子, 紂之庶兄. 微子見紂無道, 早去之"라 함.

【鄙者可以□近】 宋翔鳳의 《新語》교본에 〈治要본〉을 근거로 "否者可以失近"이라 함.

【衛侯之弟鱄】 衛侯는 춘추시대 衛나라 獻公을 가리킴. '鱄'은 《穀梁傳》에는 '專'으로 되어 있음. 衛 獻公의 아우. 위 헌공이 축출당했다가 甯喜의 도움으로 복위하였지만, 영희가 이를 근거로 전횡을 부리자 결국 영희를 죽일 수밖에 없었음. 《左傳》에 의하면 위 헌공이 복위하기 전 그 아우 鱄이 영희와 "苟反, 政由甯氏, 祭則寡人"이라 밀약을 하여 영희의 전횡을 인정한 것이었음. 뒤에 영희가 피살되자, 鱄은 두려움 끝에 고국을 배반하고 晉나라로 도망하고 말았음. 《穀梁傳》에 "專之去, 合乎春秋"라 함.

【織履而食】 짚신을 삼아 파는 것으로 생업을 삼음. 公子 鱄이 晉나라로 邯鄲으로 도망한 다음 "織絇邯鄲, 終身不言衛"라 함.

참고 및 관련 자료

1. 《左傳》 襄公 26년

衛獻公使子鮮爲復, 辭. 敬姒强命之. 對曰: 「君無信, 臣懼不免.」 敬姒曰: 「雖然, 以吾故也.」 許諾. 初, 獻公使與甯喜言, 甯喜曰: 「必子鮮在. 不然, 必敗.」 故公使子鮮. 子鮮不獲命於敬姒, 以公命與甯喜言, 曰: 「苟反, 政由甯氏, 祭則寡人.」 甯喜告蘧伯玉. 伯玉曰: 「瑗不得聞君之出, 敢聞其入?」 遂行, 從近關出. 告右宰穀. 右宰穀曰: 「不可. 獲罪於兩君, 天下誰畜之?」 悼子曰: 「吾受命於先人, 不可以貳.」 穀曰: 「我請使焉而觀之.」 遂見公於夷儀. 反, 曰: 「君淹恤在外十二年矣, 而無憂色, 亦無寬言, 猶夫人也. 若不已, 死無日矣.」 悼子曰: 「子鮮在.」 右宰穀曰: 「子鮮在, 何益? 多而能亡, 於我何爲?」 悼子曰: 「雖然, 不可以已.」 孫文子在戚, 孫嘉聘於齊, 孫襄居守. 二月庚寅, 甯喜·右宰穀伐孫氏, 不克, 伯國傷.

甯子出舍於郊. 伯國死, 孫氏夜哭. 國人召甯子, 甯子復攻孫氏, 克之. 辛卯, 殺子叔及大子角. 書曰「甯喜弑其君剽」, 言罪之在甯氏也. 孫林父以戚如晉. 書曰「入于戚以叛」, 罪孫氏也. 臣之祿, 君實有之. 義則進, 否則奉身而退. 專祿以周旋, 戮也. 甲午, 衛侯入. 書曰「復歸」, 國納之也. 大夫逆於竟者, 執其手而與之言; 道逆者, 自車揖之; 逆於門者, 頷之而已. 公至, 使讓大叔文子曰: 「寡人淹恤在外, 二三子皆使寡人朝夕聞衛國之言, 吾子獨不在寡人. 古人有言曰: '非所怨, 勿怨.' 寡人怨矣.」 對曰: 「臣知罪矣. 臣不佞, 不能負羈紲以從扞牧圉, 臣之罪一也. 有出者, 有居者, 臣不能貳, 通外內之言以事君, 臣之罪二也. 有二罪, 敢忘其死?」 乃行, 從近關出. 公使止之.

2. 《左傳》 襄公 27년

衛甯喜專, 公患之, 公孫免餘請殺之. 公曰: 「微甯子, 不及此. 吾與之言矣. 事未可知, 祇成惡名, 止也.」 對曰: 「臣殺之, 君勿與知.」 乃與公孫無地·公孫臣謀, 使攻甯氏, 弗克, 皆死. 公曰: 「臣也無罪, 父子死余矣!」 夏, 免餘復攻甯氏, 殺甯喜及右宰穀, 尸諸朝. 石惡將會宋之盟, 受命而出, 衣其尸, 枕之股而哭之. 欲斂以亡, 懼不免, 且曰: 「受命矣.」 乃行. 子鮮曰: 「逐我者出, 納我者死. 賞罰無章, 何以沮勸? 君失其信, 而國無刑, 不亦難乎? 且鱄實使之.」 遂出奔晉. 公使止之, 不可. 及河, 又使止之, 止使者而盟於河. 託於木門, 不鄉衛國而坐. 木門大夫勸之仕, 不可, 曰: 「仕而廢其事, 罪也; 從之, 昭吾所以出也. 將誰愬乎? 吾不可以立於人之朝矣.」 終身不仕. 公喪之如稅服終身. 公與免餘邑六十, 辭曰: 「唯卿備百邑, 臣六十矣. 下有上祿, 亂也. 臣弗敢聞. 且甯子唯多邑, 故死, 臣懼死之速及也.」 公固與之, 受其半. 以爲少師. 公使爲卿, 辭曰: 「大叔儀不貳, 能贊大事, 君其命之.」 乃使文子爲卿.

12. 사무思務

'사무思務'는 성인의 다스림이란 널리 생각하고 두루 듣기 때문에 진퇴가 법에 맞고 행동이 절도에 맞았음을 밝힌 것이다. 아울러 시세의 변화와 백성의 상황을 잘 살펴 늘 생각하며 덕치에 힘쓸 것을 권고한 내용이다.

○ 黃震은 "思務言聞見當務執守"라 하였고, 戴彦升은 "思務篇言聖人不必同道"라 하였으며, 唐晏은 "此篇義在知其所止"라 함.

134(12-1)
아무리 궁해도

무릇 변화에 뛰어난 자는 궁하다고 해서 속임수를 쓰는 법이 없으며, 도에 통달한 자는 괴이한 짓을 하여 놀라게 하지 않으며,

말에 깊이가 있는 자는 말로써 남을 혹하게 하지 아니하며, 의에 원대한 뜻을 가진 자는 이익으로써 남을 움직이게 하지 않는다.

夫長於變者不可窮以詐, 通於道者不可驚以怪;
審於辭者不可惑以言, 遠於義者不可動以利.

【窮以詐】 속임수를 써서 남을 궁지에 몰아넣음.
【審於辭】 사정을 자세히 살펴 말을 함. 言辭와 辭令에 뛰어남을 말함.
【遠】 다른 판본에는 모두 '達'로 되어 있음.
【利】 원래는 누락되었으나 宋翔鳳의 《新語》교본에 〈治要本〉를 근거로 '利'자로 보입함.

135(12-2)
귀로는 아첨의 말을 듣지 아니하고

이 까닭으로 군자는 두루 생각하고 널리 듣기 때문에, 진퇴가 법에 맞으며 행동이 절도에 합당하다.

듣고 보는 것을 널리 하고자 하며, 그로 인해 의견을 채택함에 조심스럽게 하려 하며, 학문을 넓게 펴고자 하기 때문에 자신의 행동을 돈후하게 하고자 한다.

사악한 것을 보면 곧바로 곧은 것을 알아내며, 꽃을 보면 그 열매가 어떨지를 알아낸다.

눈으로는 음란하고 현요炫耀한 색을 보지 아니하며, 귀로는 아첨하고, □□□는 것으로써 미혹함에 빠지지 않는다.

□□□하되 진晉, 초楚의 부유함으로 하되 그 뜻을 되돌리지 않으며, 이야깃거리로 삼는 것은, 교목이나 소나무 같은 장수함을 거론하되 그 행동을 바꾸지 않는다. 그러한 연후에야 능히 그 도를 전일專一하게 하고 그 지조를 확정지으니 □□□□□□(그 자신을 편안히 하고 그) 공功을 (드러내게 되는 것이다.)

是以君子廣思而博聽, 進退循法, 動作合度.

聞見欲衆, 而采擇欲謹; 學問欲博, 而行己欲敦.

見邪乃知其直, 觀花乃知其實.

目不淫炫耀之色, 耳不亂阿□□□.

□□□之以晉·楚之富, 而志不回; 談之以喬·松之壽, 而行不易.

然後能一其道而定其操, □□□□□□功.

【廣思而博聽】 宋翔鳳은 〈치요본〉을 근거로 "博思廣聽"으로 고쳤음.

【循法】 법령을 잘 준수함.

【博而行己】 원래는 누락되어 있으나 宋翔鳳의 《新語》교본에 〈치요본〉을 근거로 보입한 것임.

【欲敦】 宋翔鳳의 《新語》교본에 "宋盛如梓《庶齋老學叢談》引《新語》「遠於義」, '遠'作'達', '動以'下有'利'字, 又作「進退循法度, 動作合禮儀」, 又作「學問欲博, 而行己欲敦」, 與〈治要〉多同"이라 함.

【炫燿】 炫耀, 炫曜와 같음. 빛이 남.

【耳不亂阿□□□□】 宋翔鳳의 《新語》교본에 "耳不亂於阿諛之詞, 雖利"라 하였고, 그 주에 "本'阿'字下缺六字, 依〈治要〉補五字. 以上並依〈治要〉. 〈子彙〉作「耳不亂阿□之聲, 是故語」, 接下文. 別本作「耳不亂阿譽之聲, 士人動」, 接下文. 並不可信"이라 함.

【晉楚】 춘추시대의 두 나라 이름. 晉나라는 지금의 山西省을 중심으로 발달하였으며 楚나라는 長江 유역 일대에 있던 대국이었음. 그러나 다른 판본에는 '齊魯'로 되어 있어 지금의 山東 지역을 가리킴. 唐晏의 《陸子新語校注》에 "孟子曰: 「晉楚之富, 不可及也.」 是當時有此語"라 함.

【回】 宋翔鳳 교본에는 '移'로 되어 있음.

【喬】 王子喬를 가리킴. 고대 이름난 仙人으로 周 靈王(寧王)의 태자. 이름은 晉. 笙簧을 잘 불었으며 道士 浮丘公이 嵩山에서 그를 초청, 20여 년간 수련토록 하여 緱氏山에서 白鶴을 타고 昇仙하도록 도와 주었다 함. 劉向의 《列仙傳》을 참고할 것.

【松】 전설 속의 神仙 赤松子. 神農氏 때 雨師였음. 역시《列仙傳》등을 참고할 것.
【□□□□□□】 宋翔鳳의 校本에는 〈治要本〉을 근거로 "致其事而立其功也"라 하였으나 〈品節本〉에는 "安其身而見其功"이라 함.

참고 및 관련 자료

1.《列仙傳》(上)

王子喬者, 周寧王太子也. 好吹笙作鳳凰鳴, 遊伊洛之間. 道士浮丘公接以上嵩高三十餘年. 後求之於山上, 見柏良曰:「告我家, 七月七日待我於緱氏山巓.」至時, 果乘白鶴駐山頭. 望之不得道, 擧手謝時人, 數日而去. 亦立祠於緱氏山下, 及嵩高首焉. 妙哉王子, 神遊氣爽. 笙歌伊洛, 擬音鳳響. 浮丘感應, 接手俱上. 揮策靑崖, 假翰獨往.

2.《列仙傳》(上)

赤松子者, 神農時雨師也. 服水玉以教神農, 能入火自燒. 往往至崑崙山上, 常止西王母石室中. 隨風雨上下, 炎帝少女追之, 亦得仙, 俱去. 至高辛時, 復爲雨師. 今之雨師本是焉. 眇眇赤松, 飄飄少女. 接手翻飛, 冷然雙擧. 縱身長風, 俄翼玄圃. 妙達巽坎, 作範司雨.

136(12-3)
부차와 구천

보통 범속한 사람은 그렇지 않다. 눈은 부귀의 영화에 방종하고, 귀는 죽지 않는 도라는 말에 혼란해진다.

그러므로 자신의 장점을 버리고 도리어 단점을 찾아 나서며 얻지 못할 것을 얻지도 못하면서 도리어 가진 것을 잃고 만다.

이 까닭으로 오왕吳王 부차夫差는 애릉艾陵에서 곧 이길 것만 알았지, 구천句踐이 장차 그 뒤를 밟아 자신을 깨뜨릴 흉사에 대해서는 깨닫지 못한 것이다.

그러므로 □□ 때문에 혹 하나의 이익만을 보다가 만 가지 기회를 잃게 되며 하나의 복을 구하다가 만 가지 화를 자초하게 되는 것이다.

凡人則不然, 目放於富貴之榮, 耳亂於不死之道.
故多棄其所長, 而求其所短, 不得其所無, 而失其所有.
是以吳王夫差知度艾陵之可勝, 而不悟句踐將以破凶也.
故□□或見一利而喪萬機, 求一福而致萬禍.

【放】 방자함. 방종함. 제멋대로 행동함.

【不死之道】 장생불사, 불로장생의 방법. 《史記》 秦始皇本紀에 "悉召文學方術士甚衆, 欲以興太平. 方士欲煉, 以求不死之奇藥"이라 함.

【不】 원래 이 글자는 없으나 宋翔鳳은 〈治要本〉에 의해 보입함.

【無】 원래 '亡'자로 되어 있으나 〈치요본〉에는 '無'자로 되어 있음.

【知度艾陵之可勝】 艾陵에서의 전투에 이길 것임을 미리 예측함. 艾陵之戰은 춘추시대 吳王 夫差가 애릉에서 齊나라를 크게 이긴 전투. 《左傳》 哀公 10년에 의하면 吳王 夫差는 伍子胥의 간언을 뿌리치고 齊나라를 공격, 이 일로 吳나라는 승리를 거두었으나, 그 뒤에 버티고 있던 越王 句踐에게 발목이 잡혀 망하고 말았음. 《左傳》 哀公 11년에 "五月, 公會吳伐齊. 甲戌, 齊國書帥師及吳戰於艾陵, 齊師敗績. 獲齊國書"라 하였고, 杜預 주에 "艾陵, 齊地"라 함.

【句踐】 春秋 말기 越나라 군주. 吳나라와 오랜 반목과 공방 끝에 范蠡와 文種의 도움을 받아 오나라를 멸한 임금.

【故□□】 宋翔鳳의 교본에는 '故事'라 하였고 주에 "本'故'下缺二字, 〈治要〉有'事'字, 無缺"이라 함.

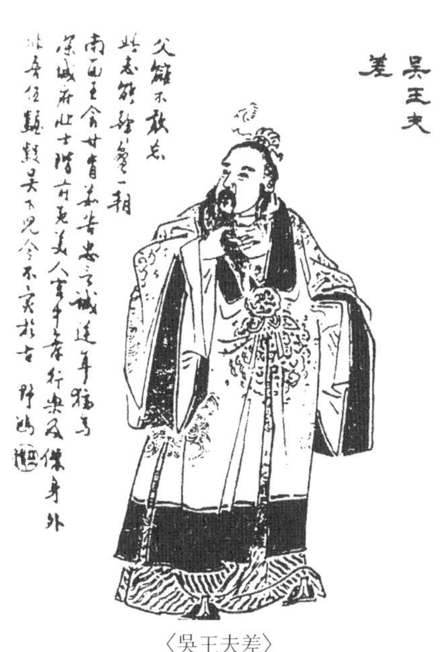

〈吳王夫差〉

137(12-4)

수족을 노고롭게 하지 아니하고도

무릇 학자라면 신령의 변화에 통달하고 천지의 개벽에 밝다.

그리하여 □□□의 풀어짐과 팽팽함, 성명性命의 장단, 부귀의 소재所在, 빈천의 사라짐에 대한 것이라면 그것을 위해 수족手足을 노고롭게 하지 않으며, 귀와 눈이 그 때문에 혼란스럽지 않게 한다.

사려에 오류가 없으며 계책에 착오가 없어, 위로 시비는 천문天文을 근거로 결정하며, 그 다음의 일이라면 세상 업무를 통해 망설임과 의심을 확정짓는다. 그렇게 함으로써 폐함과 흥함에 근거가 있게 되고, 돌아가고 바뀜에 지킬 바가 있게 된다. 그러므로 도는 □□□□□로 할 수 있고, 일은 법으로 삼을 수 있게 되는 것이다.

夫學者通於神靈之變化, 曉於天地之開闔.

□□□弛張, 性命之短長, 富貴之所在, 貧賤之所亡, 則手足不勞, 而耳目不亂.

思慮不謬, 計策不誤, 上訣是非於天文, 其次定孤疑於世務, 廢興有所據, 轉移有所守, 故道□□□□□事可法也.

【學者】 학문에 종사하는 사람. 선비.

【神靈之變化】 天地造化의 신이 보여 주는 여러 가지 변화. 자연 변화를 말함.

【天地之開闔】 역시 천지 자연의 변화를 말함.

【□□□】 〈品節本〉에는 '人事之'로 되어 있고 〈子彙本〉과 唐晏의 《陸子新語校注》에는 두 글자만 缺字로 되어 있음.

【性命之短長】 性命은 生命과 같음. 사람의 수명을 뜻함. 이는 《論語》 顔淵篇의 "死生有命, 富貴在天"을 뜻하며 疏에 "言人死生長短, 各有所稟之命, 財富位貴, 則在天之所予"라 함.

【謬】 원래는 누락되어 있으나 〈子彙本〉과 〈品節本〉에 의해 보입함.

【訣】 '決'과 같음. 決裁함, 決斷함.

【狐疑】 매우 의심이 많아 결단을 내리지 못함. 여우가 의심이 많아 앞뒤 좌우를 자꾸 살피는 모습에서 유래됨.

【廢興】 원문은 '興'으로 되어 있으나 宋翔鳳의 〈교본〉에 의해 고침.

【□□□□□】 〈品節本〉에는 '可成'으로 되어 있음.

138(12-5)
가는 길은 달라도

옛날 순舜과 우禹는 흥성함에 의지하여 세상을 다스렸고, 공자는 쇠퇴한 시대를 이어받아 공을 이루었다. 성인은 공중에서 나오는 것이 아니며, 현자는 텅 빈 곳에서 생겨나는 것이 아니다.

□□□□□□하되 선善으로 귀결되고, 이에 천지의 법으로써 그 일을 통제하게 되면 세상의 편리함이 그 의義에 의해 설정되는 것이다.

이 까닭으로 성인이라 해서 반드시 같은 길로 가는 것이 아니라 □□□□□□하는 것이며, 좋은 것이라 해서 반드시 같은 색깔이어야 모두가 아름다운 것이 아니며, 추악한 것이라 해서 반드시 똑같은 모습이기 때문에 모두가 추악한 것이 아니다. 천지의 상수는 이처럼 명命의 상징이며, 해의 □□□□□□□□□와 팔수八宿가 나란히 펼쳐져 있으나 각기 맡은 주장이 있어, 만 가지 단서가 각기 다른 길이며, 천 가지 법이 그 형태가 다른 것이다.

성인은 그 형세를 근거로 이를 조정하여, 대소大小가 서로 그 위치를 넘어설 수 없도록 하였고, 방원方圓이 서로를 간섭하지 못하도록 하였으니, 절도로써 분리하고 절기로써 벼리를 구분하였던 것이다.

昔舜·禹因盛而治世, 孔子承衰而作功, 聖人不空出, 賢者不虛生.

□□□□□□而歸於善, 斯乃天地之法而制其事, 則世之便而設其義.

故聖人不必同道, □□□□□□, 好者不必同色而皆美, 醜者不必同狀而皆惡, 天地之數, 斯命之象也, 日□□□□□□□□八宿並列, 各有所主, 萬端異路, 千法異形.

聖人因其勢而調之, 使小大不得相踰, 方圓不得相干, 分之以度, 紀之以節.

【承衰而作功】 孔子가 곤액을 만나 뒤에 《春秋》를 지었음을 말함.

【不必同道】 꼭 같은 길로 가는 것은 아님. 그럴 필요가 없음. 성인은 가는 길은 달라도 그 귀결점은 같다는 뜻임.

【□□□□□□】 〈品節本〉에는 '而皆合'으로 되어 있음.

【命之象】 天命의 외형. 천명이 밖으로 드러난 형상.

【因其勢而調之】 사물의 발전 형세나 추세에 근거하여 이를 조정함.

【踰】 원래 이 글자는 누락되어 있으나 〈子彙本〉에 의해 보입함.

【干】 간섭함. 덤벼듦.

139(12-6)
하늘의 변고

별은 낮에 볼 수 없으며, 해는 밤에 비출 수 없고, 우레는 겨울에 울릴 수 없으며, 서리는 여름에 내리지 않는다. 신하는 임금을 능멸할 수 없는 것이니, 이처럼 음이 양을 침범할 수 없는 것이다.

그런데 만약 한여름인데 덥지 않고, 한겨울임에도 서리가 내리지 않으며, 검은 기운이 해를 감싸 가리고 있으며, 혜성이 빛을 발하고, 무지개가 겨울에 보이며, 겨울잠을 자야 할 벌레가 여름에 잠을 자며, 형혹이 별자리를 뒤흔들고, 온갖 별들이 그 운행의 궤도를 잃는다면 성인이 하늘의 변고를 근거로 그 오류를 바로잡고 그 단서를 다스려 그 근본을 바로잡을 것이다.

星不晝見, 日不夜照, 雷不冬發, 霜不夏降, 臣不凌君, 則陰不侵陽.

盛夏不暑, 隆冬不霜, 黑氣苞日, 彗星揚光 虹蜺冬見, 蟄蟲夏藏, 熒惑亂宿, 衆星失行. 聖人因天變而正其失, 理其端而正其本.

【霜不夏降】 여름에는 서리가 내릴 수 없음.
【臣不凌君】 신하로서 임금을 능멸할 수 없음.
【陰不侵陽】 음기는 양기를 침범할 수 없음.
【盛夏不暑】 사시의 질서가 무너짐.
【彗星揚光】 천문의 질서가 어그러짐.
【蟄蟲】 겨울잠을 자는 벌레들을 총칭함.
【熒惑】 화성의 별칭. 보일 때와 보이지 않을 때가 일정하지 않아 그렇게 이름이 지어졌다 함.
【理其端】 그러한 이치의 발단.

140(12-7)
치우

요堯는 치우蚩尤가 저지를 실책을 이어받았으나 흠명欽明한 도를 생각하였다. 이처럼 군자는 밖에서 악한 일을 보면 안에서 스스로를 변화시킨다.

걸桀이나 주紂가 포악한 짓을 저지르지 않았다면, 탕湯임금이나 무왕武王이 어질게 될 이유가 없다. 재능을 여러 무리를 그릇되게 하는 데에 미혹시키는 자는 이를 □□□□□□□에서 바꾸며, 혼란을 조정에서 일으키니, 필부일지라도 우선 자신의 안방부터 다스리고 보는 법이다.

이 까닭으로 접여接輿와 노래자老萊子가 세상을 피하여 궁벽한 곳으로 □□□□□한 것은 그 존경받는 자체를 멀리한 것이다.

군자는 깊고 그윽하여 남이 모르는 곳에서 실행하며, 소인은 여러 무리들이 있는 곳에서 더욱 지독하게 한다.

《노자老子》에는 "최상급의 덕이란 덕이 없는 듯이 하는 것"이라 하였으니 비워 둠을 □□□□□□한 것이다.

堯承蚩尤之失, 而思欽明之道, 君子見惡於外, 則知變於內.

桀·紂不暴, 則湯·武不仁, 才惑於衆非者, 而改之於□□□□□□□, 亂之於朝廷, 而匹夫治之於閨門.

是以接輿·老萊所以避世於窮□□□□□而遠其尊也.
君子行之於幽閒, 小人厲之於士衆.
《老子》曰: 「上德不德.」□□□□□□虛也.

【蚩尤】 전설 동방 九黎族의 수령. 지금의 山東, 河南, 河北 일대에 세력을 떨쳤음. 형제가 81명이었다 하는데 각기 짐승의 몸체에 구리로 이마를 가렸으며 자주 난을 일으켜 黃帝 軒轅氏가 토벌에 나서 涿鹿의 들에서 전투를 벌임. 이때 치우가 큰 안개를 일으켜 대항하자, 황제 무리가 指南車를 발명하여 이들을 토멸했다 함. 지금의 남방 苗族은 치우가 자신들의 조상이라 하기도 함.

【欽明之道】 원문은 '欽□□□'으로 되어 있으나 宋翔鳳의 《新語》 교본에 "本決「明之道」三字, 依〈治要〉增"이라 하여 이를 따름.

【暴】 원문은 누락되어 있으며 일부 교정본에는 '道'로 되어 있음. 그러나 〈子彙本〉과 〈唐晏本〉에 의해 '暴'로 보입함.

【接輿】 楚나라의 광인. 공자를 비판한 내용이 《論語》에 실려 있으며 은자로도 알려짐. 이름은 陸通. 《高士傳》 등을 참고할 것.

【老萊】 老萊子. 역시 고대 隱者이며 孝子. 춘추시대 초나라 사람. 蒙山에서 농사 짓고 있을 때 楚王이 듣고 초빙하였으나, 아내와 함께 江南으로 피신하여 숨어 살았다 함. 저서 15편이 있다 함.

【幽閒】 은거하여 청정한 생활을 함.

【厲】 분기함. 분을 내어 솟아오름.

【上德不德】 《老子》 38장의 구절.

참고 및 관련 자료

1. 《尚書》 呂刑篇

王曰: 「若古有訓. 蚩尤惟始作亂, 延及于平民, 罔不寇賊, 鴟義姦宄, 奪攘矯虔. 苗民弗用靈, 制以刑, 惟作五虐之刑曰法, 殺戮無辜. 爰始淫爲劓刵椓黥, 越茲麗刑幷制, 罔差有辭. 民興胥漸, 泯泯棼棼, 罔中于信, 以覆詛盟, 虐威庶戮, 方告無辜于上. 上帝監民, 罔有馨香德, 刑發聞惟腥. 皇帝哀矜庶戮之不辜, 報虐以威, 遏絶苗民, 無世在下. 乃命重黎, 絶地天通, 罔有降格. 羣后之逮在下, 明明棐常, 鰥寡無蓋. 皇帝淸問下民, 鰥寡有辭于苗, 德威惟畏, 德明惟明. 乃命三后, 恤功于民, 伯夷降典, 折民惟刑, 禹平水土, 主名山川, 稷降播種, 農殖嘉穀, 三后成功, 惟殷于民. 士制百姓于刑之中, 以教祗德. 穆穆在上, 明明在下, 灼于四方, 罔不惟德之勤. 故乃明于刑之中, 率乂于民棐彝. 典獄非訖于威, 惟訖于富, 敬忌, 罔有擇言在身. 惟克天德, 自作元命, 配享在下.」

2.《論語》微子篇

楚狂接輿歌而過孔子曰:「鳳兮鳳兮! 何德之衰? 往者不可諫, 來者猶可追. 已而, 已而! 今之從政者殆而!」孔子下, 欲與之言. 趨而辟之, 不得與之言.

3.《莊子》人間世

孔子適楚, 楚狂接輿遊其門曰:「鳳兮鳳兮, 何如德之衰也! 來世不可待, 往世不可追也. 天下有道, 聖人成焉; 天下無道, 聖人生焉. 方今之時, 僅免刑焉. 福輕乎羽, 莫之知載; 禍重乎地, 莫之知避. 已乎已乎, 臨人以德! 殆乎殆乎, 畫地而趨! 迷陽迷陽, 無傷吾行! 郤曲郤曲, 無傷吾足!」

4.《韓詩外傳》(2)

楚狂接輿躬耕以食. 其妻之市, 未返. 楚王使使者賫金百鎰, 造門曰:「大王使臣奉金百鎰, 願請先生治河南.」接輿笑而不應, 使者遂不得辭而去. 妻從市而來, 曰:「先生少而爲義, 豈將老而遺之哉? 門外車軼, 何其深也?」接輿曰:「今者, 王使使者賫金百鎰, 欲使我治河南.」其妻曰:「豈許之乎?」曰:「未也.」妻曰:「君使不從. 非忠也; 從之, 是遺義也. 不如去之.」乃夫負釜甑, 妻戴絍器, 變易姓字, 莫知其所之. 論語曰:「色斯擧矣, 翔而後集.」接輿之妻是也. 詩曰:「逝將去汝, 適彼樂土; 樂土樂土, 爰得我所.」

5.《高士傳》(皇甫謐) 卷上 陸通

陸通字接輿, 楚人也. 好養性, 躬耕以爲食. 楚昭王時, 通見楚政無常, 乃佯狂不仕, 故時人謂之楚狂, 孔子適楚, 楚狂接輿遊其門曰:「鳳兮鳳兮, 何如德之衰也. 來世不可待, 往世不可追也. 天下有道, 聖人成焉, 天下無道, 聖人生焉, 方今之時, 僅免刑焉. 福輕乎羽, 莫之知載; 禍莫重乎地,莫之知避. 已乎已乎, 臨人以德; 殆乎殆乎, 畫地而趨, 迷陽迷陽, 無傷吾行. 却曲却曲, 無傷吾足. 山木自寇也, 膏火自煎也. 桂可食, 故伐之; 漆可用, 故割之 人皆知有用之用而不知無用之用也.」孔子下車欲與之言, 趨而避之, 不得與之言. 楚王聞陸通賢, 遣使者持金百鎰, 車馬二駟往聘通曰:「王請先生治江南.」通笑而不應, 使者去. 妻從市來曰:「先生少而爲義, 豈老違之哉? 門外車跡何深也? 妾聞: 義士非禮不動. 妾事先生, 躬耕以自食, 親織以爲衣. 食飽衣暖, 其樂自足矣. 不如去之.」於是夫負釜甑, 妻戴紝器, 變名易姓, 游諸名山, 食桂櫨實, 服黃菁子, 隱蜀峨眉山, 壽數百年, 俗傳以爲仙云.

6.《列女傳》(2) 賢明「楚狂接輿」

楚狂接輿之妻也. 接輿躬耕以爲食. 楚王使使者持金百鎰·車二駟往聘迎之, 曰:「王願請先生治淮南.」接輿笑而不應, 使者遂不得與語而去. 妻從市來曰:「先生少而爲義, 豈將老而遺之哉? 門外車跡何其深也?」接輿曰:「王不知吾不肖也, 欲使我治淮南, 遣使者持金駟來聘.」其妻曰:「得無許之乎?」接輿曰:「夫富貴者, 人之所欲也. 子何惡我許之矣?」妻曰:「義士非禮不動: 不爲貧而易操, 不爲賤而改行. 妾事先生, 躬耕以爲食, 親績以爲衣. 食飽衣暖, 據義而動, 其樂亦自足矣. 若受人重祿, 乘人堅良, 食人肥鮮, 而將何以待之?」接輿曰:「吾不許也.」妻曰:「君使不從, 非忠也; 從之又違, 非義也; 不如去之.」夫負釜甑, 妻戴紝器, 變名易姓而遠徙, 莫知所之. 君子謂:「接輿妻爲樂道而遠害.」夫安貧賤而不怠於道者, 唯至德者能之. 詩曰:『肅肅兎罝, 椓之丁丁.』言不怠於道也. 頌曰:『接輿之妻, 亦安貧賤. 雖欲進仕, 見時暴亂. 楚聘接輿, 妻請避館. 戴紝易姓, 終不遭難.』

7.《後漢書》〈崔駰傳〉注

楚狂接輿者, 楚人也. 耕而食. 楚王聞其賢, 使使者持金百溢, 車二駟往聘之, 曰:「願煩先生理江南.」接輿笑而不應, 使者去而遠徙, 莫知所之.

8.《蒙求》

《高士傳》: 老萊子楚人. 少以孝行, 養親極甘脆. 年七十, 父母猶存. 萊子服荊蘭之衣, 爲嬰兒戲於親前, 言不稱老. 爲親取食上堂, 足跌而偃, 因爲嬰兒啼. 誠至發中. 楚室方亂, 乃隱耕於蒙山之陽, 著書號《老萊子》, 莫知所終.

9.《高士傳》(皇甫謐) 上卷

老萊子者, 楚人也. 當時世亂逃世, 耕於蒙山之陽. 莞葭爲墻, 蓬蒿爲室, 枝木爲牀, 著艾爲席, 陰水食菽, 墾山播種. 人或言於楚王, 王於是駕至萊子之門. 萊子方織畚. 王曰:「守國之政, 孤願煩先生.」老萊子曰:「諾.」王去, 其妻樵還曰:「子許之乎?」老萊曰:「然.」妻曰:「妾聞之: 可食以酒肉者, 可隨而鞭棰; 可擬以官祿者, 可隨而鈇鉞. 妾不能爲人所制者.」妾儈其畚而去. 老萊子亦隨其妻, 至於江南而止, 曰:「鳥獸之毛, 可以績而衣, 其遺粒足食也.」仲尼嘗聞其論而蹙然改容焉. 著書十五篇, 言道家之用. 人莫知其所終也.

10.《列女傳》賢明傳 楚老萊妻

楚老萊子之妻也. 萊子逃世, 耕於蒙山之陽, 葭牆蓬室, 木牀蓍席, 衣縕食菽, 墾山播種. 人或言之楚王曰:「老萊賢士也.」王欲聘以璧帛, 恐不來. 楚王駕至老萊之門, 老萊方織畚, 王曰:「寡人愚陋, 獨守宗廟, 願先生幸臨之.」老萊子曰:「僕山野之人, 不足守政.」王復曰:「守國之孤, 願變先生之志!」老萊子曰:「諾.」王去. 其妻戴畚萊挾薪樵而來, 曰:「何車迹之衆也?」老萊子曰:「楚王欲使吾守國之政.」妻曰:「許之乎?」曰:「然.」妻曰:「妾聞之, 可食以酒肉者, 可隨以鞭捶; 可授以官祿者, 可隨以鈇鉞. 今先生食人酒肉, 授人官祿, 爲人所制也, 能免於患乎? 妾不能爲人所制.」投其畚萊而去. 老萊子曰:「子還, 吾爲子更慮.」遂行不顧, 至江南而止, 曰:「鳥獸之解毛, 可績而衣之; 据其遺粒, 足以食也.」老萊子乃隨其妻而居之, 民從而家者, 一年成落, 三年成聚. 君子謂:「老萊妻果於從善.」詩曰:『衡門之下, 可以棲遲; 泌之洋洋, 可以療饑.』此之謂也. 頌曰:『老萊與妻, 逃世山陽. 蓬蒿爲室, 莞葭爲蓋. 楚王聘之, 老萊將行. 妻曰世亂, 乃遂逃亡.』

11.《二十四孝》戲彩娛親

周, 老萊子性至孝, 奉養雙親. 備極甘脆, 行年七十. 言不稱老, 常著五彩斑斓之衣, 爲嬰兒戲於親側, 又常取水上堂, 詐跌臥地, 作嬰兒啼以娛親. 有詩爲頌. 詩曰:『戲舞學嬌癡, 春風動彩衣. 雙親開口笑, 喜氣滿庭幃.』

12.《文選》(21)〈遊仙詩〉注

列女傳曰: 萊子逃世, 耕於蒙山之陽. 或言之楚, 楚王遂駕至老萊之門. 楚王曰:「守國之孤, 願變先生.」老萊曰:「諾.」妻曰:「妾之居亂世, 爲人所制, 能免於患乎? 妾不能爲人所制!」投其畚而去. 老萊乃隨而隱.

13.《文選》(59)〈劉先生夫人墓誌〉注

列女傳曰: 老萊子逃世, 耕於蒙山之陽. 或言之楚王, 楚王遂駕車至老萊之門. 楚王曰:「守國之孤, 願變先生.」老萊曰:「諾.」妻曰:「妾聞之, 居亂世爲人所制, 此能免於患乎? 妾不能爲人所制者.」投其畚而去. 老萊乃隨之.

14.《藝文類聚》(20)

列女傳曰: 老萊子孝養二親. 行年七十, 嬰兒自娛. 著五色采衣, 嘗取漿上堂, 跌仆, 因臥地爲小兒啼, 或弄烏鳥於親側.

15.《小學》稽古「明倫」

老萊子, 孝奉二親, 行年七十, 作嬰兒戲, 身著五色斑斕之衣. 嘗取水上堂, 詐跌仆臥地, 爲小兒啼, 弄雛於親側, 欲親之喜.

16.《老子》38장

上德不德, 是以有德; 下德不失德, 是以無德. 上德無爲而無以爲; 下德無爲而有以爲. 上仁爲之而無以爲; 上義爲之而有以爲. 上禮爲之而莫之應, 則攘臂而扔之. 故失道而後德, 失德而後仁, 失仁而後義, 失義而後禮, 夫禮者忠信之薄, 而亂之首. 前識者, 道之華, 而愚之始. 是以大丈夫處其厚, 不居其薄, 處其實, 不居其華. 故去彼取此.

141(12-8)
요순같은 임금이 아니더라도

무릇 입으로는 성인의 말을 외우고 몸으로는 현자의 행동을 배워 오래도록 닮지 아니하고 힘들어도 그만두지 않는다면, 비록 아직 군자가 아니라 할지라도 □□□□□이다 할 수 있으리라.

공자는 이렇게 말하였다.

"하夏나라 때의 역법을 사용하고, 은殷나라 때의 수레를 타며, 주周나라의 면관冕冠을 쓰고, 음악은 소韶와 무舞; 武를 쓰면 된다. 정鄭나라 음악은 금지하고, 말로 아첨을 잘하는 자는 멀리해야 한다."

성인의 도리이면서 세상에 행해진다면, 비록 요순堯舜과 같은 임금이 아니더라도 역시 요순이 될 수 있다.

夫口誦聖人之言, 身學賢者之行, 久而不弊, 勞而不廢, 雖未爲君□□□□□□已.

孔子曰:「行夏之時, 乘殷之輅, 服周之冕, 樂則韶舞, 放鄭聲, 遠佞人.」

聖人之道而行之於世, 雖非堯舜之君, 則亦堯舜也.

【弊】 피폐하여 곤핍함.

【行夏之時】 夏曆을 뜻함. 夏나라 때는 建寅之月(지금의 陰曆 正月)을 1년의 시작으로 삼았고, 周나라는 建子之月(陰曆 11월)을 1년의 시작으로, 그리고 冬至를 元日로 삼았음. 이로써 春夏秋冬과 농사에는 夏曆이 적합하였다 함. 《論語》 衛靈公篇에 실려 있으며 집주에 "夏時, 謂以斗柄初昏建寅之月爲歲首也. 天開於子, 地闢於丑, 人生於寅, 故斗柄建此三辰之月, 皆可以爲歲首. 而三代迭用之, 夏以寅爲人正, 商以丑爲地正, 周以子爲天正也. 然時以作事, 則歲月自當以人爲紀. 故孔子嘗曰: 『吾得夏時焉』, 而說者以爲夏小正之屬. 蓋取其時之正與其令之善, 而於此又以告顏子也"라 함.

【輅】 殷나라 때의 수레가 周나라 때의 것보다 質朴하고 튼튼하였다 함. 《論語》 집주에 "商輅, 木輅也. 輅者, 大車之名. 古者, 以木爲車而已, 至商而有輅之名, 蓋始異其制也. 周人飾以金玉, 則過侈而易敗, 不若商輅之朴素渾堅而等威已辨, 爲質而得其中也"라 함.

【服】 동사로 쓰였음. '(옷을) 입다, (모자를) 머리에 쓰다'의 뜻.

【冕】 禮帽. 周나라 때의 모자. 周나라 때의 衣冠이 가장 완비되고 禮에 맞았다 함. 《論語》 집주에 "周冕有五, 祭服之冠也. 冠上有覆, 前後有旒. 黃帝以來, 蓋已有之, 而制度儀等, 至周始備. 然其爲物小, 而加於衆體之上, 故雖華而不爲靡, 雖費而不及奢. 夫子取之, 蓋亦以爲文而得其中也"라 함.

【樂】 공자시대의 음악을 말함. 《論語》 "樂則韶舞"의 집주에 "取其盡善盡美"라 함.

【韶舞】 소(韶)는 舜임금 때의 音樂, 무(舞)는 武로도 쓰며 周 武王 때의 음악.

【放】 금지하고 끊어버림. 《論語》 집주에 "放, 謂禁絶之"라 함.

【鄭聲】 鄭나라의 音樂으로 淫亂하였다 함.

【遠】 멀리하여 즐기거나 가까이하지 않음.

【佞人】 간사하고 아첨을 잘하는 사람.

【聖人之】 원래 이 구절은 누락되어 있으나 〈天一閣本〉과 〈唐晏本〉 등에 의해 보입해 넣음.

참고 및 관련 자료

1. 《論語》 衛靈公篇

顏淵問爲邦. 子曰: 「行夏之時, 乘殷之輅, 服周之冕, 樂則韶舞. 放鄭聲, 遠佞人. 鄭聲淫, 佞人殆.」

2. 集註

⑴ 夏時, 謂以斗柄初昏建寅之月爲歲首也. 天開於子, 地闢於丑, 人生於寅, 故斗柄建此三辰之月, 皆可以爲歲首. 而三代迭用之, 夏以寅爲人正, 商以丑爲地正, 周以子爲天正也. 然時以作事, 則歲月自當以人爲紀. 故孔子嘗曰: 『吾得夏時焉』, 而說者以爲夏小正之屬. 蓋取其時之正與其令之善, 而於此又以告顔子也.

⑵ 商輅, 木輅也. 輅者, 大車之名. 古者, 以木爲車而已, 至商而有輅之名, 蓋始異其制也. 周人飾以金玉, 則過侈而易敗, 不若商輅之朴素渾堅而等威已辨, 爲質而得其中也.

⑶ 周冕有五, 祭服之冠也. 冠上有覆, 前後有旒. 黃帝以來, 蓋已有之, 而制度儀等, 至周始備. 然其爲物小, 而加於衆體之上, 故雖華而不爲靡, 雖費而不及奢. 夫子取之, 蓋亦以爲文而得其中也.

⑷ 鄭聲, 鄭國之音. 佞人, 卑諂辯給之人. 殆, 危也. ○程子曰: 「問政多矣, 惟顔淵告之以此. 蓋三代之制, 皆因時損益, 及其久也, 不能無弊. 周衰, 聖人不作, 故孔子斟酌先王之禮, 立萬世常行之道, 發此以爲之兆耳. 由是求之, 則餘皆可考也.」 張子曰: 「禮樂, 治之法也. 放鄭聲, 遠佞人, 法外意也. 一日不謹, 則法壞矣. 虞夏君臣更相戒飭, 意蓋如此.」 又曰: 「法立而能守, 則德可久, 業可大. 鄭聲·佞人, 能使人喪其所守, 故放遠之.」 尹氏曰: 「此所謂百王不易之大法. 孔子之作春秋, 蓋此意也. 孔·顔雖不得行之於時, 然其爲治之法, 可得而見矣.」

142(12-9)

알면서 하지 않는 세태

지금 임금 된 자는 그렇지 않다. 다스림에 요순堯舜의 도를 법으로 삼지 아니하고 "지금 세상에는 도덕으로는 다스릴 수 없다"라고 말한다.

신하 된 자는 후직后稷이나 설契, 주공周公을 스승으로 삼지 아니하고 "지금의 백성은 인의로써 바로잡을 수 없다"라고 말한다.

그런가 하면 아들 된 자는 증자曾子나 민자건閔子騫이 아침저녁으로 쉬지 않고 효도를 다하되 게을리하지 않은 것은 따라하려 하지 않은 채 "집안 사람들이 돈후하지 못하다"라고 말한다.

학자들은 안회顔回나 자사子賜의 정밀함과 그들이 주야로 게을리함이 없이 예를 준수하여 행동한 것은 본받으려 하지 않은 채 "세상에 행해질 수 없는 일"이라 한다.

이렇게 임금 된 자로부터 서인에 이르기까지, 성인은 법으로 여기지 아니하고 현인이 된 자는 없다.

선한 일을 하는 자는 적고, 악한 일을 하는 자는 많아지고 있다.

今之爲君者則不然, 治不法乎堯舜, 而曰「今之世不可以道德治」也.

爲臣者不師稷·契·周公之政, 則曰「今之民不可以仁義正」也.

爲子者不執曾·閔之賢·朝夕不休, 盡節不倦, 則曰「家人不敦」也.

學者無操回·賜之精, 晝夜不懈, 循禮而動, 則曰世所不行也.

自人君至於庶人, 未有法聖人而爲賢者也.

爲善者寡, 爲惡者衆.

【治不法乎堯舜而曰】 이 구절에서 '乎堯舜' 3자는 누락되어 있으나 宋翔鳳의 《新語》교본에 〈治要本〉를 근거로 "治不以五帝之術, 則曰"로 되어 있고, 〈子彙本〉과 〈唐晏本〉 등에는 모두 "治不法乎堯舜, 而曰"로 되어 있음.

【稷】 后稷. 周나라의 선조. 舜임금 때 農稷之官을 지냄.

【契】 商(殷)나라의 시조. 舜임금 때 禹의 치수를 도와 공을 세워 司徒에 임명되었으며 商 땅에 봉해짐.

【仁義正也】 원문에 이 4글자는 누락되어 있으나 宋翔鳳의 校本에 〈治要本〉을 근거로 보입함. 그러나 〈唐晏本〉 등에는 "禮義化也"로 되어 있음.

【盡節】 盡心竭力하여 절조를 지켜냄.

【敦】 唐晏의 교본에 "敦, 乃惇之叚借, 厚也"라 함.

【回】 顔回. 공자 제자. 顔淵.

【賜】 端木賜. 공자 제자 子貢. 春秋시대 衛나라 사람으로 口辯에 뛰어났음.

【精】 精誠, 純一의 뜻.

【未有法聖人而爲賢者也】 원문은 "未有法聖人□□□□□"으로 되어 있음. 그러나 송상봉의 교본에는 치요를 근거로 보입하고 "「未有不法聖道而爲賢者也」, 本作'未有法聖人'下缺五字, 下又有'爲要者寡, 爲惡者衆'八字, 依治要補改"라 함.

참고 및 관련 자료

1.《尙書》舜典

舜曰:「咨四岳, 有能奮庸熙帝之載, 使宅百揆, 亮采惠疇.」僉曰:「伯禹作司空.」帝曰:「兪. 咨禹, 汝平水土, 惟時懋哉. 禹拜稽首, 讓于稷契暨皐陶.」帝曰:「兪, 汝往哉!」帝曰:「棄, 黎民阻飢, 汝后稷, 播時百穀.」帝曰:「契, 百姓不親, 五品不遜, 汝作司徒, 敬敷五敎在寬.」帝曰:「皐陶, 蠻夷猾夏, 寇賊姦宄, 汝作士, 五刑有服, 五服三就, 五流有宅, 五宅三居, 惟明克允.」

143(12-10)
사람이 없구나

《역易》에 "그 집을 풍요롭게 꾸며 그 집을 다 덮었다. 그런데 그 집을 들여다보았더니 사람이 없구나"라 하였다.

사람이 없다는 것은 정말 사람이 없는 것이 아니라 성현의 다스림이 없음을 말한 것이다.

《易》曰:『豐其屋, 蔀其家, 闚其戶, 闃其无人.』
無人者, 非無人也, 言無聖賢以治之耳.

【豐其屋】《周易》豐卦 上六의 爻辭.

【蔀】정원에 세운 架木으로 그 위를 덮어 자리로 삼을 때 그 덮인 자리를 '부'라 함.

【闃】靜寂과 같음 뜻임.

【無人者, 非無人也, 言無聖賢以】이 12글자는 원문에는 "□□□□"으로 되어 있으나 宋翔鳳의 교본에 "「闃其無人. 無人者, 非無人也, 言無聖賢以治之耳.」「闃其无人」下, 本缺四字, 直接下文「治之耳」, 今依〈治要〉改補"라 함.

참고 및 관련 자료

1.《周易》豐卦: 風火雷

豐: 亨, 王假之; 勿憂, 宜日中. 彖曰: 豐, 大也; 明以動, 故豐.「王假之」, 尙大也;「勿憂, 宜日中」, 宜照天下也. 日中則昃, 月盈則食; 天地盈虛, 與時消息, 以況於人乎? 況於鬼神乎? 象曰: 雷電皆至, 豐; 君子以折獄致刑. 初九, 遇其配主, 雖旬无咎, 往有尙. 象曰:「雖旬无咎」, 過旬災也. 六二, 豐其蔀, 日中見斗, 往得疑疾, 有孚發若, 吉. 象曰:「有孚發若」, 信以發志也. 九三, 豐其沛, 日中見沬; 折其右肱, 无咎. 象曰:「豐其沛」, 不可大事也;「折其右肱」, 終不可用也. 九四, 豐其蔀, 日中見斗; 遇其夷主, 吉. 象曰:「豐其蔀」, 位不當也;「日中見斗」, 幽不明也;「遇其夷主」, 吉行也. 六五, 來章, 有慶譽, 吉. 象曰: 六五之吉, 有慶也. 上六, 豐其屋, 蔀其家, 闚其戶, 闃其无人, 三歲不覿, 凶. 象曰:「豐其屋」, 天際翔也;「闚其戶, 闃其无人」, 自藏也.

144(12-11)
묵자 문하에는 용사가 많고

그러므로 어진 자가 지위에 있으면 어진 자가 찾아오고, 의로운 선비가 조정에 있으면 의사義士가 몰려오는 법이다.

이 까닭으로 묵자墨子의 문하에는 용사가 많았고, 중니仲尼의 문하에는 도덕군자가 많았으며, 문왕文王과 무왕武王의 조정에는 현량한 신하가 많았고, 진시황秦始皇의 조정에는 상서롭지 못한 일이 많았던 것이다.

故仁者在位而仁人來, 義士在朝而義士至.

是以墨子之門多勇士, 仲尼之門多道德, 文武之朝多賢良, 秦王之庭多不祥.

【墨子之門多勇士】 원문에 '勇士' 2글자는 없으나 宋翔鳳의 교본에 의해 보입함.

【仲尼】 이 역시 원문에는 누락되어 있으나 宋翔鳳의 교본에 의해 보입함. 그러나 〈唐晏本〉 등에는 '聖賢'으로 되어 있음.

【文武之朝】 文王과 武王의 시대 조정. 훌륭한 임금이 다스리는 시대에는 그만큼 현량한 신하들이 많았음을 말함.

참고 및 관련 자료

1.《呂氏春秋》上德篇

墨者鉅子孟勝, 善荊之陽城君. 陽城君令守於國, 毁璜以爲符, 約曰:「符合聽之.」荊王薨, 羣臣攻吳起, 兵於喪所, 陽城君與焉, 荊罪之. 陽城君走, 荊收其國. 孟勝曰:「受人之國, 與之有符. 今不見符, 而力不能禁, 不能死, 不可.」其弟子徐弱諫孟勝曰:「死而有益陽城君, 死之可矣. 無益也, 而絶墨者於世, 不可.」孟勝曰:「不然. 吾於陽城君也, 非師則友也, 非友則臣也. 不死, 自今以來, 求嚴師必不於墨者矣, 求賢友必不於墨者矣, 求良臣必不於墨者矣. 死之所以行墨者之義而繼其業者也. 我將屬鉅子於宋之田襄子. 田襄子賢者也, 何患墨者之絶世也?」徐弱曰:「若夫子之言, 弱請先死以除路. 還歿頭前於孟勝因使二人傳鉅子於田襄子.」孟勝死, 弟子死之者百八十. 三人以致令於田襄子, 欲反死孟勝於荊, 田襄子止之曰:「孟子已傳鉅子於我矣, 當聽.」遂反死之. 墨者以爲不聽鉅子不察. 嚴罰厚賞, 不足以致此. 今世之言治, 多以嚴罰厚賞, 此上世之若客也.

2.《淮南子》泰族訓

墨子服役者百八十人, 可使赴火蹈刃, 死不旋踵.

〈墨子〉(墨翟) 夢谷 姚谷良(그림)

145(12-12)
마음이 향하는 바

따라서 선한 자는 반드시 그러한 군주가 있어야 찾아들며, 악한 자는 반드시 그러한 원인이 있기 대문에 재앙이 다가오는 것이다.

선과 악이란 빈 공중에서 생겨나는 것이 아니며, 화와 복이란 이유 없이 지어지는 것이 아니다.

오직 마음이 향하는 바와 뜻이 행하는 바에 따를 뿐이다.

故善者必有所主而至, 惡者必有所因而來.

善惡不空出, 禍福不妄作.

唯心之所向, 志之所行而已矣.

【矣】 원문에는 이 글자가 없음. 宋翔鳳의 《新語》 교본에 의해 보입함.

부록

Ⅰ.《新語》佚文

1.《文選》注에 인용된 것
2.《太平御覽》에 인용된 구절
3.《論衡》에 인용된 것
4.《西京雜記》에 인용된 것

Ⅱ.《新語》書錄

1.《論衡》……………………………… 王充
2.《漢書》
3.《後漢書》
4.《晉書》
5.《文心雕龍》

Ⅲ.《新語》序跋類

1.《黃氏日鈔》(권56) ……………………… 黃震
2.〈山居新語序〉……………………… 楊維禎
3.〈新刊新語序〉……………………… 錢福
4.〈新語後記〉……………………… 都穆
5.〈陸子題辭〉……………………… 〈子彙本〉
6.〈兩京遺編序〉……………………… 胡維新
7.〈陸賈新語序〉……………………… 范大沖
8.〈蒐輯諸子彙函雲陽子題辭〉……………… 歸有光
9.〈諸子斟淑新語題辭〉……………………… 閔景賢

10. 〈四庫全書總目提要〉…… 清, 阮元
11. 〈四庫全書提要〉…… 清, 陸費墀
12. 〈漢魏叢書〉…… 臧琳
13. 〈漢魏叢書識語〉…… 王謨
14. 〈新語總評〉…… 王謨
15. 《意林》附注
16. 〈校讐通議〉…… 章學誠
17. 〈新語跋〉…… 嚴可均
18. 〈鄭堂札記〉…… 周中孚
19. 〈陸子新語序〉…… 戴彦升
20. 〈新語校本題記二則〉…… 宋翔鳳
21. 〈讀徐栞陸氏新語〉…… 黃式三
22. 〈復堂日記〉…… 譚獻
23. 〈書新語後〉…… 汪之昌
24. 〈陸子新語校注序〉…… 唐晏
25. 〈陸子新語校注跋〉…… 唐晏

Ⅳ. 史書〈陸賈傳〉

1. 《史記》(97) 酈生陸賈列傳(陸賈傳)
2. 《漢書》(43) 酈陸朱劉叔孫傳(陸賈傳)
3. 《十八史略》(2)

I.《新語》佚文

1.《文選》注에 인용된 것

○ 義者, 德之經, 履之者聖也.
應吉甫〈晉武帝華林園集詩〉注

○ 高臺, 喩京師; 悲風, 言敎令; 朝日, 喩君之明; 照北林, 言狹, 比喩小人.
曹子建〈雜詩〉(六)注

○ 治末者調其本.
潘安仁〈籍田賦〉注

2.《太平御覽》에 인용된 구절

○ 賢者之處世, 猶金石生於沙中, 豫章產於幽谷.(957)

○ 世言圍碁, 或言兵法之類: 上者, 張置疎遠, 多得道而勝; 中者, 務相遮絶, 爭便求利; 下者, 守邊隅, 趨作罫. 猶薛公之言黥布反也; 上計, 取吳楚廣地; 中計, 塞成皐, 遮要爭利; 下計, 據長江以臨越, 守邊隅, 趨作罫者也.(753)

○ 梁君出獵, 見白鴈而欲自射之, 道上有驚鴈飛者, 梁王怒, 命以射此人. 其御公孫龍諫曰:「昔衛文公時, 大旱三年, 卜云:『必須人祀.』公曰:『求雨者爲民也, 今殺之不仁, 吾自當之.』言未卒而雨下. 今君重鴈殺人, 何異虎狼?」梁君引龍登車入郭, 呼萬歲. 曰:「善哉! 今日獵, 得善言.」(917)

3.《論衡》에 인용된 것

○ 離婁之明, 不能察帷薄之內; 師曠之聰, 不能聞百里之外.(書虛篇)
○ 天地生人也, 以禮義之性; 人能察其所以受命, 則順; 順之爲道.(本姓篇)
○ 陸賈論薄葬.(薄葬篇)

4.《西京雜記》에 인용된 것

樊將軍噲問陸賈曰:「自古人君皆云受命於天, 云有瑞應, 豈有是乎?」賈應之曰:「有之. 夫目瞤得酒食, 燈火華得錢財, 乾鵲噪而行人至, 蜘蛛集而百事喜. 小旣有徵, 大亦宜然. 故目瞤則咒之, 火華則拜之, 乾鵲噪則餧之, 蜘蛛集則放之, 況天下大寶, 人君重位, 非天命何以得之哉? 瑞者, 寶也, 信也. 天以寶爲信, 應人之德, 故曰瑞應. 無天命, 無寶信, 不可以力取也.」(卷二「樊噲問瑞應」)

Ⅱ.《新語》書錄

1.《論衡》………………… 王充

1)〈超奇篇〉

若夫陸賈·董仲舒, 論說世事, 由意而出, 不假取於外, 然而淺露易見, 觀讀之者, 猶曰傳記. ……《春秋》之思, 起(趙)城中之議;《耕戰》之書, 秦堂上之計也. 陸賈消呂氏之謀, 與《新語》同一意.

2)〈書解篇〉

漢世文章之徒, 陸賈·司馬遷·劉子政·楊子雲, 其材能若奇, 其稱不由人. ……高祖既得天下, 馬上之計未敗, 陸賈造《新語》, 高祖粗納采. 呂氏橫逆, 劉氏將傾, 非陸賈之策, 帝室不寧. 蓋材知無不能, 在所遭遇, 遇亂則知立功, 有起則以其材著書者也. 出口爲言, 著文爲篇. 古以言爲功者多, 以文爲敗者希.

3)〈案書篇〉

《新語》, 陸賈所造, 蓋董仲舒相被服焉, 皆言君臣政治得失, 言可采行, 事美足觀. 鴻知所言, 參貳經傳, 雖古聖之言, 不能過增. 陸賈之言, 未見遺闕; 而仲舒之言雩祭可以應天, 土龍可以致雨, 頗難曉也.

4)〈對作篇〉

高祖不辨得天下馬上之計未轉, 則陸賈之語不奏.

5)〈佚文〉

陸賈《新語》, 每奏一篇, 高祖左右, 稱曰萬歲. 夫嘆思其人, 與喜稱萬歲, 豈可空爲哉! 誠見其美, 懽氣發於內也.

2.《漢書》

1)〈敍傳〉(上)

班固〈答賓戲〉:「陸子優繇, 新語以興.」

2)〈高帝紀〉(下)

"天下旣定, 命蕭何次律令, 韓信申軍法, 張蒼定章程, 叔孫通制禮儀, 陸賈造《新語》."

3.《後漢書》

儒林傳 謝該傳: 孔融〈上書薦謝該〉"臣聞: 高祖創業 ……陸賈·叔孫通說詩書."

4.《晉書》

陸喜傳: "劉向省《新語》而作《新序》, 桓譚詠《新序》而作《新論》."

5.《文心雕龍》

1) 諸子篇

若夫陸賈《新語》, 賈誼《新書》, 揚雄《法言》, 劉向《說苑》, 王符《潛夫》, 崔寔《政論》, 仲長《昌言》, 杜夷《幽求》, 或敍經典, 或明政術, 雖標論名, 歸乎諸子. 何者? 博明萬事謂子, 適辨一理謂論, 彼皆蔓延雜說, 故入諸子之流.

2) 才略篇

漢室陸賈, 首發奇采, 賦孟春而選典誥, 其辯之富矣.

Ⅲ.《新語》序跋類

1.《黃氏日鈔》(권56) ………………………………………… 黃震

《新語》十二篇, 漢太中大夫陸賈所撰. 一曰〈道基〉, 言天地旣位, 而列聖制作之功. 次曰〈述事〉, 言帝王之功, 當思之於身, 舜棄黃金, 禹捐珠玉, 道取其至要. 三曰〈輔政〉, 言用賢. 四曰〈無爲〉, 言舜周. 五曰〈辨惑〉, 言不苟. 六曰〈愼微〉, 言謹內行. 七曰〈資質〉, 言質美者在遇合. 八曰〈至德〉, 言善治者不尙刑. 九曰〈懷慮〉, 言立功當專一. 十曰〈本行〉, 言立行本仁義. 十一曰〈明試(誡)〉, 言君臣當謹言行. 十二曰〈思務〉, 言聞見當務執守. 此其大略也, 往往多合於理, 而又黜神仙之妄, 言墨子之非, 則亦有識之言矣. 然其文煩細, 不類陸賈豪傑士所言. 賈本以〈詩書〉革漢高祖馬上之習, 每陳前代行事, 帝輒稱善, 恐不如此書組織以爲文. 又第五篇云: 「今上無明正(王)聖主, 下無貞正諸侯, 鉏奸臣賊子之黨.」 考其上文, 雖爲魯定公而發, 豈所宜言於大漢方隆之日乎? 若賈本旨謂天下可以馬上得, 不可以馬上治之意, 十二篇咸無言, 則此書似非陸賈之本眞也.

2. 〈山居新語序〉 ………………………………………… 楊維禎

經史之外有諸子, 亦羽翼世教者, 而或議之説鈴, 以不要諸〈六經〉之道也. 漢有陸生, 著書十二篇, 號《新語》, 至今傳之者, 亦善著古今存亡之徵. (〈知不足齋叢書〉本)

3. 〈新刊新語序〉 ······ 錢福

漢班固論列劉向父子所校書爲〈藝文志〉, 又即歆所奏《七略》中序六藝爲九種, 首之以儒家者流, 稱其「出於司徒之官, 游文於六經之中, 留意於仁義之際, 宗師仲尼, 以重其言」, 雖未必盡然, 要亦有近似者矣. 書凡五十三家, 而陸賈《新語》十二篇實存焉. 予讀其書, 信固之知言, 又歎司馬遷之雄於文也. 遷傳: 「賈拜太中大夫, 時時前說, 稱〈詩書〉, 高帝罵之曰: 『乃公居馬上得之, 安事〈詩書〉?』 賈曰: 『馬上得之, 寧可以馬上治乎? 湯武逆取, 而以順守之, 文武並用, 長久之術也. 昔者, 吳王夫差·智伯, 極武而亡; 秦任刑法不變, 卒滅趙氏. 鄕使秦以並天下, 行仁義, 法先聖, 陛下安得而有之?』 帝有慙色, 謂賈曰: 『試爲我著秦所以失天下, 吾所以得者, 及古今成敗之國.』 賈凡著十二篇.」 今其書不下數千言, 而其要旨, 不越遷數言, 於是乎知遷之雄於文, 序事覈而明可指也. 然遷尙豪俠, 喜縱橫, 而稱其「固辯士」. 固稍知重儒術, 旣列其書於儒, 又贊身名俱榮, 爲優於酈·婁·建·通輩. 賈固有以致之哉! 故知人不可以無所見, 有所見, 必不能掩矣. 先儒議其逆取順守之說, 及秦雖行仁義, 不可及者. 秦漢辯士, 豈足及此? 要之, 亦爲高帝旣定天下之言之耳. 其書亦不復見此論, 豈遷以己見文飾其說而致然歟? 若其兩使南粤, 調和平·勃, 以平諸呂, 自爲大有功於漢, 其識見議論, 非惟椎埋屠狗之輩所不及, 而一時射利賣友, 採芝綿蕞之徒, 亦豈可企哉? 其書所論亦正, 且多崇儉尙靜等語, 似亦有啓文·景·蕭·曹之治者. 但無段落條理, 如先儒所論賈誼之失, 自是當時急於論事, 動人主聽, 不暇精擇渾融, 觀遷謂其「每奏一篇, 帝輒稱善」, 其稱《新語》, 又出於他人, 可見其隨時論奏, 非若後世之著述次第成一家言也. 其所分篇目, 則固所稱「向輒條其篇目, 撮其旨意奏之」者, 必非其所自定. 然其言旣與遷傳合, 而編次至於今不譌, 且雄偉粗壯, 漢中葉以來所不及, 其爲眞本無疑. 秦漢之書傳於今, 無訛妄如此者, 良亦鮮哉! 方久承平旣久, 文章煥興, 有識者或病其過於細而弱也, 故往往搜秦漢之佚書而梓之. 然辨鑒未精, 以僞爲眞, 則害道壞敎亦有之矣. 予竊病焉. 適過桐鄕, 訪宗合族, 而得其令莆陽李君梓是書見示. 予素聞李君學博意誠, 履朴守謙, 而敏於政事; 今觀是, 益可見其見之明而擇之精也, 樂書其首. 君名廷梧, 字仲陽, 以己未進士, 來已二年, 此又仕優而學之一端云.

皇明弘治壬戌歲(1502)日長至, 翰林國史修撰儒林郎華亭錢福序.(李廷梧本, 程榮本에 의함)

4.〈新語後記〉…………………………………………………………… 都穆

《新語》三(二)卷, 凡十二篇, 漢大中大夫楚人陸賈譔. 賈以客從高帝定天下, 名有口辯, 其論秦漢之失得, 古今之成敗, 尤爲明備. 高帝雖輕士善罵, 不事〈詩書〉, 而獨於賈之語, 每奏稱善, 蓋前此固帝之所未聞也. 惜其書歲久殘闕, 人間少有藏者. 予同年李君仲陽, 宰潮之桐鄉, 嘗得其本, 鋟之於木. 昔人謂文章與時高下, 質而不俚, 必曰先秦·西漢, 此書殆其一也. 然則李君之行之者, 豈直取其文子之古, 而其失得成敗之論, 固有國有家者之當鑒也.

弘治壬戌(1502)九月十有一日, 前進士吳郡都穆記.

5.〈陸子題辭〉……………………………………………………〈子彙本〉

《史記列傳》: 陸賈者, 楚人也. 以客從高祖定天下, 名爲有口辯士, 居左右, 常使諸侯. 及高祖時, 中國初定, 尉他平南越, 因王之. 高祖使陸賈賜尉他爲南越王. 陸生卒拜尉他爲越王, 令稱臣, 奉漢約. 歸報, 高祖大悅, 拜賈爲大中大夫.

陸生時時前說稱《詩書》. 高帝罵之曰: 「迺公居馬上而得之, 安事《詩書》!」 陸生曰: 「居馬上得之, 寧可以馬上治之乎? 且湯武逆取而以順守之, 文武並用, 長久之術也. 昔者吳王夫差·智伯極武而亡; 秦任刑法不變, 卒滅趙氏. 鄕使秦已并天下, 行仁義, 法先聖, 陛下安得而有之?」 高帝不懌, 而有慙色, 迺謂陸生曰: 「試爲我著秦所以失天下, 吾所以得之者何, 及古成敗之國.」 陸生迺粗述存亡之徵, 凡著十二篇. 每奏一篇, 高帝未嘗不稱善, 左右呼萬歲, 號其書曰《新語》.

6.〈兩京遺編序〉 …………………………………………………… 胡維新

余按陸賈習短長者也，然當斲雕破觚之初，氣輪屯而不流，詞莽鬱而不炫.

7. 〈陸賈新語序〉 ························ 范大沖

陸生, 漢初異人也. 其人何以異? 而稽其言與行, 人異甚矣. 方漢祖龍興於沛上, 若蕭曹以刀筆, 張陳以智謀, 勃嬰以織販, 布噲以屠黥, 凡有一技, 靡不各逞所長, 以赴攀龍附鳳之會, 而竟得名垂竹帛, 勳列鼎彝, 何偉偉也! 斯時也, 陸生安在哉? 淵潛豹隱, 相時而出, 不驅馳於草昧劻勷之時, 而乃仗齒頰於泰定康靖之日, 馬上得之治之之一語, 足開卯金刀溺冠之顓蒙, 故特命一一錄奏, 輒以《新語》目之, 其語異矣, 而非異人能之乎? 此語其語也. 若出使南越, 和諧將相, 戮呂氏, 定漢鼎之數百年, 如太山磐石, 而不動聲色, 行更何異也! 此足知蕭曹張陳輩, 均當在其下風矣. 吾先大人喜其語, 錄置左右. 玆不肖檢閱殘編, 特付剞劂, 仰承先志云爾.

時萬曆辛卯(1591)夏日, 光祿署丞范大沖子受甫書于天一閣中.

8.〈蒐輯諸子彙函雲陽子題辭〉……………………………… 歸有光

姓陸名賈, 楚人, 以客從漢高帝定天下, 拜大中大夫. 所著書號曰《新語》, 其卓識宏議, 爲漢儒首唱.

9. 〈諸子斠淑新語題辭〉 ………………………………………… 閔景賢

西漢陸賈, 號爲有口辯士. 今所傳《新語》, 乃和雅典則, 與漢初文氣不類, 疑東漢人贋作.

10.〈四庫全書總目提要〉 ………………………………………… 清, 阮元

《新語》二卷: 內府藏本

舊本題漢陸賈撰. 案《漢書》賈本傳, 稱著《新語》十二篇, 《漢書》藝文志儒家陸賈二十七篇, 蓋兼他所論述計之. 《隋志》則作《新語》二卷, 此本卷數與《隋志》合, 篇數與本傳合, 似爲舊本. 然《漢書》司馬遷傳, 稱遷取《戰國策》·《楚漢春秋》·陸賈《新語》作《史記》, 《楚漢春秋》, 張守節〈正義〉猶引之. 今佚不可考, 《戰國策》取九十三事, 皆與今本合. 惟是書之文, 悉不見於《史記》. 王充《論衡》本姓篇引陸賈曰: 「天地生人也, 以禮義之性, 人能察己, 所以受命則順, 順謂之道.」 今本亦無其文. 又《穀梁傳》, 至漢武帝時始出, 而〈道基篇〉末, 乃引《穀梁傳》曰: 「時代尤相牴牾.」 其殆後人依託, 非賈原本歟! 考馬總《意林》所載, 皆與今本相符. 李善《文選》注, 於司馬彪〈贈山濤詩〉引《新語》曰: 「楩梓仆則爲世用.」 於王粲〈從軍詩〉引《新語》曰: 「聖人承天威, 承天功, 與之爭功, 其不難哉!」 於陸機〈日出東南隅行〉引《新語》曰: 「高臺百仞.」 於〈古詩第一首〉引《新語》曰: 「邪臣之蔽賢, 猶浮雲之鄣日月.」 於張載〈雜詩第七首〉引《新語》曰: 「建大功於天下者, 必垂名於萬世也.」 以今本核校, 雖文句有詳略異同, 而大致亦悉相應, 似其僞猶在唐前. 惟《玉海》稱陸賈《新語》, 今存於世者, 〈道基〉·〈述事〉·〈輔政〉·〈無爲〉·〈資賢〉·〈至德〉·〈懷慮〉纔七篇, 此本十有二篇, 乃反多於宋本, 爲不可解. 或後人因不完之本, 補綴五篇, 以合本傳舊目也. 今但據其書論之, 則大旨皆崇王道·黜霸術, 歸本於修身用人, 其稱引《老子》者, 惟〈思務篇〉引'上德不德'一語, 餘皆以孔氏爲宗, 所援據多《春秋》·《論語》之文, 漢儒自董仲舒外, 未有如是之醇正也. 流傳旣久, 其眞其贗, 存而不論可矣. 所載'衛公子鱄奔晉'一條, 與三傳皆不合, 莫詳

所本, 中多闕文, 亦無可校補, 所稱'文公種米'·'曾子駕羊'諸事, 劉晝《新論》·馬總《意林》, 皆全句引之, 知無譌誤. 然皆不知其何說. 又據犂嗝報之語, 訓詁亦不可通, 古書佚亡, 今不盡見, 闕所不知可也.

11.〈四庫全書提要〉…………………………………………… 淸, 陸費墀

臣等謹案《新語》二卷舊題漢陸賈撰. 案《漢書》賈本傳, 稱著《新語》十二篇,《漢書》藝文志儒家陸賈二十七篇, 蓋兼他所論述計之.《隋志》則作《新語》二卷, 此本卷數與《隋志》合, 篇數與本傳合, 似爲舊本. 然《漢書》司馬遷傳, 稱遷取《戰國策》·《楚漢春秋》·陸賈《新語》作《史記》,《楚漢春秋》, 張守節〈正義〉猶引之. 今佚不可考,《戰國策》取九十三事, 皆與今本合. 惟是書之文, 悉不見於《史記》. 王充《論衡》本姓篇引陸賈曰:「天地生人也, 以禮義之性, 人能察己, 所以受命則順, 順謂之道.」今本亦無其文. 又《穀梁傳》, 至漢武帝時始出, 而〈道基篇〉末, 乃引《穀梁傳》曰:「時代尤相牴牾.」其殆後人依託, 非賈原本歟! 考馬總《意林》所載, 皆與今本相符. 李善《文選》注, 於司馬彪〈贈山濤詩〉引《新語》曰:「楩梓仆則爲世用.」於王粲〈從軍詩〉引《新語》曰:「聖人承天威, 承天功, 與之爭功, 其不難哉!」於陸機〈日出東南隅行〉引《新語》曰:「高臺百仞.」於〈古詩第一首〉引《新語》曰:「邪臣之蔽賢, 猶浮雲之鄣日月.」於張載〈雜詩第七首〉引《新語》曰:「建大功於天下者, 必垂名於萬世也.」以今本核校, 雖文句有詳略異同, 而大致亦悉相應, 似其僞猶在唐前. 惟《玉海》稱陸賈《新語》, 今存於世者,〈道基〉·〈述事〉·〈輔政〉·〈無爲〉·〈資賢〉·〈至德〉·〈懷慮〉纔七篇, 此本十有二篇, 乃反多於宋本, 爲不可解. 或後人因不完之本, 補綴五篇, 以合本傳舊目也. 今但據其書論之, 則大旨皆崇王道·黜霸術, 歸本於修身用人, 其稱引《老子》者, 惟〈思務篇〉引'上德不德'一語, 餘皆以孔氏爲宗, 所援據多《春秋》·《論語》之文, 漢儒自董仲舒外, 未有如是之醇正也. 流傳旣久, 其眞其贋, 存而不論可矣. 所載'衛公子鱄奔晉'一條, 與三傳皆不合, 莫詳所本, 中多闕文, 亦無可校補, 所稱'文公種米'·'曾子駕羊'諸事, 劉晝《新論》·

馬總《意林》, 皆全句引之, 知無譌誤. 然皆不知其何說. 又據犁嗝報之語, 訓詁亦不可通, 古書佚亡, 今不盡見, 闕所不知可也.

乾隆四十六年(1781)十月恭校.

總纂官臣紀昀, 臣陸錫熊, 臣孫士毅. 總校官臣陸費墀.

12. 〈漢魏叢書〉 ······························· 臧琳

《獨斷》·《西京雜記》·《新語》·《新序》·《說苑》·《潛夫論》·《申鑑》·《中論》·《新論》·《論衡》·《星經》, 亦多善者, 但少雜耳.

13. 〈漢魏叢書識語〉 …………………………………………………… 王謨

右陸賈《新語》二卷. 按《史記》本傳:「賈爲高帝粗述存亡之徵, 凡著十二篇, 每奏一篇, 帝未嘗不稱善, 左右呼萬歲, 號其書曰《新語》.」正義引劉向《七錄》云:「《新語》二卷.」班固論列劉向父子所校書爲〈藝文志〉, 而賈書乃有二十三篇, 似不止此十二篇; 然自《隋唐志》及《崇文書目》相承皆止二卷, 至王伯厚著《玉海》, 言「今存於世者, 道基, 述事, 輔政, 無爲, 資賢(資質), 至德, 懷慮纔七篇」, 則此書至宋末又闕其五篇. 故《文獻通考》備錄漢世儒家諸書, 獨有《新語》, 必其未見全書也. 而今本錢序乃云「篇次至今不訛」, 又謂「秦漢之書傳至於今無訛妄, 如此者亦鮮」. 則又元明以來裒集得之者也. 今讀其書, 所敷奏蓋不獨稱說〈詩書〉, 發明帝王所以治天下之道而已, 又多引《論語》·《孝經》, 於公子誅少正卯, 會夾谷, 厄陳蔡事, 以及顏曾諸賢, 皆樂擧而頌揚之, 漢世儒家者流, 固未能或之先也. 夫以暴秦禁學, 有敢偶語〈詩書〉棄市, 以古非今者族, 宜乎擧世瘖啞, 不知經學, 而浮丘公·伏生之徒, 各抱遺經, 以相敎授, 陸生且能以其所學, 昌言於人主之前, 風雨如晦, 鷄鳴不已, 天降時雨, 山川出雲, 其於消息存亡之幾, 所關非細故也. 嗚呼! 是豈得以辯士當之也!

汝上王謨識.

14.〈新語總評〉 ······ 王謨

王充玩子雲之篇, 樂於居千石之官, 挾桓君山之書, 富於積猗頓之財. 韓非之書, 傳在秦庭, 始皇歎曰:「獨不得與此人同時.」陸賈《新語》, 每奏一篇, 高祖左右稱曰萬歲. 夫歎思其人, 與喜稱萬歲, 豈可空爲哉? 誠見其美 懽氣發於內也. 又云: 世儒之愚, 有趙他之感, 鴻文之人, 陳陸賈之說. 都穆云:「文章與時高下, 質而不俚, 必曰先秦·兩漢, 若陸賈《新語》, 殆其一也.」

15.《意林》附注

陸賈《新語》二卷, 本注:「大中大夫陸賈也.」按: 賈, 楚人, 漢高祖拜大中大夫.《史記》本傳:「著書十二篇, 號《新語》.」《漢志》作二十三篇,《隋唐宋志》二卷, 今存十二篇.《新語》之名,《史》及《七錄》·隋唐宋諸《志》並同. 又班固〈賓戲〉曰:「陸子優繇,《新語》以興.」《論衡》書解篇曰:「陸賈造《新語》, 高祖粗納.」則知舊作《新書》者, 又因下晁·賈二子書而訛寫也.

按此漢人著書之始,《新語》外, 又有《楚漢春秋》·《感春賦》,《文心雕龍》所謂「首發奇采, 賦孟春而選典誥」也. 承秦燔之後, 遇罵儒之主, 而能使每篇稱善, 左右皆呼萬歲, 斯其啓沃之功大矣. 王仲任謂:「《新語》參貳經傳, 言可采, 行足觀.」王弇州譏其淺顯, 無甚高倜儻之見, 過矣.

16.〈校讐通議〉…… 章學誠

劉歆《七略》亡矣, 其義例之可見者, 班固〈藝文志〉主而已.《七略》於兵書權謀家有《伊尹》·《太公》·《管子》·《荀卿子》·《鶡冠子》·《蘇子》·《蒯通》·《陸賈》·《淮南王》九家之書, 而儒家復有《荀卿子》·《陸賈》二家之書, 道家復有《伊尹》·《太公》·《管子》·《鶡冠子》四家之書, 縱横家復有《蘇子》·《蒯通》二家之書, 雜家復有《淮南》一家之書, 兵書技巧家有《墨子》, 而墨家復有《墨子》之書, 惜此外之重複互見者, 不盡見於著錄, 容有散逸失傳之文; 然卽此十家之一書兩載, 則古人之申明流別, 獨重家學, 而不避重複著錄明矣.

17.〈新語跋〉…… 嚴可均

《史記》本傳:「陸賈者, 楚人也, 時時前說稱詩書, 高帝曰:『試爲我著秦所以失天下, 吾所以得之者.』迺粗述存亡之徵, 凡著十二篇, 每奏一篇, 高帝未嘗不稱善. 左右呼萬歲, 號其書曰《新語》.《漢書》本傳同.《藝文志》作二十三篇, 疑兼他所論譔計之.《史記》正義引梁《七錄》,《新語》二卷, 陸賈撰.《隋志》·《舊新唐志》同.《崇文總目》·《郡齋讀書志》·《直齋書錄解題》皆不著錄. 王伯厚〈漢藝文志考證〉云:「今存道基, 術事, 輔政, 無爲, 資質, 至德, 懷慮七篇.」蓋宋時此書佚而復出, 出亦不全. 至明弘治間, 莆陽李廷梧字仲陽得十二卷足本, 刻版于桐鄉縣治, 後此有姜思復本·胡維新本·子彙本·程榮·何鏜叢書本, 皆祖李廷梧. 或疑明本十二篇, 反多于王伯厚所見, 恐是後人因不全之本, 補綴五篇, 以合本傳篇數. 今知不然者,《群書治要》載有八篇, 其辨惑·本行·明誡·思務四篇, 皆非王伯厚所見, 而與明本相同.《文選》張載〈雜詩〉注引「建大功於天下者, 必垂名於萬世也」, 古詩〈行行中行行〉引「邪臣蔽賢, 猶浮雲之鄣日月」, 今在辨惑篇; 王粲〈從軍詩〉注引「聖人承天威, 承天功, 與之爭功, 豈不難哉!」今在本行篇;《意林》所載「衆口毀譽, 浮石沈木, 群邪相抑, 以直爲曲」, 今在辨惑篇;「玉斗酌酒, 金椀刻鏤, 所以夸小人, 非厚己也」, 今在本行篇; 足知多出五篇, 是隋唐原本. 至《論衡》本性篇引陸賈曰:「天地生人也, 以禮義之性, 人能察其所以受命, 則順, 順謂之道」, 今十二篇無此文,《論衡》但云'陸賈', 不云《新語》, 或當在《漢志》之二十三篇中. 又《穀梁傳》孝武始立學, 非陸賈所預見, 今此道基篇引《穀梁傳》曰:「仁者以治親, 義者以利尊.」乃是《穀梁》舊傳, 故今《傳》無此文; 因知瑕丘江公所受于魯申公者, 其本復經改造, 非穀梁赤之舊也. 漢代子書,《新語》最純最早, 貴仁義, 賤刑威,述《詩書》·《春秋》·《論語》, 紹孟·荀而開賈·董, 卓然儒者之言, 史遷目爲辯士, 未足以盡之. 其詞皆協韻, 流傳久遠, 轉寫多訛, 今據明各本, 以《群書治要》之八篇, 及《文選》注·《意林》等書, 改正刪補, 疑者闕之, 間有管見一二, 輒附案語, 不敢臆定; 後之覽者, 或有取乎此.

嘉慶乙亥(1815)夏六月, 烏亭嚴可均謹敍. (《鐵橋漫錄》5)

18. 〈鄭堂札記〉 ………… 周中孚

高氏《子略》三,《戰國策》條, 首云:「班固校太史公, 取《戰國策》·陸賈《新語》作《史記》, 三書者, 一經太史公采擇, 後之人遂以爲天下奇書.」此下將《戰國策》辨駁. 後又云:「況于《楚漢春秋》·陸賈《新語》乎? 三書紀載, 殊無奇耳. 然則太史公獨何有取于此? 夫載戰國·楚漢之事, 舍三書, 他無可考者, 太史公所以加之采擇者在此乎?」中孚案:《漢書》遷傳贊祗云:「據《左氏》·《國語》, 采《世本》·《戰國策》, 述《楚漢春秋》.」不曾數及《新語》, 高氏頻言三書, 甚誤已甚. 況《新語》一書,《漢志》著錄在儒家, 繹其文, 絶非《戰國策》·《楚漢春秋》之類, 且亦不見有爲太史公所采擇者, 何得相提而並論乎? 予於子書, 考縱橫家·《戰國策》下, 全采高氏此條, 竟將兩陸賈《新語》删去, '三書'俱改作'二書', 勉玆學者之惑.

19.〈陸子新語序〉………………………………………………… 戴彦升

《新語》十二篇, 漢大中大夫陸賈撰, 今分二卷,《史記》陸賈傳:「陸生時時前說稱《詩書》, 高帝罵之曰:『迺公居馬上而得之, 安事《詩書》?』陸生曰:『居馬上得之, 寧可以馬上治之乎? 且湯武逆取而以順守之, 文武並用, 長久之術也. 昔者, 吳王夫差·智伯極武而亡, 秦任刑法不變, 卒滅趙氏. 鄉使秦已幷天下, 行仁義, 法先聖, 陛下安得而有之?』高祖不懌, 而有慙色, 迺謂陸生曰:『試爲我著秦所以失天下, 吾所以得之者何? 及古成敗之國.』陸生迺粗述存亡之徵, 凡著十二篇. 每奏一篇, 高帝未嘗不稱善. 左右呼萬歲, 號其書曰《新語》.」陸生作書之本末具此.

《漢藝文志》儒家有《陸賈》二十三篇, 彦升謂卽《新語》也, 高帝號謂《新語》,《七略》但署生名耳. 二十三當爲二十二, 蓋向校中書, 每篇析爲上下,《晏子春秋》亦向所定, '諫'·'問'·'雜'皆分上下, 是其證. 或以《漢志》爲兼他所論述計之者非也.《史記》正義引《七錄》云:「《新語》二卷, 陸賈撰也.」則分十二篇爲二卷, 始於阮孝緖.《隋經籍志》·《舊唐書》經籍志·《新唐書》藝文志·《崇文總目》·《通志》藝文略·《宋史》藝文志並云二卷, 因梁舊也. 案顔師古《漢書》本傳「稱其書曰《新語》」注:「其書今見存.」可徵唐世未有闕佚. 而《玉海》藝文志及〈漢志考證〉並云:「今存於世者,〈道基〉·〈術事〉·〈輔政〉·〈無爲〉·〈資賢(資質)〉·〈至德〉·〈懷慮〉纔七篇.」則宋世本缺五篇. 季滄葦《藏書目》宋元板書中有陸賈《新語》一本, 不知歸誰氏, 無從取證. 明陳第《世善堂書目》在《新語》十三篇, '三'乃'二'之誤. 今所據爲明〈程榮本〉, 二卷與《七錄》合, 十二篇與本傳合, 是明世此書校宋世轉完, 或疑後人補綴五篇, 以合舊目.

彦升案: 今所有〈辨惑〉·〈愼微〉·〈本行〉·〈明誡〉·〈思務〉五篇, 協句皆古韻, 詞義與〈道基〉等七篇一律. 〈辨惑篇〉「趙高駕鹿而從行, 王曰: 『丞相何爲駕鹿?』 高曰: 『馬也.』 王曰: 『丞相誤也, 以鹿爲馬.』 高曰: 『陛下以臣爲不然, 願問群臣.』」 今〈始皇本紀〉作「持鹿獻於二世」, 似不若駕鹿爲近. 又無高請問群臣語. 陸生在二世時, 具知其詳, 所述較史公爲得實, 若是僞爲, 不能立異也. 〈愼微篇〉「故邪臣之蔽賢, 猶浮雲之鄣日月也」, 《文選》古詩十九首注·《太平御覽》八並引爲《新語》文, 若後人僞爲, 唐宋人不得引也. 以斯言之, 此五篇非後人補綴明矣. 蓋宋世館閣書籍, 悉淪於金, 王伯厚所見, 或南宋時殘本, 至明而全本復出耳. 〈考證〉引吳儔曰: 「〈輔政篇〉曰: 『書不必起於仲尼之門.』」 今此語在〈術事篇〉, 可見殘本之錯互矣.

陸生書本列儒家, 惟《崇文總目》移入雜家, 《宋史志》因之. 彦升謂雜家者, 兼儒墨, 合名法, 本書惟〈思務〉一篇稱墨子之門多(下缺), 絶未道其學. 〈輔政篇〉歎商鞅顯於西秦, 世無賢知之君, 能別其形. 蓋於法家深疾之.

〈道基篇〉原本天地, 歷敘先聖, 終論仁義, 知伯杖威任力而亡, 秦二世尙刑而亡, 語在其中, 蓋卽面折高帝語, 退而奏之, 故爲第一篇也.

〈術事篇〉謂言古者必合之今, 述遠者必考之近, 故云書不必起仲尼之門, 藥不必出扁鵲之方, 以因世而權行故也; 吳儔執其單詞而議之, 則以辭害志矣.

〈輔政篇〉言所任之必得其材, 秦用刑罰以任李斯·趙高, 而推其原于讒夫似賢, 美言似信.

〈無爲篇〉言始皇暴兵極刑驕奢之患, 而折以虞舜·周公之治. 此二篇著秦所以失也.

〈辨惑篇〉道正言之忤耳, 傷流言之害聖, 而深惡縱橫家之阿從意旨, 規則乎孔門也.

〈愼微篇〉言脩于閨門之內, 行于纖微之事, 故道易見曉, 而求神仙者, 乃避世, 非懷道, 此亦取鑒秦皇, 而早有見於新垣平等之事也.

〈資賢(資質)篇〉慮賢才之不見知, 而歸責於觀聽之臣不明, 謂公卿子弟·貴戚黨友, 無過人之才, 在尊重之位, 此終漢世之蔽也.

〈至德·懷慮〉二篇, 稱晉厲·齊莊·楚靈·宋襄·魯莊, 蓋著古成敗之國, 而警乎馬上得天下之言也. 〈本行篇〉大旨在貴德賤財.

〈明誡篇〉陳天文蟲災之變, 謂天道因乎人道, 開言《春秋》五行·陳災異封事者之先.

〈思務篇〉言聖人不必同道. 此三篇缺字較多. 綜其全書, 誠孟堅所謂從容風議, 博我以文者乎!

或以〈道基篇〉末引《穀梁傳》, 非賈所及見, 疑出依託. 彦升案: 本書凡兩引《穀梁傳》, 〈至德篇〉末, 故《春秋》穀(下缺)似引傳說魯莊公事, 以缺其文. 故《漢書》儒林傳: 「申公, 魯人也, 少與楚元王交俱事齊人浮邱伯受《詩》.」 又云: 「申公以《詩》·《春秋》授, 而瑕邱江公盡能傳之.」 又云: 「瑕邱江公受《穀梁》·《春秋》及《詩》于魯申公.」 〈楚元王交傳〉: 「少時, 嘗與魯穆生·白生·申公同受《詩》于浮邱伯, 伯者, 孫卿門人也.」 夫穀梁家始自江公, 而江公受之申公, 申公受之浮邱伯, 浮邱伯爲孫卿門人, 今《荀子》禮論·大略二篇具《穀梁》義, 則荀卿《穀梁》之初祖也. 荀卿晚廢居楚, 陸生楚人, 故聞《穀梁》義歟? 《鹽鐵論》包邱子與李斯俱事荀卿, 本書〈資賢(質)篇〉: 「鮑邱之德行, 非不高於李斯·趙高也, 然伏隱於蒿廬之下, 而不錄於世.」 鮑邱卽包邱子, 卽浮邱伯也. 〈楚元王傳〉注: 服虔曰: 「浮邱伯,秦時儒生.」陸生蓋嘗與浮邱伯游, 故稱其德行, 或卽受其穀梁學歟? 〈辨惑篇〉說夾谷之會事, 歟《穀梁》定十年傳大同. 〈至德篇〉說齊桓公遣高子立僖公事, 本《穀梁》閔二年傳. 〈懷慮篇〉言魯莊公不能存立子糾, 亦本《穀梁》莊九年傳, 可徵陸生乃穀梁家矣. 故所述《楚漢春秋》, 向·歆入春秋家. 但〈輔政篇〉說鄭儋歸魯, 〈至德篇〉說臧孫辰請糴, 〈明誡篇〉說衛侯之弟鱄出奔晉, 今《穀梁傳》無此義. 〈道基篇〉所引傳曰: 「仁者以治親, 義者以利尊」, 今《穀梁傳》亦無此二語.

彦升案: 《穀梁》之著竹帛, 雖不知何時, 而出自後師, 陸生乃親受之浮邱伯者, 實穀梁先師. 古經師率皆口學, 容有不同, 如劉子政說《穀梁》義, 亦有今傳所無者, 可證也. 或乃以《穀梁傳》爲賈所不及見, 旣昧乎授受之原, 且亦不檢今傳文矣. 本傳言時時前說稱《詩書》, 而本書多說《春秋》, 《穀梁》微學, 藉以存焉. 《論語》·《孝經》, 亦頗見引, 蓋所謂「游文六經之中, 留意於仁義之際, 祖述堯舜, 憲章文武, 宗師仲尼, 以重其言」者, 生書有以當之.

太史公謂: 「陸生《新語》書十二篇, 固當世之辨士.」以辨士目生, 何淺之乎讀是書哉! 〈答賓戲〉云: 「陸子優游, 《新語》以興.」與董生·劉向·揚雄並稱其「及時君之門闈, 究先聖之壼奧, 婆娑乎術藝之場, 休息乎篇籍之囿, 以全其質而發其文, 用納乎聖聽, 列炳於後人.」

〈高帝紀〉言: 「天下旣定, 蕭何次律令, 韓信申軍法, 張蒼定章程, 叔孫通制禮儀」, 而終之以陸賈之造《新語》, 班孟堅蓋深知生書者, 識過馬遷矣. 彦升以爲陸生猶及見未焚之書, 及七十二子後學者, 在賈董諸人之先, 西京儒者, 未能或之過也.

今是書昧晦, 爲章句鄙儒所莫窺, 故詳爲校定, 與〈術事篇〉: 「舜棄黃金於嶄巖之山, 禹沈珠玉於五湖之淵, 將以杜淫邪之欲.」 據《御覽》八十一卷引無'禹'字, '杜'作'塞'. 〈辨惑篇〉: 「夷狄之民何求爲?」 以《穀梁》定十年傳校, '求'當作'來', 皆由傳寫者妄有增改, 此類不可枚數. 彥升是正粗筆, 乃檃括體要, 別白群疑, 爲此叙錄, 不嫌詳盡, 後之君子, 庶有考焉.

道光六年(1826)十月, 丹徒戴彥升記.(宋翔鳳, 浮溪精舍叢書本 〈新語校本序〉)

20. 〈新語校本題記二則〉 ………………………………… 宋翔鳳

(一)

歲丁亥(道光7年, 1827)孟夏, 桐孫自丹徒來, 訪余於旌德學舍, 出所作〈陸子新語序〉, 考據詳密, 論斷條析, 嘗手錄之; 而余固自校此書, 以後求其序稿, 則已失去, 在湘中刻《新語》時, 不能錄入, 頗以爲憾. 去夏還家, 檢點舊籍乃得之. 聞其於全文皆有註釋; 然桐孫之沒, 年甫弱冠, 如假以年壽, 則深造於道, 又何可量哉!

咸豐三年(1853)三月五日, 翔鳳記.

(二)

戴桐孫攜孫淵翁家藏子彙本(萬曆四年刻)及舊影抄明胡維新本(序作於萬曆間), 抄本內有朱筆添改處, 淵翁跋云: 「不知何人據別本所增, 兩家互有詳略, 《群書治要》所不載者, 兩本差備, 然皆不能無肊改也.」 又有姜思復本(明弘治間刻), 亦出淵翁家, 雖在子彙本之前, 而訛脫尤甚. 余此所校, 係《漢魏叢書》本, 首載弘治間錢福序, 稱莆陽李廷梧始梓是本, 當就李本重刻, 故中間闕字多於他本, 而文少訛錯, 尙無肊改也.

道光七年(1827)潤月, 長洲宋翔鳳記.

21.〈讀徐栞陸氏新語〉………………………………………… 黃式三

王仲任《論衡》屢稱陸賈《新語》, 其二十九〈案書篇〉云: 「《新語》陸賈所造, 董仲舒相被服焉, 皆言君臣政治得失, 言可采行, 事美足觀, 鴻智所言, 參貳經傳, 雖古聖之言, 不能過增.」其推譽可謂至矣. 〈愼微篇〉云: 「說道者所以通凡人之心, 而達不能之行, 道者人之所行也. 夫大道履之而行, 則無不能, 故謂之道.」鄭君注《禮中庸》·朱子注《論語》皆用之. 〈資執篇〉云: 「名木生於深山之中, 商賈所不至, 工匠所不窺, 知者所不見, 見者所不知.」又云: 「人君莫不知求賢以自助, 近賢以自輔, 然聖賢或隱於田里, 而不預國家之事, 乃觀聽之臣不明於下, 則閉塞之譏歸於君.」反復諸篇, 或慨係之. 式三家藏舊鈔本有「揖臣」·「築民」諸印, 其書與《漢魏叢書》同本, 中有稍異, 後得徐天池所栞本, 校鈔本爲勝, 辨惑篇第五自「邑士單於彊齊, 夫用人若彼, 失人若此, 然定公不覺悟」起, 至「不操其柄, 則無以制其剛」止, 皆舊本愼微第六之錯簡, 讀之文順意適; 知古書錯譌, 類此者多, 恨不能多得古本以校正之.

22.〈復堂日記〉 ·· 譚獻

閱陸賈《新語》, 義富文密, 七十子之緒言, 非必陸生所創. 篇體頗有似東方朔者, 而法語爲多. 宋于庭浮溪精舍叢書中有校本.

23. 〈書新語後〉 ………………………………………………………… 汪之昌

陸賈撰《新語》, 具詳馬班書賈傳中, 〈藝文志〉著錄於儒家. 案: 自戰國時橫議蜂起, 儒術幾爲天下裂, 論者謂漢武表章六經, 儒術漸近於古, 爰開一代崇儒之規模. 吾謂漢高過魯, 以太牢祠孔子, 實爲後來崇儒肇基; 而漢高之崇儒, 當以稱說《詩書》者, 朝夕於左右. 考漢高初起時, 與共周旋者, 微論販繒屠狗徒所不知, 刀筆吏所未習, 卽義士如張蒼, 緒正者律歷, 叔孫通號儒者, 進言罔非大猾壯士; 獨陸賈以行仁義, 法先王爲言, 見於此十二篇中者, 陳說古事, 每引經文以證成其義, 於《春秋》·《論語》, 見采尤多. 殆以《春秋經》孔子所筆削, 《論語》記孔子之言行, 凡爲儒者準繩在斯. 案: 王充《論衡》本性篇引陸賈曰: 「天地生人也, 以禮義之性, 人能察其所以受名, 則順, 順謂之道.」 今《新語》並無此文, 似非完書. 考〈藝文志〉陸賈二十三篇, 殆統賈之論述計之, 《新語》則定箸爲十二篇, 《論衡》所引, 安知非在《新語》外十一篇中? 攷《意林》引《新語》八條, 其見《文選》注五條, 雖或與此本微別, 大致無甚懸殊, 是唐人所見《新語》, 卽此十二篇本矣. 夫漢初箸述流傳完本, 於今殊罕, 其爲儒家者流尤罕; 況賈撰斯書, 尙在漢武表章六經之先, 守先王之道, 以待後學, 不可謂非有志之士矣. 此本篇數, 揆之馬班兩家, 亦復相符, 爰書數語於後.(《青學齋集》 23)

24. 〈陸子新語校注序〉……………………………………………… 唐晏

自始皇滅學, 負大疚於天下, 至今談古籍之亡, 必歸其疚於始皇. 然以史考之, 始皇三十四年, 李斯上言燒書, 三十五年, 阬儒於驪山, 此後三年, 二世之二年而秦亡, 又後五年, 漢高卽位, 其間不過八年耳. 陸生以客從高祖, 時已在學成之後. 或者謂陸生爲荀卿弟子, 然則陸生固及見全經矣, 其視漢初諸儒抱殘守缺者何如? 故其說經之言, 與漢人不同, 而說《穀梁》尤精; 世以'穀梁學'出申公, 烏知申公尙在陸生後乎? 今人知重《公羊》, 而以董生爲巨子; 不知公羊齊學也, 爲歷下游士之餘緖, 穀梁魯學也, 爲闕里諸儒之雅言, 而陸生爲穀梁大師, 又前乎董公, 人知重董, 而不知重陸, 傎矣. 陸生之書, 自《隋唐志》皆著于錄, 顔師古注〈陸生傳〉云: 「其書今現在.」《文選》注亦引之, 至宋《崇文總目》尙有之, 南宋人書目, 則未之見, 殆亡於靖康之亂矣. 比及明代, 其書復出, 比復出也, 亡于南, 存于北耳. 《金元史》不志藝文, 是以存亡無考. 今代所傳《漢魏叢書》本, 譌脫之處, 均經妄人改失. 余得明范氏〈天一閣〉本, 雖譌誤不免, 而第六篇中有第五篇錯簡一段, 《漢魏叢書》本妄改, 不復可尋, 范本則起止宛然. 後復見〈子彙本〉, 則第五篇完然不誤, 又勝〈范本〉. 又〈漢魏本〉十二篇之末, 脫字累累, 不可以句, 〈范本〉存字固多, 而〈子彙本〉尤多, 遂合三本, 正其譌誤, 補其脫字, 間引他書, 以爲註釋, 雖未必有當大雅, 而亦可云首闢蠶叢矣. 夫高帝木强人也, 又不悅儒, 卒之, 陸生陳書, 未嘗不稱善, 遂能以太牢祀闕里焉, 漢代重儒, 開自陸生也. 迨其末季, 王莽不臣, 而揚雄頌美功德, 諛言無實, 《法言》·《太玄》, 亦儒林之側調也, 乃千載下《法言》昭昭, 《新語》冥冥, 亦事理之難解者也

渠川居士唐晏自敍于海上飛塵小駐.(1917)

25. 〈陸子新語校注跋〉 …………………… 唐晏

陸氏此書, 見於《漢唐志》, 及《崇文總目》, 流傳有序, 決無可疑. 乃〈四庫提要〉獨引《漢書》司馬遷傳取此書作《史記》之言, 而是書之文不見《史記》爲疑; 不知《史記》載趙高'指鹿爲馬'事, 正本之此書也. 〈提要〉又以此書引《穀梁傳》, 謂《穀梁傳》武帝時方出; 不知陸氏著此書, 去秦焚書纔六年耳, 其所讀者, 未焚之《穀梁傳》也, 至武帝則爲再出矣. 故所引者, 今本無之也. 〈提要〉又疑自南宋以後, 不見著錄; 則楊鐵崖序〈山居新語〉固引及此書, 且云而今見在, 則不得云南宋後無之也. 〈提要〉之疑, 全無影響, 而今世和之者多, 不得不爲分辨之如此.

涉江唐晏跋.(〈龍谿精舍校刊本〉)

Ⅳ. 史書〈陸賈傳〉

1.《史記》(97) 酈生陸賈列傳(陸賈傳)

陸賈者, 楚人也. 以客從高祖定天下, 名爲有口辯士, 居左右, 常使諸侯. 及高祖時, 中國初定, 尉他平南越, 因王之. 高祖使陸賈賜尉他印爲南越王. 陸生至, 尉他魋結箕倨見陸生. 陸生因進說他曰:「足下中國人, 親戚昆弟墳墓在眞定. 今足下反天性, 弃冠帶, 欲以區區之越與天子抗衡爲敵國, 禍且及身矣. 且夫秦失其政, 諸侯豪桀並起, 唯漢王先入關, 據咸陽. 項羽倍約, 自立爲西楚霸王, 諸侯皆屬, 可謂至彊. 然漢王起巴蜀, 鞭笞天下, 劫略諸侯, 遂誅項羽滅之. 五年之閒, 海內平定, 此非人力, 天之所建也. 天子聞君王王南越, 不助天下誅暴逆, 將相欲移兵而誅王, 天子憐百姓新勞苦, 故且休之, 遣臣授君王印, 剖符通使. 君王宜郊迎, 北面稱臣, 迺欲以新造未集之越, 屈彊於此. 漢誠聞之, 掘燒王先人冢, 夷滅宗族, 使一偏將將十萬衆臨越, 則越殺王降漢, 如反覆手耳.」

於是尉他迺蹶然起坐, 謝陸生曰:「居蠻夷中久, 殊失禮義.」因問陸生曰:「我孰與蕭何·曹參·漢信賢?」陸生曰:「王似賢.」復曰:「我孰與皇帝賢?」陸生曰:「皇帝起豐沛, 討暴秦, 誅彊楚, 爲天下興利除害, 繼五帝三王之業, 統理中國. 中國之人以億計, 地方萬里, 居天下之膏腴, 人衆車轝, 萬物殷富, 政由一家, 自天地剖泮未始有也. 今王衆不過數十萬, 皆蠻夷, 崎嶇山海閒, 譬若漢一郡, 王何乃比於漢!」尉他大笑曰:「吾不起中國, 故王此. 使我居中國, 何渠不若漢?」迺大說陸生, 留與飮數月. 曰:「越中無足與語, 至生來, 令我日聞所不聞.」賜陸生橐中裝直千金, 他送亦千金.

陸生卒拜尉他爲南越王, 令稱臣奉漢約. 歸報, 高祖大悅, 拜賈爲太中大夫.

陸生時時前說稱《詩書》. 高帝罵之曰: 「迺公居馬上而得之, 安事《詩書》!」 陸生曰: 「居馬上得之, 寧可以馬上治之乎? 且湯武逆取而以順守之, 文武並用, 長久之術也. 昔者吳王夫差·智伯極武而亡; 秦任刑法不變, 卒滅趙氏. 鄕使秦已幷天下, 行仁義, 法先聖, 陛下安得而有之?」 高帝不懌而有慙色, 迺謂陸生曰: 「試爲我著秦所以失天下, 吾所以得之者何, 及古成敗之國.」 陸生迺粗述存亡之徵, 凡著十二篇. 每奏一篇, 高帝未嘗不稱善, 左右呼萬歲, 號其書曰《新語》.

孝惠帝時, 呂太后用事, 欲王諸呂, 畏大臣有口者, 陸生自度不能爭之, 迺病免家居. 以好畤田地善, 可以家焉. 有五男, 迺出所使越得橐中裝賣千金, 分其子, 子二百金, 令爲生產. 陸生常安車駟馬, 從歌舞鼓琴瑟侍者十人, 寶劍直百金, 謂其子曰: 「與汝約: 過汝, 汝給吾人馬酒食, 極欲, 十日而更. 所死家, 得寶劍車騎侍從者. 一歲中往來過他客, 率不過再三過, 數見不鮮, 無久慁公爲也.」

呂太后時, 王諸呂, 諸呂擅權, 欲劫少主, 危劉氏. 右丞相陳平患之, 力不能爭, 恐禍及己, 常燕居深念. 陸生往請, 直入坐, 而陳丞相方深念, 不時見陸生. 陸生曰: 「何念之深也?」 陳平曰: 「生揣我何念?」 陸生曰: 「足下位爲上相, 食三萬戶侯, 可謂極富貴無欲矣. 然有憂念, 不過患諸呂·少主耳.」 陳平曰: 「然. 爲之柰何?」 陸生曰: 「天下安, 注意相; 天下危, 注意將. 將相和調, 則士務附; 士務附, 天下雖有變, 卽權不分. 爲社稷計, 在兩君掌握耳. 臣常欲謂太尉絳侯, 絳侯與我戲, 易吾言. 君何不交驩太尉, 深相結?」 爲陳平畫呂氏數事. 陳平用其計, 迺以五百金爲絳侯壽, 厚具樂飮; 太尉亦報如之. 此兩人深相結, 則呂氏謀益衰. 陳平迺以奴婢百人, 車馬五十乘, 錢五百萬, 遺陸生爲飮食費. 陸生以此游漢廷公卿閒, 名聲藉甚.

及誅諸呂, 立孝文帝, 陸生頗有力焉. 孝文帝卽位, 欲使人之南越. 陳丞相等乃言陸生爲太中大夫, 往使尉他, 令尉他去黃屋稱制, 令比諸侯, 皆如意旨. 語在《南越》語中. 陸生竟以壽終.

2.《漢書》(43) 酈陸朱劉叔孫傳(陸賈傳)

陸賈, 楚人也. 以客從高祖定天下, 名有口辯, 居左右, 常使諸侯.

時中國初定, 尉佗平南越, 因王之. 高祖使賈賜佗印爲南越王. 賈至, 尉佗魋結箕踞見賈. 賈因說佗曰:「足下中國人, 親戚昆弟墳墓在眞定. 今足下反天性, 棄冠帶, 欲以區區之越與天子抗衡爲敵國, 禍且及身矣. 夫秦失其正, 諸侯豪桀並起, 唯漢王先入關, 據咸陽. 項籍背約, 自立爲西楚霸王, 諸侯皆屬, 可謂至彊矣. 然漢王起巴蜀, 鞭笞天下, 劫諸侯, 遂誅項羽. 五年之間, 海內平定, 此非人力, 天之所建也. 天子聞君王王南越, 而不助天下誅暴逆, 將相欲移兵而誅王, 天子憐百姓新勞苦, 且休之, 遣臣授君王印, 剖符通使. 君王宜郊迎, 北面稱臣, 乃欲以新造未集之越屈强於此. 漢誠聞之, 掘燒君王先人冢墓, 夷種宗族, 使一偏將將十萬衆臨越, 卽越殺王降漢, 如反覆手耳.」

於是佗乃蹶然起坐, 謝賈曰:「居蠻夷中久, 殊失禮義.」因問賈曰:「我孰與蕭何·曹參·韓信賢?」賈曰:「王似賢也.」復問曰:「我孰與皇帝賢?」賈曰:「皇帝起豐沛, 討暴秦, 誅彊楚, 爲天下興利除害, 繼五帝三王之業, 統天下, 理中國. 中國之人以億計, 地方萬里, 居天下之膏腴, 人衆車輿, 萬物殷富, 政由一家, 自天地剖判未始有也. 今王衆不過數萬, 皆蠻夷, 崎嶇山海間, 譬如漢一郡, 王何乃比於漢!」佗大笑曰:「吾不起中國, 故王此. 使我居中國, 何遽不若漢?」乃大說賈, 留與飮數月. 曰:「越中無足與語, 至生來, 令我日聞所不聞.」賜賈橐中裝直千金, 它送亦千金. 賈卒拜佗爲南越王, 令稱臣奉漢約. 歸報, 高帝大說, 拜賈爲太中大夫.

賈時時前說稱詩書. 高帝罵之曰:「乃公居馬上得之, 安事詩書!」賈曰:「馬上得之, 寧可以馬上治乎? 且湯武逆取而以順守之, 文武並用, 長久之術也. 昔者吳王夫差·智伯極武而亡; 秦任刑法不變, 卒滅趙氏. 鄉使秦以幷天下, 行仁義, 法先聖, 陛下安得而有之?」高帝不懌, 有慙色, 謂賈曰:「試爲我著秦所以失天下, 吾所以得之者, 及古成敗之國.」賈凡著十二篇. 每奏一篇, 高帝未嘗不稱善, 左右呼萬歲, 稱其書曰《新語》.

孝惠時, 呂太后用事, 欲王諸呂, 畏大臣及有口者. 賈自度不能爭之, 乃病免. 以好畤田地善, 往家焉. 有五男, 乃出所使越橐中裝, 賣千金, 分其子, 子二百金, 令爲生產. 賈常乘安車駟馬, 從歌鼓瑟侍者十人, 寶劍直百金, 謂其子曰:「與女約: 過女, 女給人馬酒食極欲, 十日而更. 所死家, 得寶劍車騎侍從者. 一歲中以往來過它客, 率不過再過, 數擊鮮, 毋久溷女爲也.」

呂太后時, 王諸呂, 諸呂擅權, 欲劫少主, 危劉氏. 右丞相陳平患之, 力不能爭, 恐禍及己. 平(嘗)[常]燕居深念. 賈往, 不請, 直入坐, 陳平方念, 不見賈. 賈曰:「何念深也?」平曰:「生揣我何念?」賈曰:「足下位爲上相, 食三萬戶侯, 可謂極富貴無欲矣. 然有憂念, 不過患諸呂·少主耳.」陳平曰:「然. 爲之奈何?」賈曰:「天下安, 注意相; 天下危, 注意將. 將相和, 則士豫附; 士豫附, 天下雖有變, 則權不分. 權不分, 爲社稷計, 在兩君掌握耳. 臣常欲謂太尉絳侯, 絳侯與我戲, 易吾言. 君何不交驩太尉, 深相結?」爲陳平畫呂氏數事. 平用其計, 乃以五百金爲絳侯壽, 厚具樂飮太尉, 太尉亦報如之. 兩人深相結, 呂氏謀益壞. 陳平乃以奴婢百人, 車馬五十乘, 錢五百萬, 遺賈爲食飮-費. 賈以此游漢廷公卿間, 名聲籍甚. 及誅呂氏, 立孝文, 賈頗有力.

孝文卽位, 欲使人之南越, 丞相平乃言賈爲太中大夫, 往使尉佗, 去黃屋稱制, 令比諸侯, 皆如意指. 語在南越傳. 陸生竟以壽終.

3.《十八史略》(2)

遣陸賈立南海尉佗，爲南粵王. 佗稱臣奉漢約. 賈歸報，拜太中大夫. 賈時前說詩書，帝罵之曰:「乃公馬上得天下，安事詩書?」賈曰:「陛下以馬上得之，寧可以馬上治之乎? 文武並用，長久之術也，使秦幷天下，行仁義，法先聖，陛下安得有之.」帝曰:「試爲我著書，秦所以失，吾所以得，及故成敗.」賈著書十二篇，每奏稱善，號曰《新語》.

임동석(茁浦 林東錫)

慶北 榮州 上茁에서 출생. 忠北 丹陽 德尙골에서 성장. 丹陽初中 졸업. 京東高 서울教大 國際大 建國大 대학원 졸업. 雨田 辛鎬烈 선생에게 漢學 배움. 臺灣 國立臺灣師範大學 國文研究所(大學院) 博士班 졸업. 中華民國 國家文學博士(1983). 建國大學校 教授. 文科大學長 역임. 成均館大 延世大 高麗大 外國語大 서울대 등 大學院 강의. 韓國中國言語學會 中國語文學研究會 韓國中語中文學會 會長 역임. 저서에 《朝鮮譯學考》(中文) 《中國學術概論》 《中韓對比語文論》. 편역서에 《수레를 밀기 위해 내린 사람들》 《栗谷先生詩文選》. 역서에 《漢語音韻學講義》 《廣開土王碑研究》 《東北民族源流》 《龍鳳文化源流》 《論語心得》 〈漢語雙聲疊韻研究〉 등 학술 논문 50여 편.

임동석중국사상100

신어 新語

陸賈 撰 / 林東錫 譯註

1판 1쇄 발행 / 2012년 9월 1일

발행인 고정일

발행처 동서문화사

창업 1956. 12. 12. 등록 16-3799

서울강남구신사동563-10 ☎546-0331~6 (FAX)545-0331

www.dongsuhbook.com

잘못 만들어진 책은 바꾸어 드립니다.

*

*

사업자등록번호 211-87-75330

ISBN 978-89-497-0705-1 04080

ISBN 978-89-497-0542-2 (세트)